HOCHWEIT 2020

JAHRBUCH DER
FAKULTÄT FÜR ARCHITEKTUR
UND LANDSCHAFT
Leibniz Universität Hannover

jovis

INHALTSVERZEICHNIS

VORWORT

REDAKTIONSTEAM

Edin Bajrić

Sabine Bartels

Dr. Jens Broszeit

Prof. Dr. Margitta Buchert

Julia Bürkner

Riccarda Cappeller

Valentina Forsch

Jan-Eric Fröhlich

Valerie Hoberg

Alexandra Kim

Dr. Roswitha Kirsch-Stracke

Judith Schurr

Lisa Seiler

Johannes Wolff

Liebe Lesende,

einmal jährlich erscheint *HOCHWEIT* – in diesem Jahr, mit den Arbeiten aus den Semestern 2019/20, zum 20. Mal. Wieder gibt es ein Schlaglicht auf die Produktion der Fakultät für Architektur und Landschaft im akademischen Jahr. Wieder einmal gibt es architektonische, denkmalpflegerische, städtebauliche wie landschaftliche und konstruktive Projekte, die über Bild und Text vermittelt werden. Und parallel dazu fokussiert der forschende Blick genau diese kreativen, konstruktiven, sozialen wie gesellschaftlichen Zusammenhänge unseres Zusammenlebens im kleinen wie großen Maßstab.

Das SCHAUFENSTER steht als Einstieg, der über mehrere Seiten Anreiz bieten und Lust versprühen soll, ins Buch zu schauen und einzusteigen. Denn hier zeigt sich jede Abteilung unserer Fakultät mit einem repräsentativen Bild. Deswegen müssen sich diese Bilder, Zeichnungen, Images oder auch Zitate auf ihre bildnerische Präsenz konzentrieren. Sie stehen ganz für sich mit ihrem ästhetischen Ausdruck und müssen wie Aphorismen ihre Botschaft knapp und klar, aber auch poetisch mitteilen.

Aber ist nicht genau das eine der zentralen Aufgaben in der Gestaltung von Freiräumen und Gebäuden, im Städtebau und in der Umweltplanung: sich durch das Medium der Zeichnung und des Modells über Bilder mitzuteilen, auf sich aufmerksam zu machen, die Neugierde auf mehr anzuregen? Die Zeichnung ist die Basis in unseren Berufen von der ersten Idee und weiteren Planungen bis hin zur Information auf der Baustelle.

Die Zeichnung gilt als eine ganzheitliche Synthese komplexer Zusammenhänge. Das zeigen auch die Umsetzungen komplexer Inhalte mittels Diagrammen, Images, Tabellen, Sketches, also in Grafiken, da wir das Bild schneller als einen Text und auch ganzheitlich „mit einem Blick" erfassen. Das hat sich mit den vielen bildgebenden Medien so verstärkt, dass die Mühen eines Textes, und noch dazu eines wissenschaftlichen Textes, nur von einer kleinen Gemeinde auf sich genommen werden. Wir sind eben heute bildzentriert. Eine Tiefe erreicht man jedoch nur mit der Sprache, insbesondere dann, wenn ein reflexiver und analytischer Prozess einsetzt.

Somit sind Bild und Sprache in der Architektur, im Städtebau und in der Landschaft wie auch in der Umweltwissenschaft gleichwertig wichtig. Sie sind auch immanent wichtig in der Lehre der Berufswissenschaften, die die Handwerker und Handwerkerinnen auf dem Bau ausbilden.

Dear Readers,

this year, the annual edition of *HOCHWEIT* is published for the twentieth time. As always, the academic work by the Faculty of Architecture and Landscape Sciences is in the limelight. As in previous editions, this volume includes architecture, heritage projects, urban design, landscape design and construction projects with accompanying texts and images. Parallel to this is an exploratory look at precisely these creative, constructive, social, and societal relationships of our coexistence on both a small and large scale.

The SCHAUFENSTER (showcase) works as a pictorial introduction to the book's themes, sparking the desire to read on. Here, each department of our faculty presents itself with a representative image. Consequently, these pictures, drawings, images or even quotations must focus on their pictorial presence. They stand for themselves with their aesthetic expression and, like aphorisms, must convey their message concisely and clearly, but also poetically.

Yet isn't this precisely one of the central tasks in architectural and open spaces design, in urban development and environmental planning, to communicate intent through drawings and models, through images, to hold the viewer's attention and stimulate the desire for more? Drawings are the basis of architecture and landscape architecture, right from the first idea through to the construction drawings for a building site.

Drawings are considered a holistic synthesis of complex relationships. This can be seen in the representation of complex contents in the form of diagrams, images, tables, sketches, that is drawings, because we grasp the image faster and also holistically 'at a glance', faster than when reading a text. With the variety of imaging media now available, this has increased to the extent that the effort of reading a text, and in particular a scientific text, is only made by a small number of people. Today we are focused on imagery. Yet conveying deeper meaning requires language, especially for reflective and analytical processes and topics.

Thus, both image and language are equally important in architecture, urban planning and landscape design, as they are in environmental sciences. They are also hugely important in the teaching of professional sciences, which ultimately train the craftsmen working on the building site.

———

HILDE LÉON
Dekanin der Fakultät für Architektur und Landschaft/
Dean of the Faculty of Architecture and Landscape Sciences

PROFESSORINNEN UND PROFESSOREN

Prof. Hilde Léon
Dekanin
Institut für Entwerfen
und Gebäudelehre

Prof. Zvonko Turkali
Institut für Entwerfen
und Gebäudelehre

Prof. Jörg Friedrich
Institut für Entwerfen
und Gebäudelehre

Prof. Michael Schumacher
Institut für Entwerfen
und Konstruieren

Prof. Dr. Dirk Bohne
Institut für Entwerfen
und Konstruieren

Prof. Alexander Furche
Institut für Entwerfen
und Konstruieren

Prof. Dr. Markus Jager
Institut für Geschichte
und Theorie
der Architektur

Prof. Dr. Tanja Mölders
Institut für Geschichte
und Theorie
der Architektur

Prof. Tobias Nolte
Institut für Gestaltung
und Darstellung

Prof. Mirco Becker
Institut für Gestaltung
und Darstellung

Prof. Anette Haas
Institut für Gestaltung
und Darstellung

Prof. Dr. Klaus Littmann
Institut für
Berufswissenschaften
im Bauwesen

Prof. Christian Werthmann
Institut für
Landschaftsarchitektur

Prof. Dr. Christina von
Haaren
Institut für
Umweltplanung

Prof. Dr. Michael Reich
Institut für
Umweltplanung

Prof. Dr. Rüdiger Prasse
Institut für
Umweltplanung

Prof. Dr. Eva Hacker
Institut für
Umweltplanung

Prof. Dr. Christian Albert
Institut für
Umweltplanung

Prof. Jörg Schröder
Institut für Entwerfen
und Städtebau

Prof. Andreas Quednau
Institut für Entwerfen
und Städtebau

Prof. Tim Rieniets
Institut für Entwerfen
und Städtebau

Prof. Dr. Margitta Buchert
Institut für Geschichte
und Theorie
der Architektur

Prof. Dr. Andreas O. Rapp
Institut für
Berufswissenschaften
im Bauwesen

Prof. Dr. Martin Prominski
Institut für
Freiraumentwicklung

Prof. Katja Benfer
Institut für
Landschaftsarchitektur

Prof. Dr. Joachim
Wolschke-Bulmahn
Institut für
Landschaftsarchitektur

**Weitere Professorinnen und
Professoren der Fakultät:**

Prof. Dr. Bettina Oppermann,
Institut für Freiraumentwicklung
Prof. Dr. Anke Seegert,
Institut für Landschaftsarchitektur
Prof. Gilbert Lösken,
Institut für Landschaftsarchitektur
Prof. Dr. Bettina Matzdorf,
Institut für Umweltplanung

Apl. Prof. Dr. Michael Rode
Institut für
Umweltplanung

Prof. Dr. Rainer Danielzyk
Institut für
Umweltplanung

Prof. Dr. Frank
Othengrafen
Institut für
Umweltplanung

Fotos: Julian Martitz

7

SCHAUFENSTER

ARCHITEKTUR MUSS AUCH IN ZUKUNFT IM FORSCHEN
UND DENKEN MUTIG AGIEREN. WENNGLEICH ES BEREITS
VIELVERSPRECHENDE ANSÄTZE WIE DAS BIOLOGIE-
INSPIRIERTE ENTWERFEN GIBT, MÜSSEN WIR WEITERE,
UNBEKANNTE PFADE BESCHREITEN. DIE MÖGLICHKEIT DES
SCHEITERNS ZUZULASSEN, WIRD UNABDINGBAR SEIN.

MENSCH UND NATUR: AUF DER SUCHE
NACH EINEM RAUM FÜR BEGEGNUNGEN –
EINE ANNÄHERUNG IN DREI TEILEN
Vanessa Schwarzkopf

> SEITE 80

TANZKONSERVATORIUM IN ALICANTE
Tom Knopf, Hans von Witzendorff
> SEITE 40

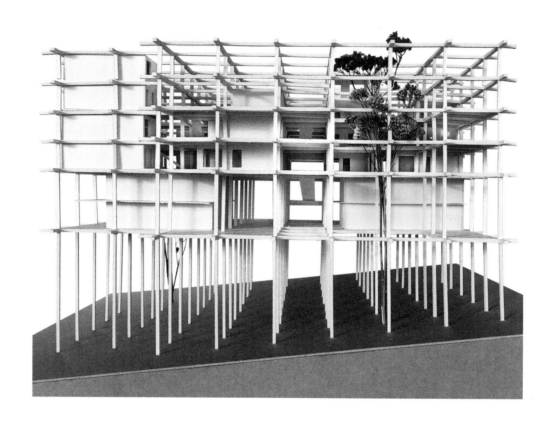

BERLIN VERTIKALE —
SCHINKELWETTBEWERB 2019
Magdalena Baraniak, Katarzyna Pieprzyk
> SEITE 48

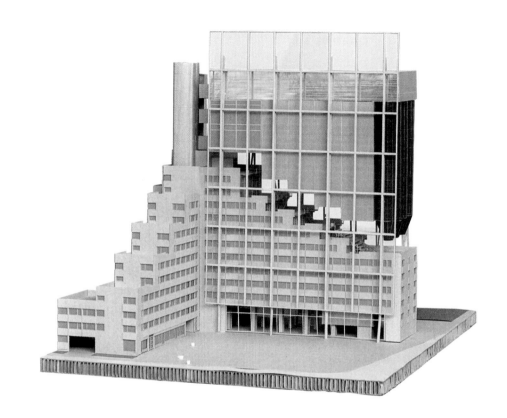

FABRIK B1
Mathis Bergmann
> SEITE 42

BERLIN PAVILLON —
DINGS-DUMS-ZYLINDER-PAVILLON
Hussein Kelani, Aydin Keshtow
> SEITE 102

INNOVATIVE HOUSING –
SOZIALE PROZESSE ALS KATALYSATOR FÜR
INNOVATIVEN WOHNUNGSBAU
Dr. Lidewij Tummers-Mueller, Lisa Kietzke
> SEITE 171

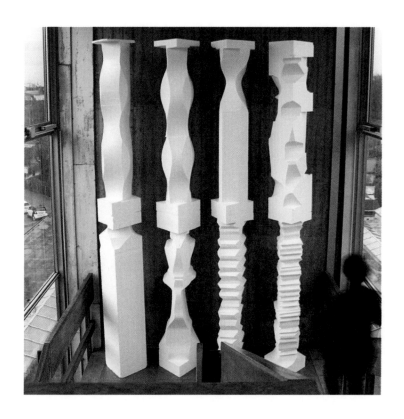

HOT-VIVE CUT COLUMNS

M. Adel Alatassi, Obaida Alshoufi, Magdalena Baraniak,
Eren Caglar, Fabiana Cerutti Rossetti, Mhd Youssef
Daadoush, Barbara Feres Marques Braganca de
Oliveira, Marie Hafez, Mohamed Hassan, Daniel
Kalinin, Sinan Liu, Katarzyna Pieprzyk, Jin Rui, Alessio
Severino

> SEITE 98

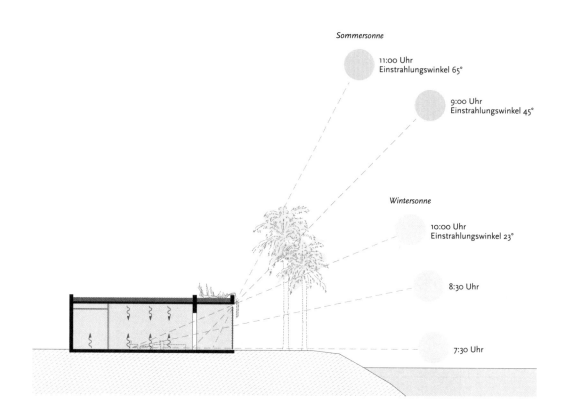

Sommersonne

11:00 Uhr
Einstrahlungswinkel 65°

9:00 Uhr
Einstrahlungswinkel 45°

Wintersonne

10:00 Uhr
Einstrahlungswinkel 23°

8:30 Uhr

7:30 Uhr

**K'IIN HA HOTEL – ENERGIEKONZEPT
FÜR EIN HOTEL IN MAHAHUAL, MEXIKO**
Till Bortmann, Nathalie Wolff
> SEITE 56

LANDMARKE IM QUARTIER —
HAWA STUDENT AWARD 2019: MICROLIVING
Christian Bischoff, Jonas Trittmann
> SEITE 179

ÖFFENTLICHER RAUM HETEROTOPIE –
BESTANDSAUFNAHME UND VERGLEICH
Zhiyuan Peng
> SEITE 122

**ANALYSE DER FREIRÄUME EINER INFORMELLEN
SIEDLUNG IN KAIRO — STRUKTUR, AUFBAU,
POTENZIALE UND VERÄNDERUNGSCHANCEN**
Iman Sarah Abdel-Rahman

> SEITE 128

EINE LANGFRISTIGE ERHALTUNG
GESTALTERISCH ANSPRUCHSVOLLER GRÜNANLAGEN
ERFORDERT QUALIFIZIERTE UND
KONSTANTE PFLEGE. HIER ZEIGEN SICH DIE
GRENZEN GELEGENTLICHEN ENGAGEMENTS.

**AUSPROBIERT — FACHÜBERGREIFENDE
PRAXISPROJEKTE IN DEN UNIVERSITÄTSGÄRTEN**
Philipp Ludwig, Dr. Sabine Reichwein,
Prof. Anke Seegert
> SEITE 173

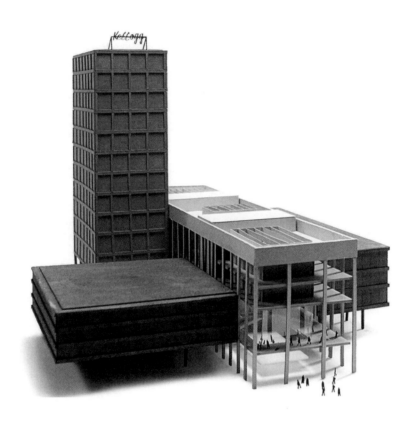

POROUS CITY
Jonas Trittmann
> SEITE 70

PUNKT FLECK PIXEL

Impressionistisch

Von oben links im Uhrzeigersinn: Christian Bischoff,
Jes Hansen, Shan Wang, Marie-Sophie Waldminghaus,
Shuo Pan, Felix Rutenbeck, Seol Kim

> SEITE 106

IM JAHR 2015 HABEN DIE VEREINTEN NATIONEN
17 ZIELE FÜR EINE NACHHALTIGE ENTWICKLUNG BESCHLOSSEN.
DAS ZIEL 5 „GESCHLECHTERGLEICHHEIT" BETONT DEN ASPEKT
DER GLEICHSTELLUNG DER GESCHLECHTER.

ZIEL IST ES, DIE GESCHLECHTERGLEICHSTELLUNG
ZU ERREICHEN UND ALLE FRAUEN UND MÄDCHEN
ZUR SELBSTBESTIMMUNG ZU BEFÄHIGEN.[1]

---

[1] United Nations: *Transformation unserer Welt.*
Die Agenda 2030 für nachhaltige Entwicklung. 2015

KLIMAWANDEL UND GENDER
Anna Rizou
> SEITE 88

**HABITATNUTZUNG UND VERHALTEN
DES HAUHECHEL-BLÄULINGS**
Julia Roder
> SEITE 138

BUNDESGARTENSCHAU 2019
Institut für Landschaftsarchitektur,
Technisch-konstruktive Grundlagen der
Freiraumplanung
> SEITE 185

ANGESICHTS DER PROGNOSTIZIERTEN
KLIMATISCHEN ENTWICKLUNGEN
WERDEN HISTORISCHE FRIEDHÖFE IM
URBANEN RAUM IN ZUKUNFT NOCH WEITER
AN BEDEUTUNG GEWINNEN.

**AUSWIRKUNGEN DES KLIMAWANDELS
AUF HISTORISCHEN FRIEDHÖFEN**
Marleen Stemwedel
> SEITE 126

**ZWEI FLUSS FAKTOR — EIN LEBEN
IN, AN UND MIT DEM WASSER**
Christine Augsburg, Julie Caudron, Vanessa Müller,
Melanie Satzke, Nathalie Wolff
> SEITE 114

HAUS + HAUS – AUFSTOCKUNG
EINES KRIEGSVERSEHRTEN HAUSES
Anna Oechsner
> SEITE 60

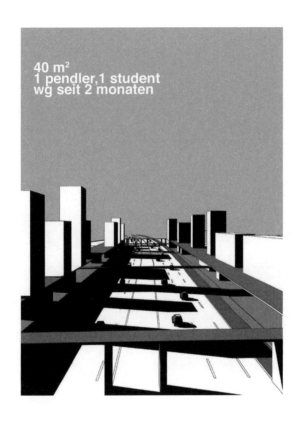

40 m²
1 pendler, 1 student
wg seit 2 monaten

ALS PACMAN DIE AUTOBAHN ASS ... –
AM FALLBEISPIEL DER A2
Anna Pape, Julia Theis
> SEITE 66

MÜLHOME –
ZUSAMMENLEBEN IN KÖLN-MÜLHEIM
Aileen Stolze, Alexandra Othmer
> SEITE 76

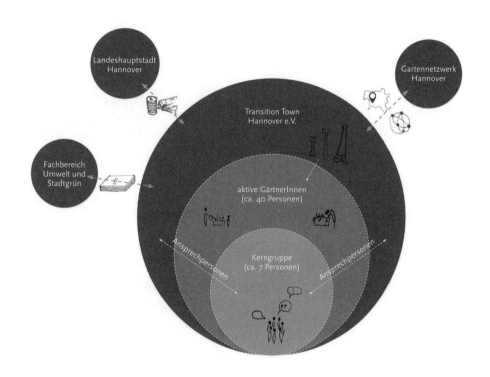

URBANE GEMEINSCHAFTSGARTENPROJEKTE —
ZWISCHEN SELBSTSTEUERUNG
UND KOMMUNALER EINFLUSSNAHME
Anne Benning
> SEITE 146

▦ Parken
▦ Fahrbahn
▦ Fußweg
▦ Radweg

PLATZANGST – EINE FREIRAUMANALYSE
AUS DER PERSPEKTIVE ZUFUSSGEHENDER
Sophie Braren, Gesine Dölle, Lotta Klawitter,
Suphamas Nusitram, Lilli Wolf

> SEITE 116

DIE LAVESBRÜCKE IN SALZAU –
INSTANDSETZUNG
Leon Schittek
> SEITE 84

STUDENTISCHE
PROJEKTE

INSTITUT FÜR ENTWERFEN UND GEBÄUDELEHRE

IEG

Baukunst
Prof. Zvonko Turkali

Entwerfen und Architekturtheorie
Prof. Jörg Friedrich
Gastprofessor Armand Grüntuch

Stadt Raum Gestaltung
Prof. Hilde Léon

STIFTUNG DEUTSCHER EXILANTEN IN SANARY-SUR-MER

LITERATUR IM UNTERGRUND Aus Furcht vor Verfolgung begaben sich nach 1933 zahlreiche deutsche Schriftsteller ins Exil nach Südfrankreich, in den kleinen Ort Sanary-sur-mer. Darunter waren berühmte Persönlichkeiten wie Bertolt Brecht, Franz Werfel, Thomas und Heinrich Mann und viele weitere. Aufgabe war es, ein Stiftungshaus zu entwerfen, das dieser Phase der deutschen Literatur gedenkt. Der Entwurf sieht direkt an der Steilküste eine Ebene vor, über der eine Dachfläche zu schweben scheint. Diese schließt bündig mit dem Niveau des Grunds ab. Das „Abtauchen" wird sinnbildlich übersetzt. Zwischen dem Felsen und dem gläsernen Gebäudekörper wird eine Fuge gebildet, sie dient als kleiner Vorplatz und Raum der Kommunikation.

FOUNDATION OF GERMAN EXILES IN SANARY-SUR-MER – UNDERGROUND LITERATURE For fear of persecution, numerous German writers went into exile in the south of France after 1933, to the small town of Sanary-sur-mer. Among them were famous personalities like Bertolt Brecht, Franz Werfel, Thomas and Heinrich Mann. A foundation centre should be created to commemorate this phase of German literature history. The design envisages a plane directly on the cliff, above which a roof appears to hover, which is level with the terrain. The disappearing is translated symbolically here. A joint is formed between the rock and the glass envelope of the building and serves as a small forecourt and space for communication.

LEA HOVESTADT, OLE MEYER
Betreuung: Prof. Zvonko Turkali, Dr. Jens Broszeit,
Arlette Feltz-Süßenbach, Fabian Reinsch
Baukunst

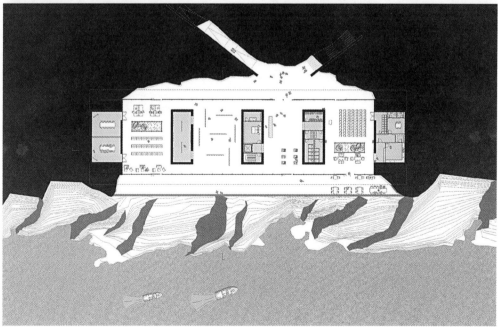

TANZKONSERVATORIUM IN ALICANTE Der Entwurf stellt eine Erweiterung des Conservatorio de Música y Danza in Alicante dar. Der massive, lineare Baukörper verankert sich tief im Felsen des Bergs und setzt volumetrisch eine deutliche Kante zur anschließenden Stadtstruktur. Sehr präzise werden neue Zugänge von der Stadt zum Berg definiert und führen zu einem kleinen vorgelagerten Platz. Elemente der regionalen Architektur, wie tiefe Fensteröffnungen, Laubengänge, Rundbögen und Wasserspeier, bilden einen kulturellen Bezug zur Tradition des Ortes. Das Material aus dem Aushub des Bergs wird dem Stampfbeton als Zuschlagstoff hinzugegeben. Das beeindruckende Gebäude bekennt sich untrennbar zum Ort, was ihm die Wirkung eines autochthonen Monuments verleiht.

CONSERVATORY OF DANCE IN ALICANTE The design is an extension of the Conservatorio de Música y Danza in Alicante. The massive, linear structure is anchored deep in the rock of the mountain and volumetrically defines a clear edge to the adjoining urban structure. Very precisely, new access routes from the city to the mountain are defined, leading to a small square in front of it. Elements of regional architecture, such as deep window openings, arcades, arches, and gargoyles, form a cultural reference to the local tradition. The material excavated from the mountain is added to the tamped concrete as aggregate. The impressive building is an inseparable part of the place, it is an autochthonous monument.

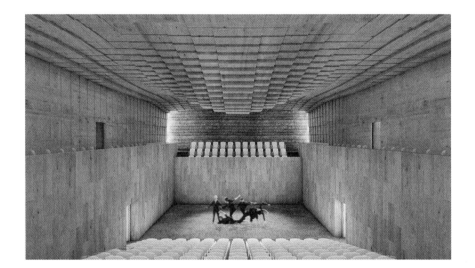

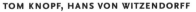

TOM KNOPF, HANS VON WITZENDORFF
Betreuung: Prof. Zvonko Turkali, Dr. Jens Broszeit,
Arlette Feltz-Süßenbach, Fabian Reinsch
Baukunst

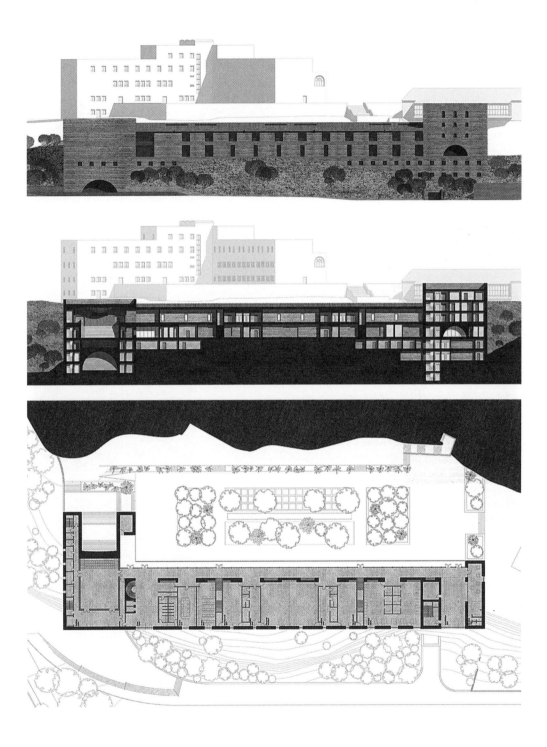

FABRIK B1   Die „Fabrik B1" zeigt, wie innovative Lebensmittelproduktion im urbanen Raum funktionieren und wie sich dieser neue Gebäudetypus architektonisch in die umgebende Stadt einfügen kann. Der Entwurf nimmt an, dass die Lebensmittelproduktion in der Stadt nur dann einen Beitrag zur Ernährung der Bevölkerung leisten kann, wenn sie auf industriellen und effizienzorientierten Grundsätzen beruht. Aus diesem Betrachtungswinkel entsteht ein Spannungsfeld zwischen gegensätzlichen Programmen, was eine Verknüpfung der weitgehend verdrängten Industrie mit dem Stadtgewebe erfordert. Die „Fabrik B1" vereint diese Gegensätze, indem sie die Programme Wohnen, Arbeiten, Begegnen und Industrie verwebt und diese so in Wechselwirkung miteinander treten. Die Bestandsstruktur wird durch Umnutzung aktiviert und mit neuen Programmen vertikal erweitert.

FACTORY B1   "Factory B1" shows how innovative food production works in urban areas and how this new building type can be architecturally integrated into the surrounding city. The design assumes that food production in the city can only contribute to the population's nutrition if it is based on industrial and efficiency-oriented principles. This perspective creates a field of tension between opposing programmes, namely the linking of the largely displaced industry with the urban fabric. "Factory B1" reconciles these contrasts by interweaving and combining the programmes of living, working, meeting, and industry so that they interact with each other. The existing building is activated by repurposing and extended vertically with new programmes.

MATHIS BERGMANN
Bachelorthesis
Betreuung: Gastprofessor Armand Grüntuch
Entwerfen und Architekturtheorie

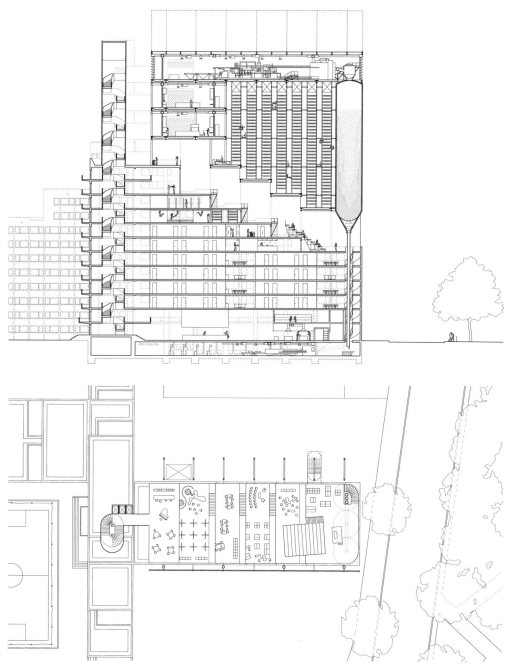

Fuge zwischen Bestand und Neubau

WOHNEN+   **EIN KUNSTHAUS FÜR DEN DAAD**

Als kreativer Ort zum Wohnen und Arbeiten für DAAD-StipendiatInnen wurde das Kunsthaus in einer Baulücke in der Gipsstraße in Berlin-Mitte entworfen. Städtebaulich zeichnet sich der Entwurf durch eine eigenwillige Drehung zwischen den beiden Brandwänden zur Straßenfront aus. Die Drehung leitet sich aus dem gegenüberliegenden Nachbargebäude ab, erzeugt Spannung und macht auf sich aufmerksam. Durch den Einschub eines offenen Geschosses in der ersten Etage wird die massive Setzung eines Vorder- und Hinterhauses durchbrochen und aufgelockert. Dieses Geschoss dient als frei bespielbare öffentliche Ebene für BewohnerInnen und BesucherInnen. Darüber befinden sich flexible Wohnateliers für die KünstlerInnen.

LIVING+ — A HOUSE OF ART FOR THE DAAD

As a creative living and working space for DAAD scholarship holders, the House of Art was designed on a gap site on Gipsstrasse in Berlin's Mitte district. The urban planning concept shows an unconventional rotation of the building between the two fire walls towards the street, which is derived from the building opposite, creates tension, and attracts attention. The massive volumes of front and rear house are broken up and loosened up by an open storey on the first level. It is used as a flexible public space for residents and visitors, which can be varied by large curtains. The ground floor houses a café and a shop, and the upper levels provide adaptable studios for the artists.

KRISTINA GEISEL
Bachelorthesis
Betreuung: Gastprofessor Armand Grüntuch
Entwerfen und Architekturtheorie

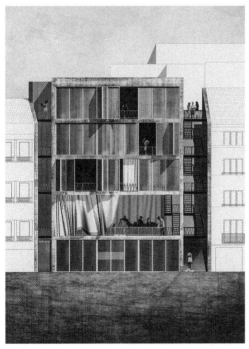

STADTBEWOHNER Das Eckgrundstück zwischen Mariannenstraße und Reichenberger Straße in Berlin-Kreuzberg liegt in unmittelbarer Nähe zum Kottbusser Tor. In direkter Nachbarschaft befinden sich ein Block der IBA 1987 sowie Zeilenbebauung aus den 1950er Jahren. Wir schließen die Baulücke und nehmen dabei die Traufhöhe der Nachbarbebauung auf. Über ein innen liegendes Treppenhaus werden die Maisonettewohnungen erschlossen. Für den Entwurf ist das Prinzip der Oberflächenvergrößerung ausschlaggebend. Zweigeschossige Einschnitte bringen Licht in die Tiefe der Wohneinheiten und schaffen privaten Außenraum. Dieser spielte eine entscheidende Rolle bei der Gestaltung der Wohnungsgrundrisse, denn die Wohnräume arrangieren sich um diesen Außenraum herum. Die Vor- und Rücksprünge der Einschnitte gliedern die streng gerasterte Fassade.

THE URBANIST The corner plot between Mariannenstrasse and Reichenberger Strasse in Berlin-Kreuzberg is located very close to the Kottbusser Tor. In direct vicinity there is a block of houses of the 1987 IBA as well as a row development from the 1950s. We close the gap site and take up the eaves height of the neighbouring buildings. The maisonette apartments are accessed via an internal staircase. The principle of surface enlargement is decisive for the design. Two-storey recesses bring light into the depth of the residential units and create private outdoor spaces. This outdoor space was decisive in the design of the apartment layouts, because the living spaces are arranged around them. The façade with a strict grid is structured by recesses and protrusions.

SERAFIN LINDAU, HIN YEUNG
Betreuung: Prof. Hilde Léon,
Thomas Fischnaller, Sabrina Schreiber
Stadt Raum Gestaltung

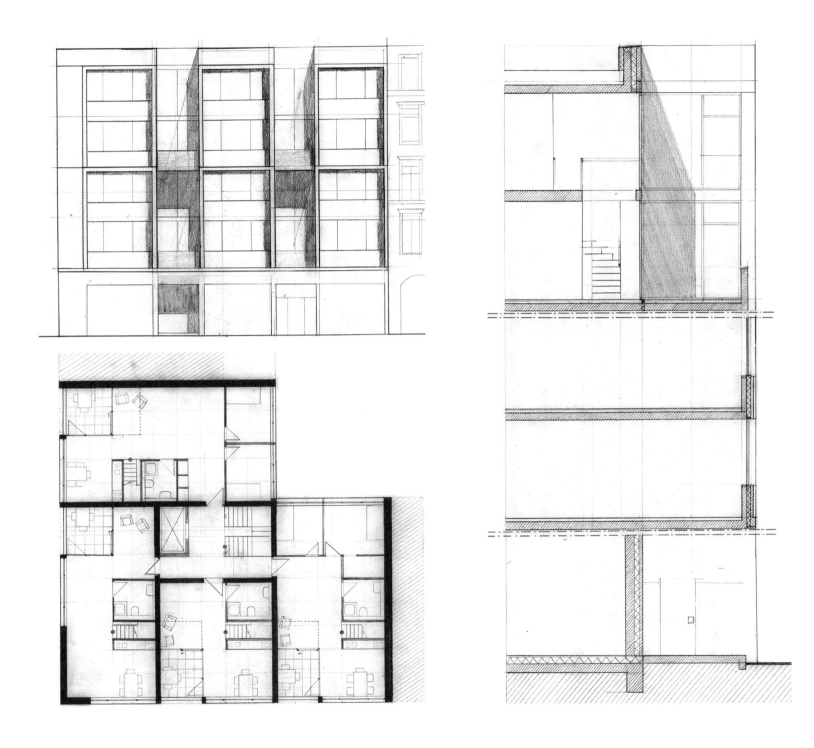

BERLIN VERTIKALE

SCHINKELWETTBEWERB 2019 In den kommenden Jahren brauchen wir eine neue Vision für Wohngebiete am Rande der Natur. Das „VillEDGE" begrüßt die Natur durch seine Transparenz und zeigt gleichzeitig klare Grenzen und verhindert Zersiedelung. Das Projekt besteht aus einem multifunktionalen Gebäude, das seine Bewohner mit der Umgebung verbindet und soziale Interaktionen fördert. Dahinter steckt die Idee, das traditionelle Volumen neu zu definieren, um eine durchbrochene Struktur mit öffentlichen und halböffentlichen Räumen sowie Dachgärten und Grünflächen zu schaffen. Ein Holzgitter definiert das Design und fungiert als flexibler Rahmen mit Modulen. Die Hauptfunktionen sind vertikal ausgerichtet, wobei die öffentlichen Bereiche im unteren Teil und die privaten Bereiche mit Dachgärten im oberen Bereich liegen.

BERLIN VERTIKALE — SCHINKELWETTBEWERB 2019 In the coming years, we will need new vision for residential areas on the edge of nature. The "VillEDGE" welcomes nature through its transparency, while at the same time showing clear boundaries and preventing urban sprawl. The project consists of a multifunctional building that connects its residents to the surroundings and encourages social interaction. The idea is to redefine the traditional volume in order to create an openwork structure with public and semi-public spaces along with rooftop gardens and green areas. The design is defined by a wooden grid, which serves as a flexible framework with modules. The main functions are oriented vertically, with the more public areas on the lower levels and the private ones with roof gardens at the top. The design assumptions will help to improve both ecological and social aspects of life.

MAGDALENA BARANIAK, KATARZYNA PIEPRZYK
Betreuung: Prof. Hilde Léon,
Thomas Fischnaller, Moritz Walter
Stadt Raum Gestaltung

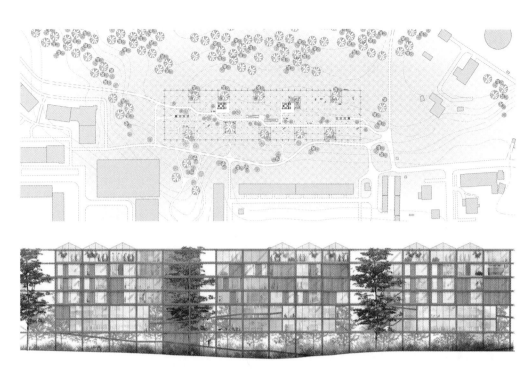

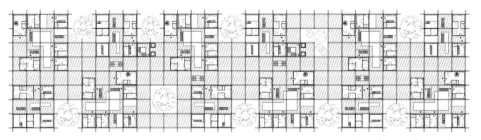

Grundriss 3. Obergeschoss

Grundriss 1. Obergeschoss

INSTITUT FÜR ENTWERFEN UND KONSTRUIEREN

IEK

Baukonstruktion und Entwerfen
Prof. Michael Schumacher

Gebäudetechnik
Prof. Dr. Dirk Bohne

Tragwerke
Prof. Alexander Furche

EURO-PAVILLON

EIN EUROMUSEUM FÜR FRANKFURT AM MAIN Die Aufgabe war der Entwurf eines Euro-Pavillons für die Frankfurter Innenstadt. In der Nähe des Bankenviertels und der Europäischen Zentralbank liegt das Grundstück zwischen Roßmarkt und Rathenauplatz. Die vorherrschende städtebauliche Situation ist undefiniert, verschiedene Plätze laufen unstrukturiert ineinander. Der neue Pavillon, gegliedert in zwei Elemente, rahmt und schließt die Platzabfolge. Die konzeptionelle Zweiteilung spiegelt das Zusammenspiel des gesamten Euroraums und der einzelnen Nationen wieder, die durch eine Währung vereint werden. Der erste Pavillon beherbergt eine zentrale Ausstellung über die Entstehung des Gelds und des Tauschgeschäfts sowie ein Café. Durch den verbindenden „Europark" gelangt man in den zweiten Baukörper, in dem sich eine Euro-Ausstellung befindet.

EURO PAVILION – EURO MUSEUM IN FRANKFURT The task was to design a Euro Pavilion in the heart of Frankfurt. Located between Rossmarkt and Rathenauplatz, the site is in close proximity to the banking district and the ECB. The prevailing urban situation is unstructured, various undefined squares flow into each other. The new pavilion, divided into two elements, frames and closes this sequence of squares. The conceptual division into two buildings embodies the synergy of the entire euro zone and the individual nations, which are united by one currency – the euro. The first pavilion houses a central exhibition on the emergence of money and barter, and a café. The connecting "Europark" leads to the second building accommodating an exhibition on the euro.

ANNE ASBRAND, LAURA MARIE VOGT
Betreuung: Prof. Michael Schumacher,
Christian Eickelberg, Maximilian Pape
Baukonstruktion und Entwerfen

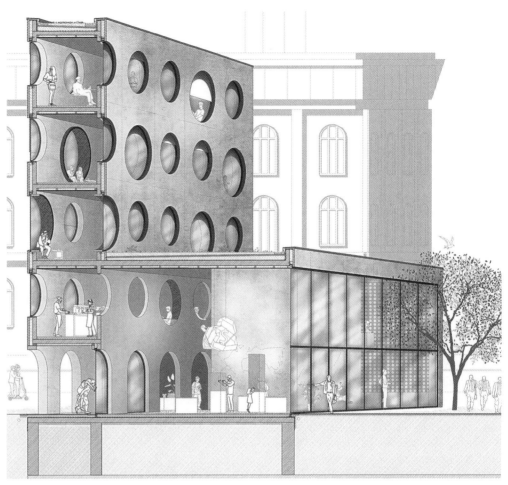

BLACK BOX Die „Black Box" ist eine flexible Ausstellungsfläche. Über ihren Entwurfszweck als Präsentationsmöbel für das Buch *New Move* hinaus wurde sie als Erweiterung der vorhandenen Möglichkeiten im kleinen und großen Foyer entwickelt. Eine Box umschließt zwölf Faltwandelemente, die sich auf eine 10 Meter lange Fläche auseinanderziehen lassen. Die magnetischen Elemente bieten beidseitig Platz für bis zu 20 Meter Planmaterial und Projekte. Grundlage für den Faltmechanismus bilden eigens angefertigte Holzscharniere zwischen den auf Rollen gelagerten Elementen. Eine gegenarbeitende, oberhalb befestigte Schere kontrolliert diese beim Ausziehen und hält sie in ihrer Achse. Um die Flexibilität und Mobilität gewährleisten zu können, ist das Möbelstück nicht nur auf Rollen gelagert, sondern auch in drei separate Teile zerlegbar.

BLACK BOX The "Black Box" is a flexible exhibition display. Beyond its design purpose as presentation furniture for the book *New Move*, it was developed as an extension of the available possibilities in the small and large foyer. A box encloses 12 folding wall elements that can be pulled apart to cover an area of 10 metres. These magnetic elements offer space on both sides for up to 20 metres of planning material and projects. The folding mechanism is based on custom-made wooden hinges between the elements, which are controlled and held in their axis by counter-working scissors. In order to ensure flexibility and mobility, the piece of furniture is not only stored on castors but can also be disassembled into three separate parts.

ENTWURF: LINNEA SCHROERSCHWARZ, LUCIE PAULINA BOCK; UMSETZUNG: FELIX FRITZ, LINNEA SCHROERSCHWARZ, NIKLAS KÜHLENBORG
Betreuung: Prof. Michael Schumacher, Luis Cordon Krumme, Maximilian Pape, Michael-Marcus Vogt
Baukonstruktion und Entwerfen

K'IIN HA HOTEL — ENERGIEKONZEPT FÜR EIN HOTEL IN MAHAHUAL, MEXIKO

Im Südosten Mexikos auf der Halbinsel Yucatan soll in dem Dorf Mahahual, das sich fernab jeglicher versorgungstechnischer Infrastruktur befindet, ein Fünf-Sterne Hotel gebaut und autark betrieben werden.

Das Klima der Halbinsel ist tropisch und heiß. Regenwälder machen einen großen Teil der Vegetation aus und reichen bis an den Strand des karibischen Meers. Von Mai bis August kann es sehr heiß werden, die Luftfeuchtigkeit ist dann mit durchschnittlich 85 Prozent sehr hoch. Regenschauer fallen kurz, aber sehr kräftig aus. Der heißeste Monat mit einer maximalen Temperatur von 32 °C ist August und der kälteste Monat mit der niedrigsten Temperatur von 15 °C ist Januar. Die Jahresdurchschnittstemperatur liegt bei 26 °C. Die jährliche Sonneneinstrahlung auf die horizontale Fläche liegt in dieser Region bei knapp 2000 kWh/m² und bietet großes Potenzial zur Nutzung von Solarenergie für Heizung, Kühlung und Stromerzeugung (Abb. 1).

Der Sonnenstand in Mahahual erreicht im Sommer um 12 Uhr den Zenit. Da die Hotelzimmer nach Südosten in Richtung Meer ausgerichtet sind, erhalten sie somit im Sommer ab mittags keine direkte Sonneneinstrahlung mehr. Im Winter geht die Sonne weiter im Süden auf und scheint von 7.30 bis 12 Uhr in einem flachen Winkel in die Zimmer. Ein außen liegender vertikaler Sonnenschutz ist zur Reduzierung der Kühllasten erforderlich.

Aufgrund der hohen Temperaturen und Luftfeuchtigkeit am Standort müssen alle Hotelzimmer mechanisch gekühlt und ganzjährig entfeuchtet werden. Eine Raumheizung hingegen ist nicht notwendig. Mittels Variantenuntersuchungen und thermischer Simulationen wurde ein ressourcen- und umweltschonendes autarkes Energiekonzept entwickelt.

Dafür wurde in erster Linie die Möglichkeit der Nutzung regenerativer Energien zur Deckung des Strom- und Kältebedarfs untersucht und Lösungen zur Trink- und Abwasseraufbereitung erarbeitet. Wesentlicher Bestandteil des Energiekonzepts ist eine Biogasanlage, die unter anderem aus organischen Abfällen des Hotels Gas für den Betrieb eines Blockheizkraftwerks (BHKW) liefert (Abb. 2).

Das BHKW produziert, unterstützt von einer Photovoltaik (PVT)-Hybridanlage, zum einen die gesamte elektrische Energie für die Beleuchtung und die elektrischen Geräte, zum anderen liefert es die thermische Energie für die Warmwasserbereitung und den Betrieb einer Absorptionskältemaschine (AKM). Die Auslegung der AKM erfolgte nach der erforderlichen Entfeuchtungsleistung der Raumluft. Die entfeuchtete und gekühlte Luft wird den Räumen über eine zentrale Lüftungsanlage zugeführt, ergänzt durch dezentrale Multisplitgeräte zur Deckung von Spitzenlasten.

Überschüsse an thermischer Energie aus der PVT-Anlage und dem BHKW werden für Zeiten ohne solare Einstrahlung (bei Bewölkung oder nachts) in einen Warmwasserspeicher geleitet. Differenzen zwischen der Stromerzeugung und dem Stromverbrauch werden einerseits mit einem Kurzzeitspeicher (Minuten bis Stunden) in Form einer Gel-Batterie gepuffert, andererseits wird ein Wasserstoffspeicher zur langfristigen Speicherung betrieben. Überschüssige elektrische Energie aus PVT und BHKW wird mithilfe eines Elektrolyseurs in Wasserstoff umgewandelt, der sich bei Bedarf über eine Brennstoffzelle wieder zu Strom umwandeln lässt.

Durch den Einsatz der beschriebenen Anlagenkomponenten ist ein weitestgehend autarker Gebäudebetrieb möglich. Da die Berechnungen für ein Worst-Case-Szenario, also den wärmsten Tag bei höchster Personenbelegung, durchgeführt wurden, kann jedoch von einem durchschnittlich geringeren Energieverbrauch ausgegangen werden.

Dank der Pufferung mittels Warmwasserspeicher ist es möglich, jederzeit in ausreichender Menge thermische Energie bereitzustellen. Durch den hohen Strombedarf für die Kühlung reicht die Eigenproduktion jedoch nicht aus, um den gesamten Bedarf zu

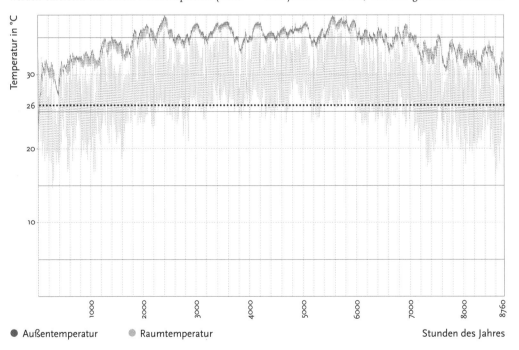

● Außentemperatur   ● Raumtemperatur   Stunden des Jahres

Abb. 1: Das Ergebnis der thermischen Simulation eines beispielhaften Raums zeigt eine starke Überhitzung des Raums, wenn keine Maßnahmen zur Verschattung und Kühlung ergriffen werden.

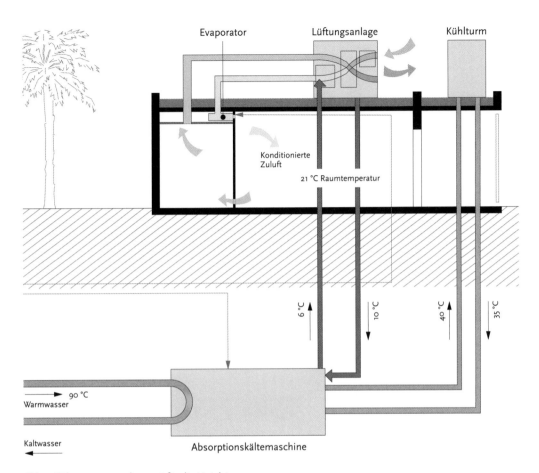

Abb. 2: Kälteversorgungskonzept für die Hotelzimmer

decken. Hier muss in geringen Mengen Wasserstoff zugekauft werden. Die Abwasseraufbereitung des gesamten Hotels erfolgt über eine Pflanzenkläranlage mit Retentionsbecken. Die Küchenabwässer durchlaufen vor dem Pflanzenklärbecken einen Fettabscheider. Aufgrund des geringen Temperaturniveaus des Abwassers im Vergleich zur Umgebungstemperatur findet keine Abwasserwärmerückgewinnung statt.

K'IIN HA HOTEL – ENERGY CONCEPT FOR A HOTEL IN MAHAHUAL, MEXICO In south-eastern Mexico on the Yucatan Peninsula, a 5-star hotel is to be built and operated self-sufficiently in the small vil-lage of Mahahual, which is far away from any energy infrastructure. A resource-saving and environmentally friendly self-sufficient energy concept was developed for the entire hotel. In this self-sufficient energy con-cept, the energy for hot drinking water and the ab-sorption chiller is provided by PVT modules, and the remaining demand is covered by a combined heat and power unit and a hydrogen fuel cell. The electricity consumed by lighting, appliances and multi-function devices is generated by a CHP, a PVT system and fuel cells. Part of the excess electricity is stored in a battery storage device, the rest is converted into hydrogen with the help of an electrolyser and stored.

TILL BORTMANN, NATHALIE WOLFF
Betreuung: Prof. Dr. Dirk Bohne, Dr. Kamyar Nasrollahi, Judith Schurr
Gebäudetechnik

GEBÄUDETECHNIK IM ENTWURFSPROZESS

MARINA ZOLLHAFEN MAINZ Im Zuge des Ausbaus des Hafenareals zu einem Wohngebiet wurde an dem ehemaligen Containerhafen ein charakteristisches, auf Beton-Pontons gelagertes Marina-Gebäude geplant. Das Energiekonzept sieht vor allem die Nutzung lokaler, regenerativer Ressourcen vor. Durch die besondere Lage im Zollhafen kann Wasserenergie sowohl zur Wärmegewinnung als auch zur Stromerzeugung genutzt werden, da die Strömung des Rheins über das gesamte Jahr weitestgehend konstant 2 m/s beträgt. Der durch vier Turbinen erzeugte Strom speist eine Sole/Wasser-Wärmepumpe, die die Wärme über die thermisch aktivierten Pontons bezieht. Ein Deckenheizsystem gibt die Wärme an den Raum ab. Die Trinkwarmwasserbereitung erfolgt zentral und wird durch eine Heizspirale im Speicher unterstützt. Überschüssiger Strom wird in Batterien zwischengespeichert.

BUILDING SERVICES IN DESIGN PROCESSES — MARINA AT ZOLLHAFEN MAINZ As part of the redevelopment of the port area into a residential quarter, a characteristic marina building supported by concrete pontoons was planned at the former container port. The energy concept primarily provides for the use of local, regenerative resources. Due to the special location in the customs port, water energy can be used for both heat and power generation, because the flow of the Rhine is largely constant at 2 m/s throughout the year. The electricity generated by four turbines feeds a brine/water heat pump, which obtains heat from the thermally activated pontoons. A ceiling heating system transfers the heat to the room. Domestic hot water is produced centrally, supported by a heating coil in the storage tank. Excess electricity is temporarily stored in batteries.

GRETA ROMBERGER
Betreuung: Prof. Dr. Dirk Bohne, Maren Brockmann, Judith Schurr
Gebäudetechnik

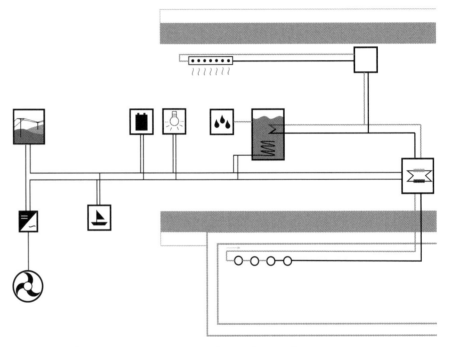

Gesamtenergiekonzept zur Stromerzeugung und Wärmebereitstellung

⊠ Sole/Wasser-Wärmepumpe	◪ Wechselrichter	🔅 Haushaltsstrom
▨ Warmwasserspeicher	▨ Öffentliches Stromnetz	▮ Batteriespeicher
□ Pufferspeicher	⊛ Turbine	⚓ Bootanschluss
💧 Übergabe Trinkwarmwasser	∞∞∞ Thermisch aktive Pontons	▭ Deckenheizung

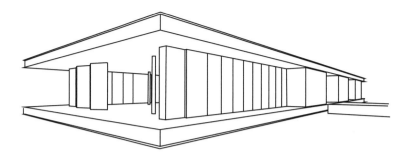

Auf Beton-Pontons gelagertes Marina-Gebäude im ehemaligen Containerhafen

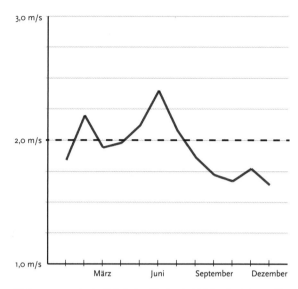

Strömungsgeschwindigkeit des Rheins bei Mainz im Jahr 2018

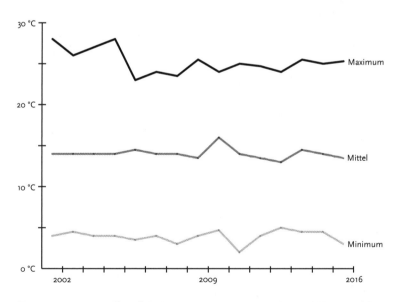

Wassertemperatur im Rhein bei Mainz, gemessen seit 2002 (max. 26 °C, min. 3 °C)

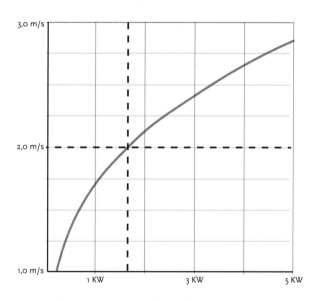

Leistung der Wasserturbine in Abhängigkeit von der Strömungsgeschwindigkeit

HAUS + HAUS

AUFSTOCKUNG EINES IM KRIEG VERSEHRTEN HAUSES Um das geschädigte Straßenbild zu reparieren und dem Trend der innerstädtischen Nachverdichtung zu folgen, wird für die Lister Meile 74 eine Aufstockung geplant. Vorder- und Hinterhaus wurden um 1900 erbaut und stehen, von Kriegsschäden gezeichnet, inmitten einer jüngeren Nachkriegsbebauung. Das aufgestockte Haus spricht nicht die Sprache der umgebenden Häuser, es durchbricht erwartete Formen und richtet sich stattdessen gen Hinterhaus. Durch diese Formensprache und eine übergreifende Nutzungsmöglichkeit wird die Zusammengehörigkeit der beiden Häuser gestärkt. Umgeben von Steinarchitektur, bettet sich die Aufstockung als Holzhaus in die Nachbarschaft. Es darf ersichtlich bleiben, dass diese Stelle nach 1945 bis in die heutige Zeit versehrt blieb. Darüber hinaus eignet sich Holz aufgrund seiner Eigenschaften hervorragend für eine Aufstockung an diesem Ort.

HOUSE + HOUSE — ADDITION OF A STOREY TO A WAR-DAMAGED BUILDING In the course of repairing the damaged streetscape and following the trend of inner-city densification, one storey will be added to the building located at Lister Meile 74. Both the front and rear house were built around 1900 and are, damaged by war, located in the middle of more recent post-war buildings. Hence, the extended house will not speak the same language as the adjoining houses. It breaks with expected forms and instead faces the rear house. This design vocabulary and the potential for an overarching use strengthen the unity of the two houses. In the middle of the surrounding stone architecture, the additional storey will be embedded as a wooden house. This contrast in materials aims to underline the building's history. Furthermore, wood is ideally suited for this project due to its properties.

ANNA OECHSNER
Bachelorthesis
Betreuung: Prof. Alexander Furche, Tatjana Sabljo
Tragwerke

KÖ20 UNTER FREIEM HIMMEL Das 1896 entstandene Eckgebäude in der Königsworther Straße 20 ist ein prototypisches Gebäude des Straßenzugs. Die Kriegsschäden lassen sich noch heute ablesen, besonders anhand des fehlenden Satteldachs. Der Bestand verfügt bereits über zahlreiche Gemeinschaftsräume und öffentliche Nutzungen. Daher beinhaltet der Entwurf für einen neuen Dachaufbau, der sich an den vorhandenen vielfältigen Wohngemeinschaften im Haus orientiert, bewegliche Wohnmodule. Diese sorgen für eine noch optimalere Raumnutzung und variable Zwischenräume. Die neue Konstruktion rückt vom Bestand ab und schafft Transparenz durch große Fensterflächen sowie zwischen den Rahmen integrierte Membrankissen, die mit Solarpaneelen beklebt sind. Die Wohnmodule sind in sich geschlossen und betonen durch ein Oberlicht die transparente Konstruktion.

KÖ20 – UNDER THE OPEN SKY The building on Königsworther Strasse 20, built in 1896, is a prototype for the development of this street. Some war damages, especially the missing saddle roof, are still visible today. The existing building already has several common rooms and public spaces. Thus, the concept for a new roof structure includes movable living units with variable common spaces between them, which is not only a new interpretation of the already existing living communities within the building but also an optimisation of spatial use. The new construction is set back from the existing building and creates transparency by means of large window areas and membrane cushions integrated between the frames, which are covered with solar panels. By contrast, the living units are self-contained, with a skylight emphasising the transparent roof structure.

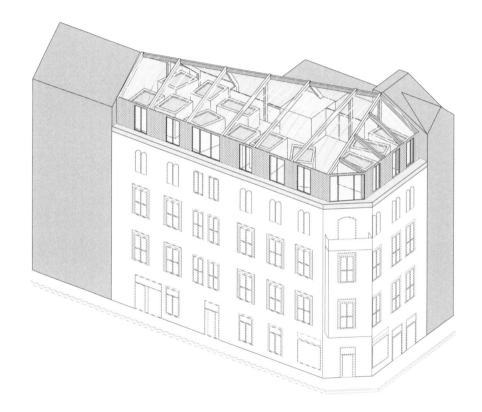

PIA FRÖHLICH, ALINA IZMAYLOV, ZOE ELSBROEK, MILENA SCHERGER
Betreuung: Prof. Alexander Furche
Tragwerke

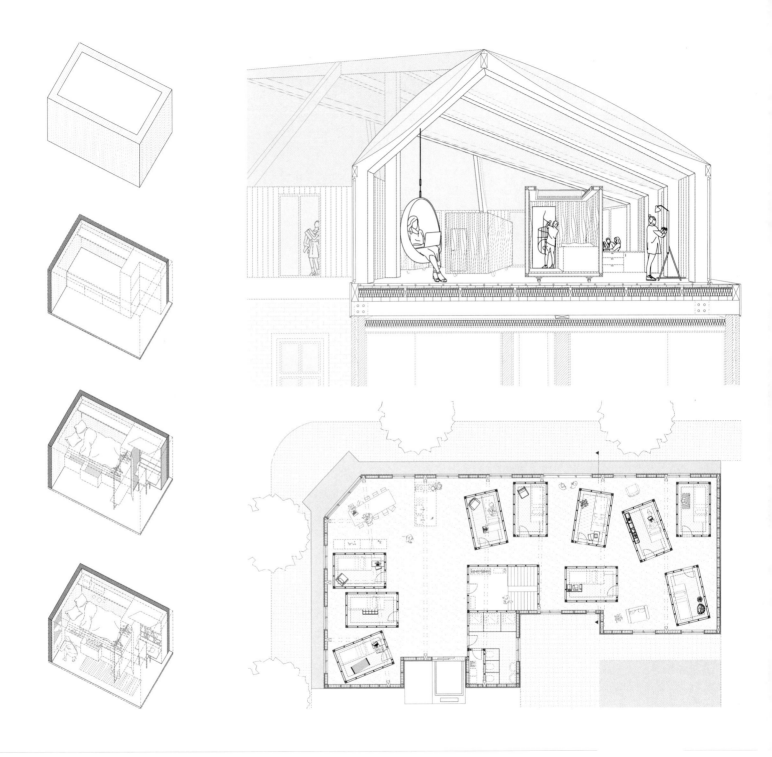

INSTITUT FÜR ENTWERFEN UND STÄDTEBAU

IES

Regionales Bauen und Siedlungsplanung
Prof. Jörg Schröder

Städtebauliches Entwerfen
Prof. Andreas Quednau

Stadt- und Raumentwicklung
Prof. Tim Rieniets

ALS PACMAN DIE AUTOBAHN ASS ...

AM FALLBEISPIEL DER A2

Gibt es eine Zukunft für die Autobahn? Das Projekt „PACMAN" geht dazu von einem Reality-Check aus. Das Bild vom Roadtrip über die weite Betonebene, den Lieblingssong im Radio ist Vergangenheit. Heute steht jeder, der in Deutschland die Autobahn nutzt, in Staus, die sich im Jahr 35-mal um die Erde wickeln ließen, ärgert sich über die schlechte Fahrbahn oder ist digital abgelenkt. Ist es nicht an der Zeit, die Autobahn neu zu denken, sie den Menschen zurückzugeben – auch denen, die sie von außen erleben? Aktuell durchschneidet die Autobahn Orte, Städte und Landschaft, teilt in rechts und links, oben und unten. Mit der Adaption des Prinzips der Baustelle löst „PACMAN" die vorhandenen Muster und Strukturen auf und transformiert die Autobahn – wie im Projekt am Fall der A2 gezeigt – zu einer neuen Plattform: einem Raum für Menschen.

WHEN PAC-MAN ATE THE MOTORWAY ... – THE A2 CASE EXAMPLE

Is there a future for the motorway? The "PACMAN" project is based on a reality check. The idea of a road trip across the wide concrete plain with your favourite song playing on the radio is a thing of the past. Today, everyone who enjoys the motorway in Germany is stuck in traffic jams that add up to a total of 35 round-the-world trips over a year, is annoyed by poor road conditions or is digitally distracted. Isn't it time to rethink the motorway, to give it back to people? Even to those who experience it from the outside: because now motorways cut through villages, cities and landscape, dividing them into right and left, top and bottom. By adapting the principle of the road construction site, "PACMAN" dissolves the existing patterns and structures and transforms the motorway – as shown in the project for the A2 motorway – into a new platform: a space for people.

ANNA PAPE, JULIA THEIS
Betreuung: Prof. Jörg Schröder, Riccarda Cappeller
Regionales Bauen und Siedlungsplanung

50 km
278 kinder
7:45 uhr morgens

KOSHIKI DREAMS **REVITALISIERUNG DER KOSHIKI-INSELN** Japan besteht aus circa 7000 Inseln, von denen 421 bewohnt werden. Viele der abgelegenen und kleinen Inseln haben aufgrund von Überfischung und der Globalisierung ihre ehemalige Rolle für den industriellen Fischfang verloren. Sie sind dabei, sich im Sinn von „Dynamiken der Peripherie" als Habitate neu zu erfinden. Der Entwurf beschäftigt sich mit fünf nicht mehr genutzten Hafenbecken auf den Koshiki-Inseln im Ostchinesischen Meer, 40 Kilometer vor der Küste der südlichsten Hauptinsel Japans, Kyushu. Das Ziel ist, die Becken als räumliches Potenzial zu verstehen, sie in Verbindung mit sozialen und wirtschaftlichen Initiativen zu bringen und mit ihnen neue Kreislaufsysteme zu initiieren. Die Häfen können zu Kristallisationspunkten neuer und nachhaltiger Aktivitäten im Hinblick auf Fischfang, Bildung, Forschung, Tourismus und Produktentwicklung werden.

KOSHIKI DREAMS – REVITALISATION OF THE KOSHIKI ISLANDS Japan consists of about 7,000 islands, 421 of which are inhabited. Many of the remote and small islands have lost their former role connected to industrial fishery because of overfishing and globalisation – and are currently seeking to re-invent themselves as human habitats in the sense of "Dynamics of Periphery". The thesis in urban and territorial design deals with five abandoned industrial harbour basins on the Koshiki Islands in the East China Sea, 40 kilometres off the coast of Kyushu, the southernmost main island of Japan. The target of the project is to understand these harbours as spatial potential, to connect them with social and economic initiatives, and to initiate new closed-loop systems – with the harbours as catalysts for novel and sustainable activities in fishery, education, research, tourism, and product development.

LEA VON WOLFFRAMSDORFF
Masterthesis
Betreuung: Prof. Jörg Schröder
Regionales Bauen und Siedlungsplanung

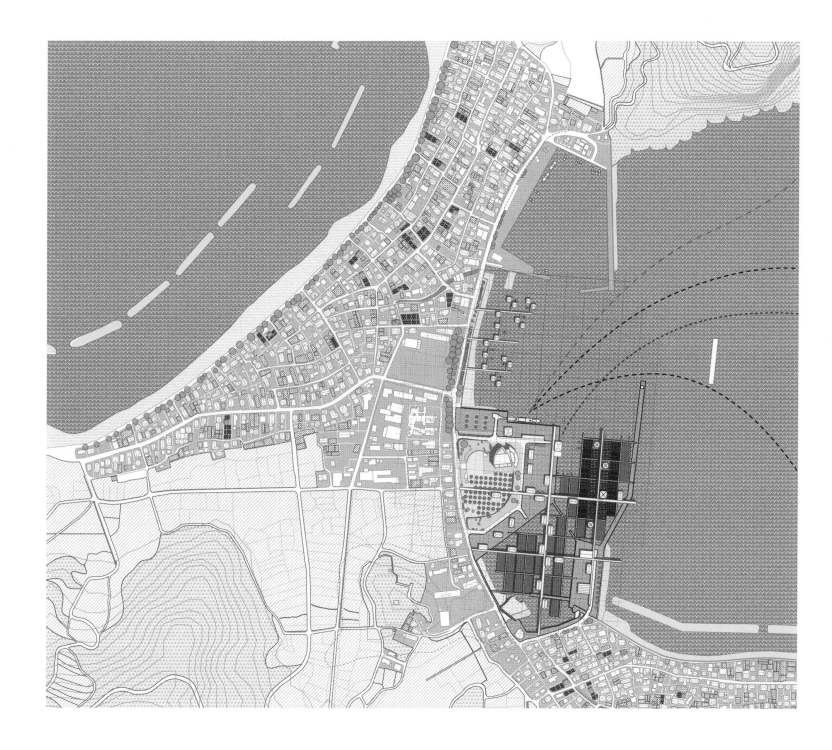

POROUS CITY Die poröse Stadt kennt keine harten Grenzen, keine vordefinierten Bereiche, keine dauerhaft gültigen Nutzungszuweisungen und auch keine in Stein gemeißelte Bauordnung. Ebenso wenig kennt sie die scharfe Trennung von Arbeit und Wohnen, von öffentlich und privat, von außen und innen, von arm und reich. Die poröse Stadt ist die Stadt der Zwischenräume, der mehrdeutigen Zonen, der Schwellen – eine Stadt, die ihre Grenzen und Bereiche stets neu und vor Ort verhandelt. Die in den letzten Semestern mit dem Thema der produktiven Stadt aufgenommene Auseinandersetzung mit der Diversifizierung der Stadt fand mit der porösen Stadt eine Fortsetzung und Ausweitung. Beispielhaft wurden anhand eines vorgefundenen, ehemals industriellen Stadtbausteins entwurflich die Potenziale der Architektur als Beitrag zu einer porösen Stadt ausgelotet.

POROUS CITY The Porous City does not know hard borders, no predefined areas, no permanently valid zoning, no building regulations that are carved in stone. Nor does it know the sharp separation of working and living, of public and private, of outdoor and indoor, of poor and rich. The Porous City is the city of in-between spaces, ambiguous zones, thresholds – a city that constantly negotiates its borders and areas in real-time and on site. The study of the Porous City is a continuation and extension of the examination of the diversification of the city that started with the topic of the Productive City a few semesters ago. The study explored the potentials of architecture as a contribution to a Porous City, starting from a former industrial building block as case study.

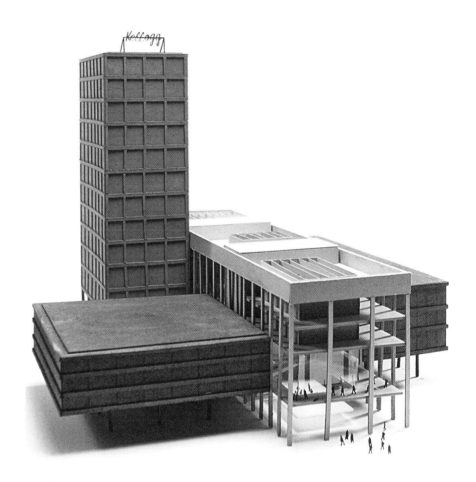

JONAS TRITTMANN
Betreuung: Prof. Andreas Quednau,
Leonhard Clemens, Benedikt Stoll
Städtebauliches Entwerfen

HEREAFTER HANNOVER INNER-CITY LIVING Eine Stadt der kurzen Wege, der sozialen Vielfalt, funktionalen Mischung und urbanen Dichte: Spätestens seit die Städte wieder wachsen und die Wohnungsfrage so aktuell ist wie seit Jahrzehnten nicht mehr, sind gestiegene Qualitätsansprüche an die Stadt Gegenstand einer regen Debatte. Im Zentrum von Hannover, rund um den Köbelinger Markt, haben die Arbeiten im „Entwurf Stadt" zum Thema Nachverdichtung und innerstädtisches Wohnen Positionen bezogen. Neben einer Inwertsetzung des heterogenen Bestands war es das Ziel, durch typologische Diversifizierung das Areal um die Markthalle räumlich sowie in Hinblick auf die Nutzungsvielfalt zu verdichten. Zudem sollten Interpretationen der Pluralität der gewachsenen Stadt entwickelt werden, die das fragmentierte Gebiet in ein attraktives städtisches Quartier transformieren.

HEREAFTER HANOVER — INNER-CITY LIVING
Short distances, social diversity, functional mix, and urban density: the process of urbanisation raised questions about housing and the qualities and potentials of cities. In the framework of "Entwurf Stadt", the urban design projects developed positions on redensification and inner-city living around the Köbelinger Markt in Hanover. Besides valorising the existing heterogeneity, the aim was to densify the area around the market hall, both spatially and in terms of possible uses, by typological diversification and interpretations of the plurality of the city to turn the fragmented area into an attractive urban quarter.

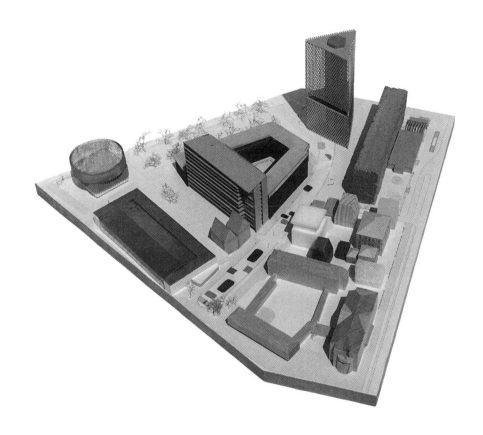

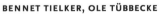

BENNET TIELKER, OLE TÜBBECKE
Betreuung: Prof. Andreas Quednau, Lennart Beckebanze, Ina-Marie Kapitola, Benedikt Stoll
Städtebauliches Entwerfen

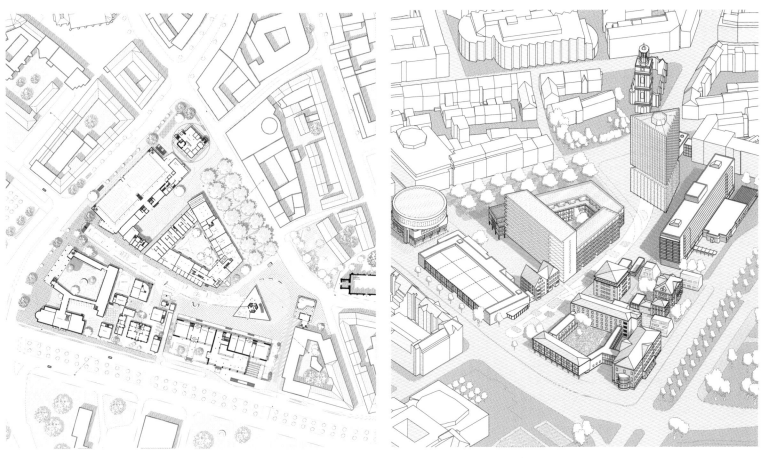

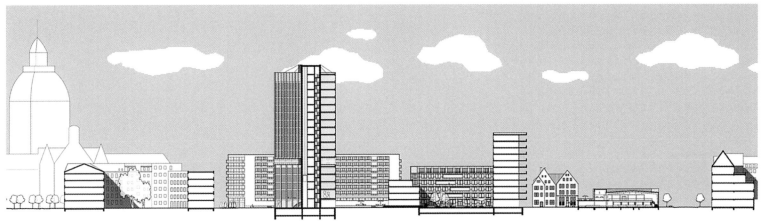

POST-LIGNITE URBANISM

EINE HEIMAT NACH DER BRAUNKOHLE Basierend auf dem Braunkohleabbau in der Region Erkelenz und den damit verbundenen Umsiedlungen der Dörfer beschäftigt sich das Projekt „Holzweiler bleibt Hof" mit der Umnutzung, Nachverdichtung und Erweiterung eines Tagebauranddorfs. Das Konzept orientiert sich an den historisch gewachsenen Höfen Holzweilers, insbesondere an der zugrundeliegenden Nutzungsmischung und dem halböffentlichen Innenhof. Daraus abgeleitet entsteht der neu interpretierte Haufenhof als Typus zur Nachverdichtung und Erweiterung des Dorfs. Dieser ermöglicht eine Bandbreite an Wohnformen sowie das Zusammenspiel verschiedenster Architekturen, durch die diverse Nachbarschaften entstehen können. Um die Zeit der Umsiedlung in Erinnerung zu behalten, soll in dem über Jahre anstauenden See eine Erinnerungsstätte mit den ursprünglichen Umrissen der Dörfer als schwimmende Plattform entstehen.

POST-LIGNITE URBANISM – A HOME AFTER BROWN COAL Based on lignite mining in the Erkelenz region and the associated resettlement of villages, the "Holzweiler bleibt Hof" project deals with the conversion, densification, and expansion of a village at the edge of a surface mine. The concept is based on the historically developed farmsteads of Holzweiler, especially the underlying mixed-use and semi-public inner courtyard. Derived from this, the newly interpreted *Haufenhof* is created as a type for the redensification and expansion of the village. This allows a wide range of housing forms and the interaction of different architectures, which can create various neighbourhoods. In order to remember the time of the resettlement, a memorial site showing the original villages is to be created as a platform in the lake, which has been dammed up for years.

PIA FRÖHLICH, ZOE ELSBROEK
Betreuung: Prof. Tim Rieniets, Lena Lauermann,
Dr. Joachim Rosenberger, Julia Theis
Stadt- und Raumentwicklung

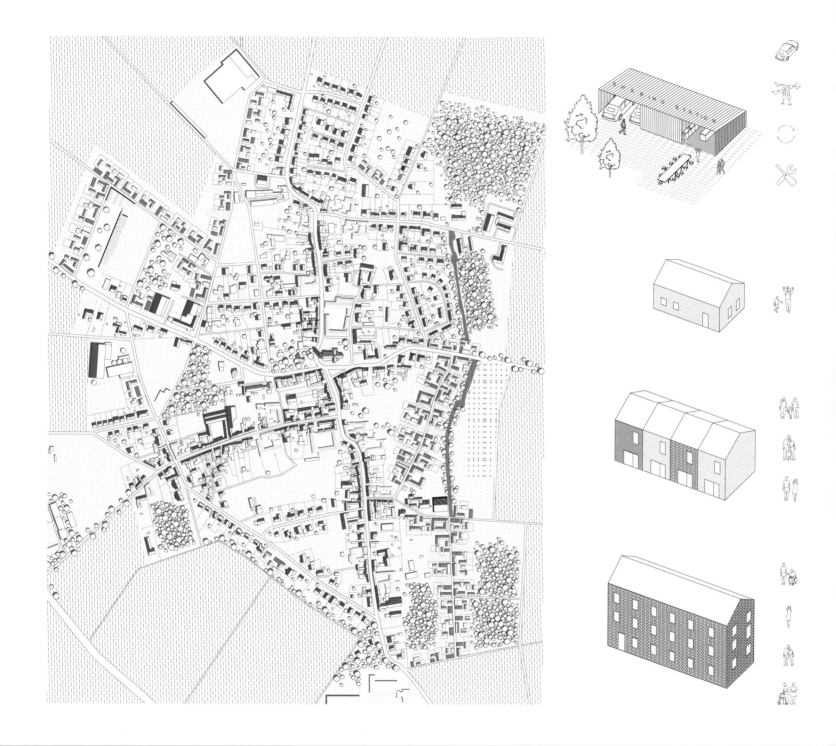

MÜLHOME ZUSAMMENLEBEN IN KÖLN-MÜLHEIM „Made in Mülheim"
transformiert exemplarisch das ehemalige Güterbahnhofsgelände in Köln-Mülheim in ein gemischt genutztes, dynamisches Stadtquartier. Die Digitalisierung in der Produktion und die Verkleinerung der Produktionseinheiten bieten dabei eine große Chance für vernachlässigte innerstädtische Quartiere. In Form hybrider Nutzungskonzepte auf Basis interaktiver Produktionsstrukturen und neuer Wohntypen sollen die Vielfalt und der Austausch von Lebensweisen und Kulturen ermöglicht werden. Das alltäglich Fremde und das Nebeneinander von Handwerk, Industrie und Wohnen sollen auf diesem Wege schrittweise abgebaut werden – eine Vision, die eine zukunftsorientierte Planung der gemischten Stadt in Zeiten gesellschaftlicher, ökonomischer sowie soziokultureller Wandlungsprozesse verwirklicht.

MÜLHOME – LIVING TOGETHER IN COLOGNE-MÜLHEIM "Made in Mülheim" exemplifies the transformation of the former goods station area in Cologne's Mülheim district into a mixed-use, dynamic urban quarter. Digitalisation in production and the down-sizing of production units offer a great opportunity for neglected inner-city districts. The diversity and exchange of lifestyles and cultures is to be made possible in the form of hybrid use concepts based on interactive production structures and new types of housing. In this way, the everyday experience of the foreign and the parallel existence of the crafts, industry and housing is to be gradually reduced – a vision that will make future-oriented planning of the mixed city become reality in times of social, economic, and socio-cultural change.

ALEXANDRA OTHMER, AILEEN STOLZE
Betreuung: Prof. Tim Rieniets, Lena Lauermann,
Dr. Joachim Rosenberger
Stadt- und Raumentwicklung

INSTITUT FÜR GESCHICHTE UND THEORIE DER ARCHITEKTUR

IGT

Architektur und Kunst 20./21. Jahrhundert
Prof. Dr. Margitta Buchert

Bau- und Stadtbaugeschichte
Prof. Dr. Markus Jager

Planungs- und Architektursoziologie
Kommissarisch Dr. Lidewij Tummers-Mueller

gender_archland
Forum für GenderKompetenz in
Architektur | Landschaft | Planung
Prof. Dr. Tanja Mölders

MENSCH UND NATUR: AUF DER SUCHE NACH EINEM RAUM FÜR BEGEGNUNGEN

EINE ANNÄHERUNG IN DREI TEILEN Im „Age of Biology" wendet sich die Architektur an Naturwissenschaften wie die Biologie, um zukünftige Entwurfsansätze zu finden. Die Natur wird dabei nicht nur zum Vorbild, sondern gleichzeitig eine Mitgestalterin von Entwürfen. Dabei stellt sich die Frage, wie Natur definiert werden kann und in welchem Verhältnis der Mensch zur Natur steht. Die Antwort erfolgt individuell, da Wahrnehmungen über Sinne und Emotionen entscheidend bei der Definition sind. Erst dann lässt sich beantworten, was genau wir eigentlich unter Natur verstehen und welche Aspekte uns an ihr reizen. Parallel zu dem von der Biologie inspirierten Entwerfen ist es daher wichtig, Räume zu schaffen, in denen die Beziehung zwischen Mensch und Natur erfahrbar gemacht wird. Die wissenschaftliche stößt so auf eine persönliche Ebene: Eine wechselseitige Beziehung entsteht.

HUMANKIND AND NATURE: FINDING SPACE FOR ENCOUNTERS — AN APPROACH IN THREE PARTS The global ecological crisis challenges architects and designers to rethink their way of artistic conception. This paper aims to contribute to the discussion with an approach in three parts. The first part, *them*, describes the global ecological crisis connected to the realm of architecture. Furthermore, it introduces biologically inspired design with living matter as a future proposal within architecture, which is already practiced by various scientific departments and architectural and artistic studios. When transferring this approach to a personal environment, it is important to underline the complexity of defining the necessary terms and achieving reasonable comprehension of the topic itself. Therefore, the second part, *me*, demonstrates that the connection between *humankind* and *nature* and the definition of those two terms are debated and should be answered individually. This happens via a self-experiment, which takes advantage of *perception* as a tool for obtaining knowledge. The third part, *us*, merges all information taken from the previous parts

and attempts to incorporate them into future actions that can take place in cities. Here, the focus is on questioning the relationship of humankind to its environment and, in a wider sense, to nature. Since the relation mentioned above is a question of individual perception, *Little Nature Entities* are additional proposals for encounters in an individual space. Obsolete phone boxes are suggested to be transformed into theme-related, artistically designed spatial interventions to allow experimental experiences. All three parts act as a 'personal library' with every part functioning autonomously, rather than something completed. It is an assembly of information and accompanies a process.

them – Biologically inspired design

From the advent of the Industrial Revolution and the Anthropocene era on, mainly human interferences have been responsible for the destabilisation of the ecological equilibrium. Since the building and construction sector causes 39 percent of all carbon emissions in the world[1], it is necessary to think responsibly and innovatively also within the realm of architecture. Alongside focusing on updating the technical equipment in buildings, it will be inevitable to rethink the use of materials.

Bringing various disciplines and sciences together will make it possible to find innovative ways of conceiving. One of them – *biologically inspired and integrated design* – is already a tried and tested approach at leading research institutes and some architectural offices around the world. Here, the material itself is crucial and therefore it is important to estimate its potential when integrated into design processes and considered as *co-designing*. Inspiration taken from natural sciences such as biology, bioengineering, and chemistry offers an interesting and possibly decisive approach. Many researchers such as Neri Oxman or David Benjamin even talk of an *Age of Biology*, which replaces the 20th century of physics and assembly. The idea of all their projects is to find design structures that would augment living matter. As a new age of design, this leads from nature-inspired design to design-inspired nature. Oxman refers to that as *humankind mothering nature* for the first time. This kind of approach can be seen as go-

ing beyond biomimicry and the emulation of nature.[2] Biologically inspired or integrated design takes various paths, varying in scale. Designing with living organisms can be split into three fields. One direction is *experimenting with cryptogams such as* bacteria, algae, and *mycelium*. The capability of some to absorb carbon dioxide and sequester nitrogen, while being maintained at low cost, is of high interest. The quality of *self-assembly* and *self-healing* processes leads designers to think about bio-receptive creations.[3] Another approach was established with *Baubotanik*, which refers to the constructive side of architectural practice. In combination with steel, living trees are exploited to take the loading capacity of a structure. Here, the principle of *plant addition* is used, where the plants are encouraged to grow into each other to create a stable meshwork.[4] A third field is *artistic installations*. Artists and designers create spatial interventions which encourage the observer to interact with the environment, mostly through the aid of technology.

me – The complexity of the relation between humankind and nature

To accomplish a transfer to the personal environment, the development of a more fundamental thinking is useful. For that, the question of the relation between humankind and nature is raised and found as complex to answer. Using our senses and emotions answers these questions on an individual level. Defining nature is in this case paramount. One way is to observe one's environment closely and draw conclusions from theories like the *Object-Oriented Ontology*[5] or the *ANT theory*[6]; it becomes clear that nature can be seen as an object which functions in an overall network. In this case, the overriding idea is to see the human being as an actor or object coexisting within a network of non-human actors or objects, in contrast to a hierarchical order. Other than as a network component, nature can be seen as the origin of all objects. It is connected to everything. Hence, humankind is not only connected to nature but also an object produced by nature. Every object and subject is a part of nature and vice versa. Probably the most fascinating: everything is different, everything is individual. Therefore, every human, every animal, every plant, every stone, every particle is unique and relates to the concept of nature. So there is no 'either-or' principle of nature and humankind or any other object. The only question we can ask is: How do I view my relations to other objects? We decide what kind of assembly of objects we want to be surrounded by and if we want to live differently. Looking for answers, we can learn from our perception, feelings, emotions, memory, and many other tools we have as human beings.

us – Future city living

Understanding ourselves and the environment, which in a wider sense can be defined as nature, will be important more than ever. Architects, artists, and designers will be asked to demonstrate a tangible way to reconnect with our environment. This can happen by offering interaction in spatial situations in our everyday life. It will be necessary to observe environmental conditions and influences in contrast to personal mentality and to find merging points. Hence, the spatial answers must offer diversity and cannot appear as a uniform solution. By constantly updating

this relationship and giving room to question it, we will be able to understand more about our own nature and everything and everyone that surrounds us. Understanding more about our environment can lead towards a willingness to preserve it. Learning to depend on our senses and feelings and the human ability to be creative, emotional, and empathic, will help us in this process. *Little Nature Entities* can be seen as a proposal for those above-mentioned spatial transformations. Phone boxes were once used to reach someone somewhere else, as a gateway to experience another world for a moment. The *Forest Box*, as an example, allows the visitor to enter a space full of plants in the middle of the city. Whereas the *Unjudgement Box* provides a location to bring your troubling thoughts, write them down, and throw them into a bin to leave them there; a place of non-judgement that we often try to find in landscapes like a forest. Moreover, the innovative use of materials, for instance, can be discovered and experienced in the *Biologically Inspired Design Box*. Reusing these phone boxes in a different way, while keeping up the idea of connecting with various other domains, can offer a wide range of possibilities. The

demonstrated examples are dedicated to the idea of experiencing situations mainly through senses and emotions. They all promise an escape for a while and invite the visitor to look into a different world. Their size is perfect to fit one person, which leaves space for individual interaction and concentration on unique perception.

Epilogue

Architecture has to continue being courageous in future research and thinking. Although attempts already exist, like biologically inspired design, we have to keep on following unknown paths. Permitting the possibility of failure will be an inevitable part of this course. In addition, we will have to integrate our findings into the ordinary practice of architects.

The paper represents the state of knowledge and thinking of the author. Its core principle is to underline that humans are impossible to separate from nature. However, their relationship has to be observed and evaluated individually. Finding and proposing space for this process will be a challenge for future architects and designers, since working on this relationship can guide us towards more environmentally friendly actions. Ultimately, the most important conclusion of this paper is clear – it will always be helpful to negotiate between a *them*, a *me*, and an *us*.

1 UN Environment and International Energy Agency: *Towards a Zero-Emission, Efficient, and Resilient Buildings and Construction Sector. Global Status Report 2017.* United Nations Environment Programme 2017

2 Myers, William/Antonelli, Paola: *Bio Design.* London 2014, S. 10–17

3 Cruz, Marcos/Beckett, Richard: „Bioreceptive Design. A Novel Approach Towards Bio-Digital Materiality". In: *Architectural Research Quarterly.* 01/2016, S. 51–64

4 Ludwig, Ferdinand: *Buildings and Designs. Plane-Tree-Cube Nagold.* www.ferdinandludwig.com/plane-tree-cube-nagold/articles/plane-tree-cube-nagold.html, 29.1.20

5 Harman, Graham: *Object-Oriented Ontology. A New Theory of Everything.* London 2018

6 Latour, Bruno: *Reassembling the Social.* Oxford 2005, S. 79–86

VANESSA SCHWARZKOPF
Betreuung: Prof. Dr. Margitta Buchert
Architektur und Kunst 20./21. Jahrhundert

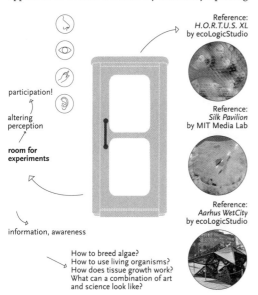

The Biologically Inspired Design Box

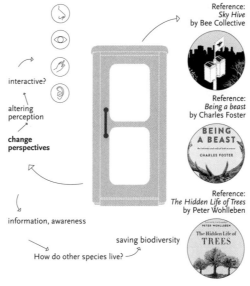

The Other Species Box

GEMEINSCHAFTLICH WOHNEN

Der Wohnungsbau ist eine der elementaren Herausforderungen für Architektur und Städtebau. Der Soziologe Walter Siebel formuliert in seinem Artikel „Zukunft des Wohnens" die wesentlichen Aufgaben der Wohnungspolitik: „[Sie] hatte von Anfang an zwei Fragen zu beantworten: eine quantitative – wie viele Wohnungen müssen gebaut werden, und eine qualitative – was für Wohnungen müssen gebaut werden?"[1] Gegenwärtig befindet sich nicht nur der Wohnungsmarkt in einer Krise, sondern auch die Wohnungen selbst genügen nicht mehr den wohnkulturellen und demografischen Ansprüchen.[2] Gemeinschaftliche Wohnformen sind eine Reaktion darauf, denn die zunehmende Zahl der Einzelhaushalte sowie die Vielzahl an Haushaltstypen verlangen nach neuen Lebensformen. Somit entsteht eine neue Bauaufgabe mit besonderen Anforderungen an die Architektur und die sozialräumliche Gestalt. Auf den Ebenen des Wohnens, der Nachbarschaft und des Quartiers lassen sich daher bei gemeinschaftlichen Wohnprojekten innovative Entwicklungen als Reaktion auf den gesellschaftlichen Strukturwandel erkennen. Dabei steht die bauliche Gestaltung der Projekte in Wechselwirkung mit dem dort erwünschten sozialen Miteinander. Diese neue Form der Gemeinschaft fungiert als Bindeglied zwischen individuellem Leben und der uns umgebenden Öffentlichkeit. Gerade beim gemeinschaftlichen Wohnen geht es um die Rückführung der Stadt und des städtischen Lebens auf den menschlichen Maßstab. Es kommt zur Reaktivierung des Lokalen. Trotz großem Interesse und zunehmender Nachfrage sind diese Wohnprojekte noch immer ein wohnungsmarktpolitisches Randphänomen.[3]

Lernen von Pilotprojekten

Vor diesem Hintergrund werden in der Ausarbeitung acht Vorbildprojekte auf ihre innovativen räumlichen Qualitäten hin beschrieben, analysiert und kommentiert. Die projektbezogene Charakterisierung verdeutlicht die Unterschiede und Gemeinsamkeiten sowie den hohen Komplexitätsgrad der Projekte. Sie suchen bewusst und eigenständig Antworten auf die Frage, wie wir in Zukunft leben wollen. Die Definition von Wohnqualität wird damit neu verhandelt, und ein Umdenken in Bezug auf die Gestaltung des Lebensraums verändert den Blick auf das Wohnen. Die bereits realisierten Projekte haben deshalb eine wichtige Leuchtturmfunktion und demonstrieren, dass selbstorganisiertes Wohnen innovativ und flexibel auf sich dynamisch verändernde Herausforderungen reagieren kann.[4] Diese theoretischen Untersuchungen dienen als Basis für die entwurfliche Masterarbeit, die ein qualitätvolles gemeinschaftliches Wohnprojekt zum Ziel hat.

Innovative Qualitäten und deren Entwurfsbausteine

Um aus den bereits bestehenden Vorbildprojekten lernen zu können, werden in der Arbeit die Möglichkeitsräume auf den drei Qualitätsebenen des Quartiers, der Nachbarschaft und des Wohnens untersucht. Die Projekte wirken sich auch auf das Quartier aus und bestärken durch diese Öffnung eine baufeldübergreifende Koordination. Das kann sowohl die Städtebau- und Freiraumplanung betreffen als auch die Abstimmung von sozialer oder funktionaler Infrastruktur. Wenn eine Vernetzung mit dem Quartier beabsichtigt worden ist, haben alle Projekte eine Durchlässigkeit der Baukörper umgesetzt, die Wegeverbindungen und Freiräume über das Grundstück hinausgedacht sowie die Zonen und Funktionen standort- und entwurfsbezogen im Erdgeschoss platziert. Es wird bei der Planung also oftmals über das einzelne Projekt hinausgedacht und die Entwicklung lebendiger Quartiere verfolgt. Gerade in gewachsenen Quartieren spielt der gemeinschaftsorientierte und quartiersoffene Neubau sowohl in Bezug auf das Nutzungs- als auch auf das Wohnungsangebot eine nachjustierende und regulierende Rolle. Im Sinne der Stadtentwicklung zielen die Projekte oft auf eine soziale Mischung ab, wodurch der Ausgrenzung, der Ghettoisierung und der Polarisierung in den Städten entgegengewirkt werden kann und die menschliche Vielfalt als Potenzial erkannt wird. Durch den Ansatz der partizipativen Entwicklung und die Selbstverwaltung der Wohnprojekte werden die nachbarschaftliche Kommunikation, die Begegnung und der Austausch gefördert. Die Mitgestaltungsmöglichkeiten führen zu einer Identifikation mit dem Wohnprojekt, was eine selbstverständliche und vielfältige Aneignung und Nutzung der Räumlichkeiten begünstigt. Erschließungsflure erhalten eine neue Interpretation und werden auch als Räume der Begegnung genutzt. Zusätzlich tragen Räume wie Werkstätten, Dachgärten oder andere Multifunktionsräume zu einem gemeinschaftlichen Zusammenleben bei.[5]

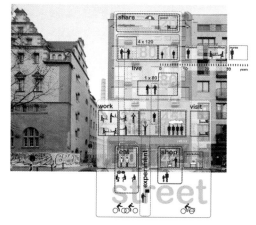

Räumliche und funktionale Vernetzungen: BARarchitekten, Oderberger Str. 56, Berlin, 2008
© BARarchitekten

Natürlich ist für die Wohnprojekte der Wohnraum von essenzieller Wichtigkeit. Das Berliner Projekt BIGyard von Zanderroth Architekten ist dafür ein anschauliches Beispiel. Durch die Entwicklung von drei Typologien innerhalb des Bauvorhabens entstehen verschiedene räumliche Wohnungsqualitäten.

Gemeinschaftliche Wohnprojekte bringen oftmals vielfältige Wohnräume hervor, was auch die verschränkten Raumvolumen von Mischen Possible von BARarchitekten oder die oft über zwei Geschosse reichenden Clusterwohnungen zeigen. Flexible Raumangebote erleichtern zudem zukünftige Veränderungen und ermöglichen die Anpassung an wechselnde Platzbedürfnisse im Laufe des Lebens.

Die Vielzahl der baulichen, gestalterischen und architektonischen Elemente bildet den Lebensraum, der die Anforderungen als Handlungsrahmen und Möglichkeitsraum für das gemeinschaftliche Zusammenleben adäquat erfüllen soll. Da die zukünftigen Bewohner bedarfsorientierte Konzepte entwickeln, die auf ihre Bedürfnisse und Wünsche abgestimmt sind, entstehen zum einen Impulse von innen. Aber auch durch Wohnungsunternehmen, Architekten und Projektberater, die die geänderte Herausforderung annehmen, werden Impulse gesetzt.[6]

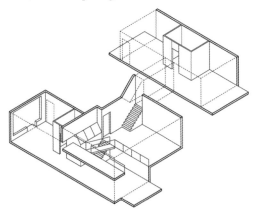

Galeriewohnung über vier Geschosse: BARarchitekten, Oderberger Str. 56, Berlin, 2008 © BARarchitekten

Komplexe Raumgefüge erzeugen individuelle Wohnformen: BARarchitekten, Oderberger Str. 56, Berlin, 2008 © BARarchitekten, Foto: Jan Bitter

Ausblick

Die Analyse und Auswertung der Projekte haben jedoch ebenso organisatorische Grenzen und Herausforderungen aufgezeigt. Die lokalen Bedingungen für selbstorganisierte Wohnprojekte sind je nach Land und Stadt unterschiedlich, aber noch nirgendwo ideal und nachhaltig. Obwohl die Potenziale der gemeinschaftlichen Wohnprojekte in Deutschland, Österreich und der Schweiz immer mehr Anerkennung bekommen, erfahren diese Projekte noch zu selten genügend finanzielle, politische und juristische Unterstützung. Damit mehr Wohnprojekte aus ihrer Nische treten und sich auch für unterschiedliche Bedarfsgruppen öffnen können, gilt es, sich um neue, die Wohnprojekte fördernde Organisationsstrukturen zu bemühen. Von der Unterstützung der Initiativen können viele profitieren, denn durch partizipatives und bedarfsorientiertes Planen und Bauen können Wohnprojekte kombinieren, was zunächst schwer vereinbar erscheint: individuelle Lebensformen und Privatheit mit Gemeinschaft, Bezahlbarkeit und Umweltfreundlichkeit.[7] Wenn zukünftig mehr solcher Projekte auf dem Wohnungsmarkt entstehen sollen, darf es nicht mehr primär um die quantitative Wohnraumversorgung gehen, sondern vielmehr um ein qualitätsvolles, nachhaltiges und gemeinwohlorientiertes Wohnen. Die Suche nach Formen des nachhaltigen Zusammenlebens und angemessenen Lebensräumen verdeutlicht die Relevanz der innovativen und gemeinschaftlichen Wohnprojekte und unterstreicht das unterstützenswerte Potenzial der experimentellen Weiterentwicklung.

COMMUNAL LIVING – INNOVATIVE QUALITIES AND THEIR DESIGN COMPONENTS

Community-oriented housing projects are an alternative form of housing and living that can be understood as a reaction to profound changes in our society. The structural design of the projects interacts with the social coexistence desired there. Despite great interest and increasing demand, these housing projects are still a marginal phenomenon in terms of housing market policy. If more such projects are to be created in the future, it must no longer be primarily a question of quantitative housing supply but rather of high-quality, sustainable, and public welfare-oriented housing. Through participatory and needs-based planning and construction, housing projects can combine what appears to be difficult to reconcile: individual lifestyles and privacy with community, affordability, and environmental friendliness.

1 Siebel, Walter: „Zukunft des Wohnens". In: *Arch+* 176/177, Themenheft *Wohnen*. Aachen 2006, S. 44

2 Dürr, Susanne/Kuhn, Gerd: *Wohnvielfalt Gemeinschaftlich wohnen. Im Quartier vernetzt und sozial orientiert*. Ludwigsburg 2017, S. 9

3 Fedrowitz, Micha: „Gemeinschaftliches Wohnen. Stand und Entwicklung in Deutschland". In: *Wohnprojekte. Von der Nische zum Trend?* Nachrichten der ARL 1. Hannover 2016, S. 11

4 LaFond, Michael/Tsvetkova, Larisa (Hg.): *Co-Housing Inclusive. Selbstorganisiertes, gemeinschaftliches Wohnen für alle*. Berlin 2017, S. 217

5 ebenda, S. 210ff.

6 Spellerberg, Annette (Hg.): *Neue Wohnformen. Gemeinschaftlich und genossenschaftlich*. Wiesbaden 2018, S. 102

7 Vgl. Anm. 4, S. 211

LINNÉA SPIECKER
Betreuung: Prof. Dr. Margitta Buchert
Architektur und Kunst 20./21. Jahrhundert

DIE LAVESBRÜCKE IN SALZAU

INSTANDSETZUNG Von der um 1840 von Georg Ludwig Friedrich Laves entworfenen Fußgängerbrücke auf dem Gut Salzau existiert nur noch die Tragstruktur. Diese setzt sich aus Auflagern, drei schmiedeeisernen Linsenträgern sowie vier Pfosten des Geländers zusammen. Der Zustand der Brücke ist die Folge einer jahrzehntelangen Verwahrlosung: Holz und Eisen halten ohne Pflege nicht dauerhaft der Witterung stand. Diese Arbeit empfiehlt die Instandsetzung und die Wiederaufnahme des Wartungszyklus der Brücke: Alle bestehenden eisernen Elemente sollen unter Wahrung der Wirkungsprinzipien der Verbindungsmittel repariert und die morschen oder fehlenden Holzteile ersetzt werden. Durch die Herstellung von neuen Geländern aus geschweißten Stäben setzen sich diese aufgrund ihrer Fertigungstechnik von dem Bestand ab, ohne formal mit ihm zu brechen.

THE LAVES BRIDGE IN SALZAU – BACK TO LIFE

The Laves Bridge in Salzau was designed by Georg Ludwig Friedrich Laves around 1840 for Lord Blome. Today only the bearings, the three structural beams, and the four corner posts are preserved. The iron is rusted and the wood rotten. The bridge's condition is the result of decades of neglect rather than events of historical importance: wood and iron simply cannot withstand the weather permanently without maintenance. Therefore, my recommendation is to resume the long-interrupted maintenance cycle and make the bridge usable again. All existing iron parts are to be repaired while observing the operating principles of the connections. The wooden parts can be replaced. The new railings should be manufactured using welded rods to set them apart from the original structure by their manufacturing process.

LEON SCHITTEK
Betreuung: Prof. Dr. Markus Jager, Charlotte Hopf
Bau- und Stadtbaugeschichte

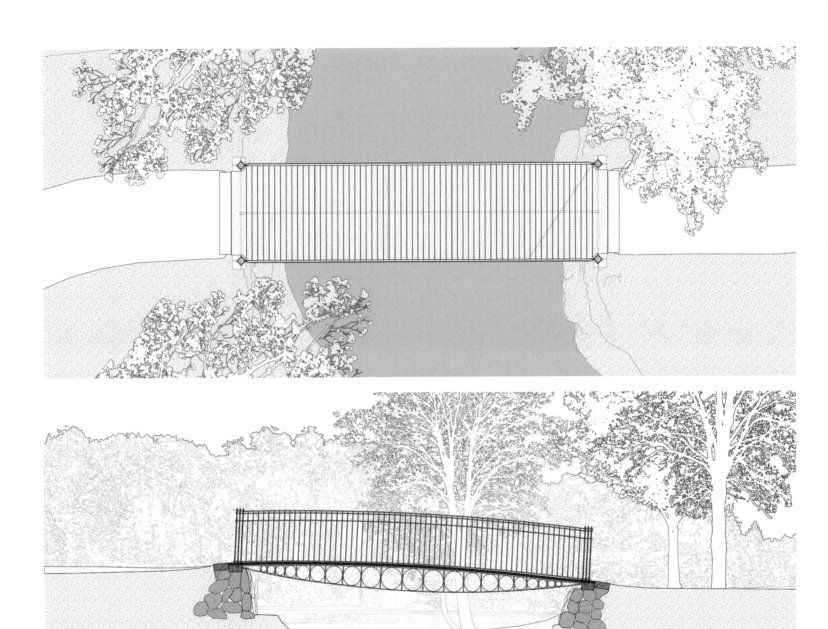

DAMPFMOLKEREI BEUERMANN Im Rahmen der Lehrveranstaltung „Weiterbauen" werden Bestandsbauten fachgerecht dokumentiert, analysiert und bewertet. Auf dieser Grundlage wird im darauffolgenden Semester ein Ertüchtigungs-, Umnutzungs- oder Umbauvorschlag formuliert.

Die nebenstehende Arbeit widmet sich einer 1890 errichteten Margarinefabrik und Dampfmolkerei in der Leonhardtstraße in Hannover. Nach starken Kriegszerstörungen wurden die Fabrikbauten teilweise instand gesetzt bzw. in den folgenden Jahrzehnten durch Neubauten ersetzt. Auf Basis der Bestandsanalyse soll eine Umnutzung des bestehenden Ensembles zu Wohnzwecken erfolgen, wobei der erhaltene Kernbau von 1890 mit Stahlstützen und Kappengewölben die gestalterische und räumliche Grundlage bilden wird.

CARL BEUERMANN DAIRY FACTORY In the course "Weiterbauen" (building in existing contexts), existing buildings are professionally documented, analysed and evaluated. On this basis, a proposal for renovation, conversion or repurposing is formulated in the following semester.

This project is concerned with a margarine factory and steam-powered dairy built in 1890 on Leonhardtstrasse in Hanover. After severe destruction during the war, the factory buildings were partially repaired or replaced by new buildings in the following decades. Based on the analysis of the existing building stock, the ensemble is to be converted for residential use, whereby the preserved core building from 1890 with steel supports and segmented barrel vaults will serve as the design and spatial basis.

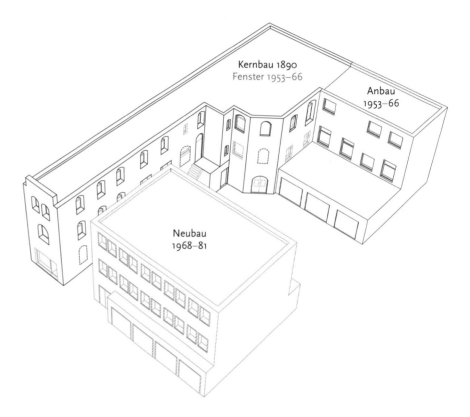

Ehemalige Dampfmolkerei Beuermann – Bauphasenplan der Bestandsbauten

GESA HENNING, NEELE LEMKE, CHRISTINA MAUERSBERG, CHRISTIN REIMANN
Betreuung: Prof. Dr. Markus Jager, Charlotte Hopf, Alexandra Knapp
Bau- und Stadtbaugeschichte

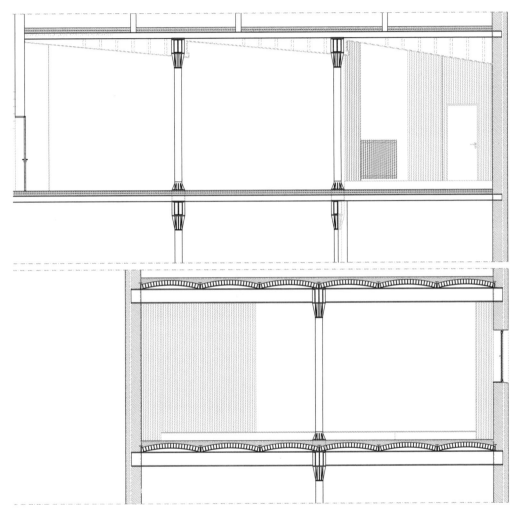

Quer- und Längsschnitt durch den Hauptraum

Gegenüberstellung der Ansicht auf einer Rechnung der
Familie Beuermann 1890 und der Ansicht heute

KLIMAWANDEL UND GENDER Die Auswirkungen des Klimawandels zeigen sich in verschiedenen Regionen der Erde unterschiedlich. Dies hat einen starken Einfluss auf die Lebensqualität vor allem von ärmeren, landwirtschaftlich geprägten Volkswirtschaften. Themen wie Klima, Armut und Ungleichheit, die wichtige Einflussfaktoren für den Fortschritt einer nachhaltigen Entwicklung darstellen, wurden zum Bestandteil der Agenda 2030 gemacht. Da geschlechtsspezifische Ungleichheiten das soziale und wirtschaftliche Wachstum beeinträchtigen, fand auch die Gleichstellung der Geschlechter Aufnahme in die Ziele der Agenda 2030. Im Zuge dieser Hausarbeit wurden die Zusammenhänge zwischen der Ungleichheit der Geschlechter und der Vulnerabilität durch den Klimawandel untersucht.

CLIMATE CHANGE AND GENDER Abrupt *climate change* is apparent and expected to become even more common in the near future. The results of the global ecological crisis are multifaceted, tremendously affecting regions and individuals with limited financial means and direct dependence on natural resources. Impoverished agriculture-based economies, particularly small-scale farming units, lack the capacity to adapt to these rapid changes and hence become more susceptible. Climate, poverty, and equality have been addressed by the United Nations' (UN) seventeen Sustainable Development Goals (SDGs) for 2030 due to their significance in achieving sustainability. Gender-related inequality profoundly hinders sustainable social and economic growth; moreover, it is associated with an increased degree of exposure to the impacts of climate change. For these reasons, this paper examines how gender inequality is related to climate change vulnerability, especially in rural areas in sub-Saharan Africa. This analysis is an outcome of the Seminar "Gender and Sustainable Development – spatial perspectives".

Gender and Climate-vulnerability

Climate change describes the rapid changes in the average known conditions (like temperatures, rainfalls, and wind patterns) in the atmosphere and on the surface.[1] *Gender equality* is defined as the aim of achieving equal rights, obligations, and life chances for both genders in all sectors of life. It refers to the fair inclusion in decision-making processes and economic participation as well as equal support of all genders' needs and aspirations.[2] Extreme weather conditions pose a rising threat for impoverished areas as for individuals with high dependence on natural resources for their livelihoods.[3]

     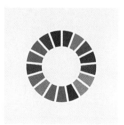

United Nations' Sustainable Development Goals (SDGs)

However, it has been argued that women tend to be more vulnerable to climate impacts compared to men; whilst this might be partly true, the root causes need to be carefully examined and considered. The classifications of women as vulnerable state an oversimplification of gender behaviours since economic, sociological, and hierarchical matters are not taken into consideration and the focus is only directed towards the female physiological and biological features. This simplification is also visible in the characterisation of women as the ones standing closer to nature due to their 'natural characteristics', like motherhood or physical weakness.[4] This comparison justified, on the one hand, the reckless handling of nature and natural resources and, on the other hand, the protection and restriction of the 'weak' female gender.[5] Women's vulnerability is observed as a subject of individual attention, excluding factors as unequal processes of decision-making,[6] gender-related cultural values and norms, and legal distinctions between genders. Conclusively, women become indeed more exposed to impacts like droughts, floods, heavy rains, heatwaves, and water scarcity and to the resulting health and life expectancy risks.[7] However, social norms and disparities and not the argued female inadequacy or fragility lead to increased vulnerability. At the same time, the policy-level response on gender vulnerability caused by climate change was weak and inadequate for an extended period. Although the international policy has been addressing climate matters through actions since 1994, no reference had been made to the interrelationship between gender disparities and climate change until 2012.[8] Only then did gender equality constitute a section in the United Nations Framework Convention on Climate Change (UNFCCC)[9] and the Paris Agreement, yet as a non-binding one. On the contrary, sustainable development actions had recognised the indivisible nature of the state of social well-being and the global ecological crisis since the United Nations Conference on Environment and Development (UNCED) in 1992.[10] International activities have accelerated progress against gender-based discrimination worldwide. Nonetheless, further measures are needed, especially in as profoundly affected areas as sub-Saharan Africa.[11] An examination of most regions in the area reveals that legal distinctions based on gender are common and state a severe threat, since they hinder women from accessing multiple sectors, land property, technical advances, and financial services. Consequently, women are denied the possibility of improving their working methods and financial state, thus becoming more vulnerable.

Undoubtedly, an interrelationship exists between gender inequality and vulnerability to the effects of abrupt climate change. Disparities and exclusion not only impact females' quality of life but also create social imbalances and affect cohesion. Gender discrimination and poverty, in combination with direct dependence on natural resource, are exerting actors, significantly influencing an individual's adaptive capacity to climate change. For this reason, particularly women in more impoverished rural areas with a high gender inequality index become more exposed to the impacts of the global ecological crisis. In order to achieve climate resilience and sustainable development, it is necessary to undertake action to improve gender equality. First and foremost, the international policy should persuade the elimination of law divergencies based on gender by launching binding actions for gender equality promotion. Simultaneously, a bright information campaign on gender needs to take place. Improving education on gender matters would help deter inequalities caused by religious and cultural beliefs, since these norms often include misconceptions and misperceptions targeting women. Lastly, the social and economic importance of gender equality needs to be clarified, as must the disadvantages resulting from gender discriminations. For instance, numerous studies demonstrate the relatedness between education and advancement in production techniques.[12] Therefore, irrespective of the indisputable fact that access to education is a human right, economic benefits would also arise, especially for poverty-stricken rural areas.

The main conclusion that can be drawn in this paper is the evident interrelationship between a higher gender inequality index and increased climate change vulnerability. Improvement of gender equality, particularly in impoverished agriculture-based economies, would significantly contribute to better resilience. Gender inequalities seem to affect not only females' quality of life but also social cohesion by fracturing community bonds and exposing all members to higher climate change vulnerability. Therefore, gender equality and vulnerability are not just women's matters but crucial issues of every society, affecting well-being and development. However, this research has given rise to many questions in need of further investigation, considering that the dimensions of long-term exposure to impacts of climate change are still unknown.

1 National Aeronautics and Space Administration (NASA): *Overview. Weather, Global Warming and Climate Change.* www.climate.nasa.gov/resources/global-warming-vs-climatechange, 2.3.2020
2 European Institute for Gender Equality (EIGE): *Gender Equality.* www.eige.europa.eu/thesaurus/terms/1168, 4.3.2020
3 Hofmeister, Sabine/Katz, Christine/Molders, Tanja (Hg.): *Geschlechterverhältnisse und Nachhaltigkeit. Die Kategorie Geschlecht in den Nachhaltigkeitswissenschaften.* Leverkusen 2012, S. 272f.
4 ebenda
5 ebenda
6 Habtezion, Senay: *Over-View of Linkage Between Gender and Climate Change.* United Nations Development Programme, New York 2013, S. 2
7 World Health Organization (WHO): *Gender, Climate Change and Health.* World Health Organization, Schweiz 2014
8 Sovacool, Benjamin K./Linner, Bjorn-Ola/Klein, Richard J.T.: „Climate Change Adaptation and the Least Developed Countries Fund (LDCF). Qualitative Insights From Policy Implementation in the Asia-Pacific". In: *Climatic Change* 140. Heidelberg 2017, S. 211
9 Röhr, Ulrike/Alber, Gotelind: „Geschlechterverhältnisse und Klima im Wandel. Erste Schritte in Richtung einer transformativen Klimapolitik". In: *GENDER. Zeitschrift für Geschlecht, Kultur und Gesellschaft.* 02/2018, S. 115
10 Mölders, Tanja: „Rethinking Gender. Feminist Perspectives on Sustainable Development Goals in the Light of (Re)Productivity". In: *GAIA. Ecological Perspectives for Science and Society.* 02/2019, S. 95f.
11 Busby, Joshua. W. u.a.: Climate Change and Insecurity. Mapping Vulnerability in Africa. In: *International Security* 04/2013. Cambridge 2013, S. 136ff.
12 Chege, Fatuma/Sifuna, Daniel N.: *Girls' and Women's Education in Kenya. Gender Perspectives and Trends.* Nairobi 2006, S. 9f.

ANNA RIZOU
Betreuung: Prof. Dr. Tanja Mölders
gender_archland

ZWISCHEN RAUM UND GENDER

KRITERIEN GENDERSENSIBLER PLANUNG Zu reflektieren, ob in der eigenen Planung die Belange aller Menschen Berücksichtigung finden, ist eine Aufgabe für Planende aller Disziplinen. Dazu gehört auch, danach zu fragen, inwieweit die Planung einen Beitrag zur Gleichstellung der Geschlechter zu leisten vermag. Entsprechend haben wir uns in der Veranstaltung „Geschlechterverhältnisse und Raumstrukturen – theoretische Perspektiven und empirische Befunde" mit den Zusammenhängen zwischen Geschlechterverhältnissen und Raumstrukturen auseinandergesetzt und daraus Konsequenzen für die Planung abgeleitet. Dabei zeigte die Beschäftigung mit den Kategorien Raum und Gender, dass diese sowohl materiell-physisch als auch sozial-kulturell bestimmt sind. Dieses Vermittlungsverhältnis zu erfassen und zu gestalten, stellt eine besondere Herausforderung für Planende dar. Der Schwerpunkt liegt darauf, ein Verständnis für die sozial-räumlichen Ansprüche zu entwickeln, die sich aus verschiedenen Lebensmodellen ergeben.

Welche räumlichen Auswirkungen verbinden sich mit der Trennung von Produktions- und Reproduktionsarbeit? Inwieweit sind Geschlechterverhältnisse in städtische und ländliche Räume eingeschrieben? Und wie kann es gelingen, Geschlechterdifferenzen zu thematisieren, ohne die kritisierten Geschlechterstereotype zu manifestieren? Die Auseinandersetzung mit aktuellen Beiträgen der Geschlechterforschung klärt über das heutige Verständnis von Geschlechtergerechtigkeit auf. Denn gerade in der Planung ist es entscheidend, sich bewusst zu machen, dass gesellschaftliche Rollen nicht an ein biologisches Geschlecht gebunden sind und somit Menschen verschiedener Geschlechter und Lebensmodelle im gleichen Maße von einer gendergerechten Planung profitieren.[1]

Kriterien gendersensibler Planung

In der planenden Verwaltung ist das Thema Gender längst angekommen. In Konkretisierung des proaktiven Ansatzes Gender Mainstreaming übernimmt Gender Planning seit vielen Jahren die Aufgabe, Genderbelange in alle planerischen und politischen Entscheidungsprozesse einfließen zu lassen und so Chancengleichheit zu fördern.[2] Städte wie Berlin, München und Wien haben sich dabei eine beispielhafte Rolle bei der Integration von Antidiskriminierungsstrategien in ihre Stadtentwicklung erarbeitet. Ziel der hier vorgestellten Arbeit war es, den Flickenteppich aus Hand-

---

Verwaltung:

Strukturell

- Implementierung von Gendermainstreaming über Pilotprojekte
- Gender Budgeting
- Gender Checks
- Bauüberwachung u. a. durch Kontrollen barrierefreier Zugänge, Treppenräume und Wohnungen sowie der Freiräume und Spielplätze
- Geschlechterdifferenzierte Bestandsanalysen
- Genderorientierte Analyse der eingesetzten öffentlichen Steuerungs- und Planungsinstrumente
- Planungsprozess integrativ, ressortübergreifend anlegen
- Prüfung der Planungen nach den unterschiedlichen Anforderungen unterschiedlicher Lebensphasen
- Leitfragen situativ entwickeln: Was wissen wir über die potenziell unterschiedlichen Alltagsbedarfe und Interessen der Frauen und Männer als NutzerInnen? Wie erleben sie die Situation?

Medial

- Ausführliche persönliche und telefonische Beratung zur Sensibilisierung der Verantwortlichen
- Aktive Öffentlichkeitsarbeit
- Leitfaden für eine geschlechtergerechte Sprache
- Vielfältige Gebäudetypen fördern

Flächenplanung

- Ausgewogene Nutzungsmischung (in der Bebauungsplanung)
- Nachhaltige Entwicklung und ausgewogene Mischung von Wohnen, Gewerbe, Versorgung, sozialer Infrastruktur, Freiraum, Grün-, Sport-, Spiel- und Erholungsflächen (in der Flächennutzungsplanung)
- Überörtliche Grün- und Wegebeziehungen

Mobilität:

Wegeverbindungen

- Ermöglichung von Wegeketten, kurze Wege und zeitlich angemessene Erreichbarkeit unterschiedlicher Infrastruktureinrichtungen (z. B. Schulen, Spielplätze, Krankenhäuser, Friedhöfe)
- Verknüpfungen zwischen Industrie-/Gewerbegebieten und Versorgungseinrichtungen des täglichen Bedarfs
- Nutzung von Brachflächen für Versorgungsangebote, die sich an die Erwerbstätigen richten
- Gute Erreichbarkeit der Zentren sowie benachbarter Stadtteile durch die Berücksichtigung eines linearen wie radialen Verkehrsnetzes

Nutzbarkeit

- Berücksichtigung sicherer und die Orientierung erleichternder Wegeführungen
- Gewährleistung einer Erreichbarkeit auch für Menschen ohne eigenen Pkw durch Erschließung mit öffentlichen Verkehrsmitteln sowie Rad-/Fußwege
- Ausreichende, niveaugleiche und sichere Querungsmöglichkeiten, z. B. über Ampelanlagen, Zebrastreifen und Mittelinseln
- Allen ermöglichen, Straßen, Plätze und Wege gleichberechtigt zu nutzen
- Verkehrsberuhigte Zonen oder breitere Gehsteige (Richtwert: zumindest 3,5 m Breite) sind vor Schulen, Kindergärten und anderen öffentlichen Einrichtungen vorgesehen

Familien und Erwerbsarbeit

- Gute, sichere und bedarfsgerechte räumliche und zeitliche Anbindung an den ÖPNV, z. B. durch Verbesserung der Taktzeiten
- Die Bedienungsfrequenzen sind auch außerhalb der Spitzenzeiten der Erwerbstätigen nutzerInnenfreundlich
- Ein Mobilitätsmanagement bietet Alternativen zum motorisierten Individualverkehr an

Partizipation und Beteiligung:

- Durchführung von Partizipationsverfahren mit gleichen Möglichkeiten der Teilnahme von unterschiedlichen Zielgruppen unter Berücksichtigung des Geschlechterverhältnisses
- Anwendung von Methoden, die auch Gruppen, die eine nicht-verbale Artikulation ihrer Interessen bevorzugen, ernst nehmen und einbeziehen. Diese Gruppen sind ExpertInnen für ihre Bedürfnisse, sie sind als solche zu betrachten, ernst zu nehmen und nicht zu bevormunden
- Entwicklung von speziellen Dialogstrukturen, die garantieren, dass die unterschiedlichen Belange der zukünftigen NutzerInnen Berücksichtigung finden
- Transparentes Verfahren, das den Beteiligten ermöglicht, einzelne Schritte des Prozessfortgangs nachzuvollziehen, um sich ggf. zu einem späteren Zeitpunkt noch einzubringen
- Beteiligung durchführen, geschlechterdifferenziert auswerten

Prozesse

- Gender Mainstreaming als zwingender Bestandteil von Wettbewerbsauslobungen
- Preisgerichte (möglichst) paritätisch besetzen
- Gender Mainstreaming in den Kriterien- und Anforderungskatalog der Auslobung aufnehmen
- Kompetenzen und Ressourcen beider Geschlechter (Erfahrungshintergründe von PlanerInnen) einsetzen
- Potenzielle Unterschiede bei den Interessen der NutzerInnen systematisch in den Katalog der Planungsgrundlagen aufnehmen

Wettbewerbe

Öffentliche Räume:

- Vermeidung von Angsträumen
- Grundstück zum öffentlichen Raum hin öffnen, z. B. durch niedrige Hecken und Zäune, um Blickbeziehungen zu ermöglichen
- Sichtbeziehungen schaffen, Sichtbarrieren reduzieren und Wege gut ausleuchten
- Vermeidung von Nischen bzw. Vorsprüngen, die die Einsehbarkeit beschränken
- Treppenhäuser, Kellerräume und Tiefgaragen offen und einsehbar gestalten

Sicherheit

- Berücksichtigung der Barrierefreiheit
- Berücksichtigung der Gehwegsbreiten
- Berücksichtigung der Wegenetze
- Übergeordnete öffentliche Freiflächen und Erholungsgebiete sind mit dem öffentlichen Verkehr und dem Fahrrad gut erreichbar
- 3–5 m² wohngebietsbezogene öffentliche Freiflächen (Parks, Plätze etc.) je BewohnerIn
- Möglichkeiten der Raumaneignung für beide Geschlechter
- Räume für Kommunikation und Austausch

Nutzbarkeit

- Ansprechend gestaltete Spiel- und Erholungsflächen für Menschen jeden Alters, die sich dort gern begegnen und aufhalten
- Bereiche schaffen, in denen Kinder und Jugendliche auch laut sein können
- Den öffentlichen Freiflächen sind unterschiedliche Funktionen zugeordnet, die verschiedene Interessenlagen berücksichtigen (Erholung, Spiel, Sport etc.)

NutzerInnen

Kriterien einer gendersensiblen Planung systematisch zusammenführt. Die Matrix wird hier ausschnittweise dargestellt. Dabei werden die Kriterien unterschiedlicher Quellen und Themenbereiche so aggregiert, dass ein Überblick darüber entsteht, wie unterschiedliche Genderaspekte Einzug in die Planungspraxis finden können.[5]

BETWEEN SPACE AND GENDER – CRITERIA OF GENDER-SENSITIVE PLANNING The essay examines in which ways gender concerns can be taken into account in planning. It is created as a task of the course "Gender relations and spatial structures", which deals with the interrelationship between gender aspects and spaces. The examination of current contributions to gender research clarifies today's understanding of gender equality. The core idea is that social roles are not tied to a biological sex and thus people of different sexes and life models benefit equally from gender-sensitive planning. A central component of the essay is a table that aggregates and organises criteria from different sources and subject areas which take gender into account. This creates an overview of how gender aspects are integrated into planning practice.

1 Bauer, Uta/Frölich v. Bodelschwingh, Franciska: *30 Jahre Gender in der Stadt- und Regionalentwicklung. Erfahrungen und Perspektiven.* Berlin 2017, S. 13 und 44
2 ebenda
3 ebenda
4 Bauer, Uta/Bock, Stephanie/Wohltmann, Heike: *Städtebau für Frauen und Männer, Das Forschungsfeld „Gender Mainstreaming im Städtebau" im Experimentellen Wohnungs- und Städtebau.* Bonn 2006, S. 50
5 Die Kriterien wurden folgenden Quellen entnommen: Senatsverwaltung für Stadtentwicklung (Hg.): *Gender Mainstreaming in der Stadtentwicklung. Berliner Handbuch.* Berlin 2011; Landeshauptstadt München (Hg.): *Gender in der Planung. Qualitätsgewinn für Planen und Bauen.* München 2012; Zentrum Frau in Beruf und Technik (Hg.): *Gender Mainstreaming für Planungswettbewerbe. Arbeitshilfe für die Auslobung und Teilnahme.* Castrop-Rauxel 2006, S. 5; Stadtentwicklung Wien (Hg.): *Handbuch Gender Mainstreaming in der Stadtplanung und Stadtentwicklung.* Wien 2013

JANNES KLIPP
Betreuung: Prof. Dr. Tanja Mölders
gender_archland

reichungen, Checklisten und Kriterienkatalogen für Gender Planning systematisch zusammenzuführen und sowohl für die Lehre als auch die Planungspraxis nutzbar zu machen.

Eine besondere Herausforderung bestand darin, dass Gender Mainstreaming als gesellschaftliches Querschnittsthema mit zahlreichen Akteuren und Handlungsfeldern aller Planungsebenen korreliert.[3] So setzt zum Beispiel Gender Budgeting als strukturelle Maßnahme auf höchster Verwaltungsebene an, während Barrierefreiheit schon innerhalb der eigenen Wohnung relevant ist. Als Handlungsfelder für Gender Planning spielen zum Beispiel Mobilität, Wohnen, Erwerbs- und Versorgungsarbeit, Partizipation und Beteiligung sowie öffentliche Räume eine wichtige Rolle.[4] Den Kern der Ausarbeitung stellt eine Matrix dar, die

ECO CITY HANNOVER

GEMEINSAM LEBEN Das Projekt „Innovative Housing" bot uns Studierenden die Möglichkeit, Lösungsansätze für brandaktuelle Themen zu erarbeiten. Das Areal auf dem Kronsberg soll möglichst bald vom ecovillage hannover bebaut werden. Es soll neue Formen des Zusammenlebens bieten und das Thema des nachhaltigen Bauens mit all seiner notwendigen Dringlichkeit behandeln. Zu Beginn des Semesters wurde der öffentliche Diskurs um die Dichte des Quartiers noch sehr stark zugunsten der Befürworter von sehr reduzierten, frei stehenden Kleinsthäusern geführt. Im Gegensatz dazu soll dieser Entwurf die Vorteile einer erhöhten baulichen Dichte unterstreichen. Die Nähe zum städtischen Zentrum wird durch die Implementierung urbaner Elemente betont. Beispielhaft zu nennen ist hier die deutliche Hierarchisierung der öffentlichen Räume vom zentralen Platz bis hin zu schmalen Gassen.

ECO CITY HANOVER – LIVING TOGETHER The "Innovative Housing" project offered us students the opportunity to create solutions for relevant topics. The area in Kronsberg is to be developed as soon as possible by ecovillage hannover, offer new forms of living together, and, on the other hand, deal with the topic of sustainable construction with all of its necessary urgency. At the beginning of the semester, the public discourse on the density of the district was much stronger in favour of the supporters of very reduced, detached small houses. Therefore, the design underlines the advantages of increased structural density. The proximity to the urban centre is emphasised by the implementation of urban elements. An example is the clear hierarchy of public spaces from the central square to narrow alleys.

KIM FLOTTMANN, MARVIN LETMADE
Betreuung: Dr. Lidewij Tummers-Mueller
Planungs- und Architektursoziologie

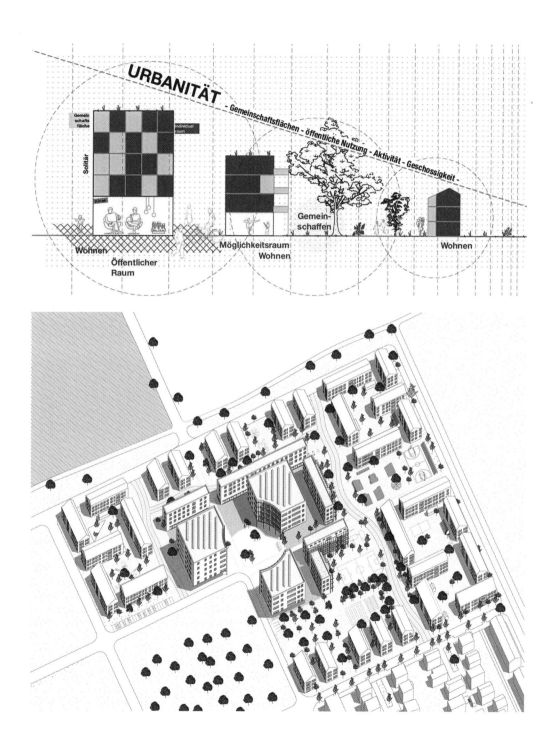

URBANITÄT - Gemeinschaftsflächen - öffentliche Nutzung - Aktivität - Geschossigkeit -

Gemeinschaftsfläche

Individualraum

Solitär

Kiosk

Wohnen

Öffentlicher Raum

Möglichkeitsraum Wohnen

Gemeinschaffen

Wohnen

93

C3_ELEMENTAL LIVING

EIN VORSCHLAG FÜR DAS ECOVILLAGE HANNOVER

Wohnen auf das Wesentliche (*elemental*) reduziert – dies beinhaltet eine soziale und eine ökologische Dimension.

Sozial: Großzügige, qualitativ wertvolle Gemeinschaftsräume, grüne Außenbereiche und Laubengänge funktionieren als eine natürliche Erweiterung des eigenen Wohnraums. Formelle und informelle Treffpunkte, zentrale und dezentrale Gemeinschaftsbereiche und nutzungsflexible Räume unterstreichen Konzepte wie Teilen, Austausch und gegenseitige Unterstützung.

Ökologisch: Der ständige Kontakt mit dem Außenraum (der Natur, den Elementen) bedeutet keine Reduktion von Komfortstandards, sondern eine Neudefinition dieser. Der Austausch mit der Natur und mit anderen ist wohltuend und soll dazu anregen, darüber nachzudenken, wieso es so wichtig ist, dass Initiativen dieser Art überhaupt existieren.

C3_ELEMENTAL LIVING – A PROPOSAL FOR THE ECOVILLAGE HANNOVER

Dwelling reduced to the essential (*elemental*). This implies a social and an ecological dimension.

Social: Spacious, high-quality communal spaces, green areas, and arcades all act as a natural extension of the personal living area. Formal and informal meeting points, centralised and decentralised communal areas and spaces adaptable for different uses underline concepts like sharing, exchange, and mutual support, fostering a sense of community and belonging.

Ecological: The constant contact with the exterior (the 'elements') does not mean a reduction in our comfort standards but rather a redefinition. The contact with nature and with others is beneficial and should serve as a constant reminder to why it is important that these kinds of initiatives exist in the first place.

PAOLA AYALA, AARON SCHEDLER, VIVIAN CHAN
Betreuung: Lisa Kietzke, Dr. Lidewij Tummers-Mueller
Planungs- und Architektursoziologie

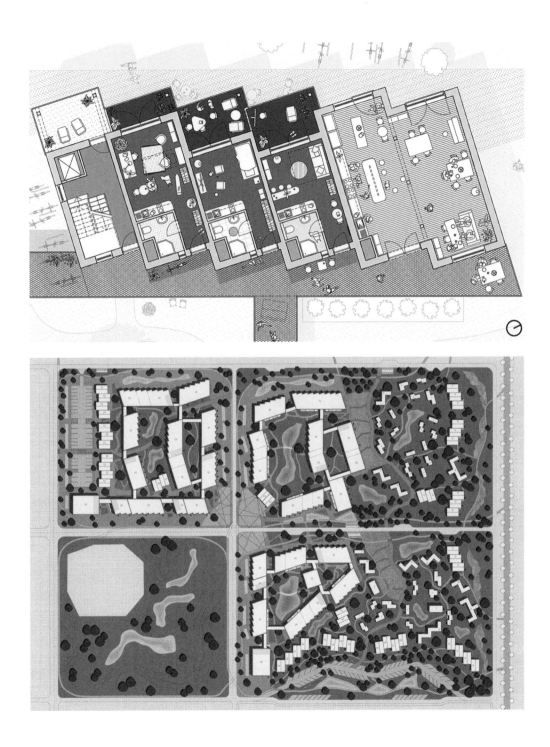

INSTITUT FÜR GESTALTUNG UND DARSTELLUNG

IGD

Digitale Methoden in der Architektur
Prof. Mirco Becker

Mediale Architekturdarstellung
Prof. Tobias Nolte

Kunst und Gestaltung
Prof. Anette Haas

HOT-VIVE CUT COLUMNS   Das Projekt verknüpft ein günstiges Motion-Tracking-System (HTC Vive Lighthouse) mit einem kollaborativen UR5-Roboterarm, um so Werkstücke zu bearbeiten, die um ein Vielfaches größer sind als der eigentliche Arbeitsraum des Roboters. Ziel des Projekts war es, durch solch eine Verknüpfung in der Fertigung manuell ein Arbeitsstück durch den Arbeitsraum eines Roboters zu bewegen, ohne dabei zusätzliche computergesteuerte Achsen zu benötigen. Im Testszenario wurden architektonische Säulen im Maßstab 1:1 mit einem Heißdrahtwerkzeug am Roboter aus Polystyrolblöcken geschnitten. Die Fertigung zeigt das Potenzial einer handwerklich-robotischen Praxis. Die Studierenden entwickelten Prozess und Parametrik und fertigten die Säulen in Zusammenarbeit mit dem Roboter.

HOT-VIVE CUT COLUMNS   The work explores coupling an affordable motion tracking system (HTC Vive Lighthouse) with a collaborative UR5 robotic arm in order to machine workpieces a few times larger than the robotic workspace itself. The aim of this project is to demonstrate that such coupling would allow a human operator to manually push the workpiece through the robotic workspace without the need of additional numerically controlled motion axes. In the test scenario, full-scale architectural columns are cut with a hot-wire effector out of polystyrene blocks. The production of the columns uses an integrated design fabrication process and shows the potential of a crafts-based robotic practice. Students co-developed the process and the design and produced the columns in collaboration with the robot.

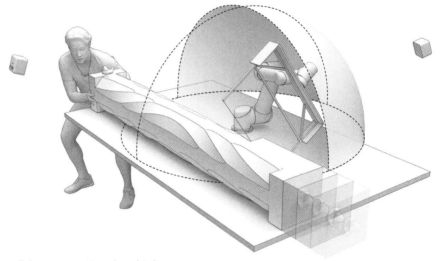

Kollaboration von Mensch und Roboter

M. ADEL ALATASSI, OBAIDA ALSHOUFI, MAGDALENA BARANIAK, EREN CAGLAR, FABIANA CERUTTI ROSSETTI, MHD YOUSSEF DAADOUSH, BARBARA FERES MARQUES BRAGANCA DE OLIVEIRA, MARIE HAFEZ, MOHAMED HASSAN, DANIEL KALININ, SINAN LIU, KATARZYNA PIEPRZYK, JIN RUI, ALESSIO SEVERINO
Betreuung: Prof. Mirco Becker, Victor Sardenberg, Marco Schacht
Digitale Methoden der Architektur

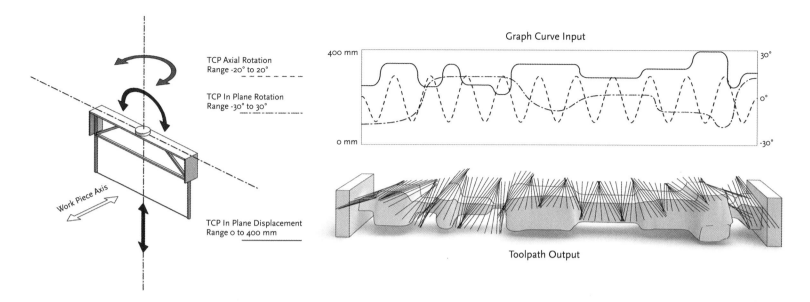

TCP Axial Rotation
Range -20° to 20°

TCP In Plane Rotation
Range -30° to 30°

TCP In Plane Displacement
Range 0 to 400 mm

Work Piece Axis

Graph Curve Input

400 mm

0 mm

30°

0°

-30°

Toolpath Output

Flussdiagramm von Design und Steuerung

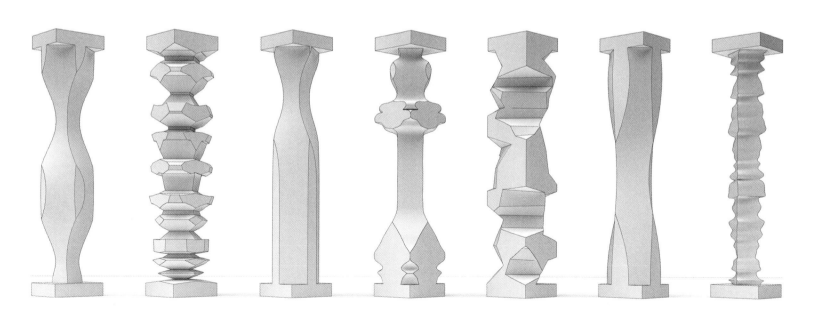

Entwurfsvarianten innerhalb der Prozessparameter

HIROSHIS PAVILLON

REVERSIBLER 3D-DRUCK Das Projekt führt eine Arbeit fort, die im Wintersemester 2018/19 zur Konstruktion mit Meso-Robotern begonnen wurde. Ziel ist es, der Fiktion Andreas Eschbachs im Roman *Herr aller Dinge*, eine Welt mit Schwärmen von kleinsten Robotern zu bauen, etwas näher zu kommen. Es wurden entwurfliche Möglichkeiten und technische Umsetzung für eine raumgreifende Installation im Foyer der Fakultät entwickelt, um diese im Lauf des Semesters baulich umzusetzen. Im Zentrum stand dabei die Nutzung von etwa 1 Quadratzentimeter großen Bausteinen, die einfach um- und zurückgebaut werden können und in diesem Sinn reversible Objekte erzeugen. Die Konstruktion selbst sollte so gestaltet sein, dass kletternde Meso-Roboter sie ausführen können. Das bauliche Ergebnis ist mindestens ebenso wichtig wie das Spektakel autonom bauender Roboter.

HIROSHI'S PAVILION – REVERSIBLE 3D-PRINTING The project continues work, which was initiated during the winter semester 2018/19. It looks at building with meso-sized robots. The aim is to come closer to the fictional novel *Lord of all Things* by Andreas Eschbach, where swarms of small robots create entire worlds. Design possibilities and technical expertise for realising a spatial installation in the faculty's foyer were developed. The aim was to realise a showpiece during the semester. At the centre was the use of small 1-ccm bricks, which allow changeable and reversible structures. The construction itself is designed in a way that it could be erected by climbing meso-robots. The final architectural result is as important as the spectacle of autonomous construction robots.

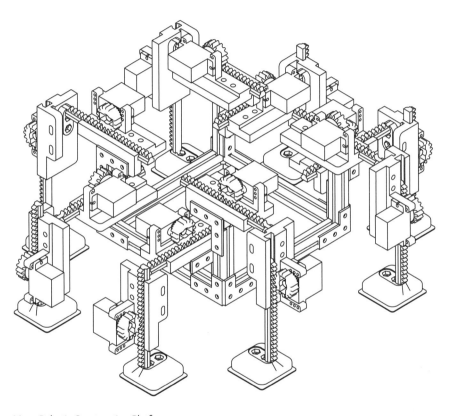

Meso Robotic Construction Platform – merocop

ANNEKE BURAND, TOMKE STRÖMER
Betreuung: Prof. Mirco Becker
Digitale Methoden der Architektur

Wand mit Arbeitsplatz

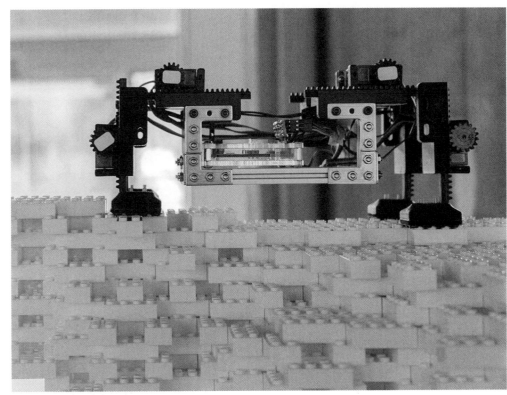

merocop auf der Mauerkrone

BERLIN PAVILLON

DINGS-DUMS-ZYLINDER-PAVIL-LON Im Rahmen des Projekts „Berlin Pavillon" werden Prozesse entwickelt, die es ermöglichen, mit bereits existierenden Bauteilen zu entwerfen. Traditionell dienen Zeichnungen oder 3D-Modelle als Anleitung zur Fabrikation und für Konstruktionen. Dieses Projekt geht einen umgekehrten Weg: Ausgehend von einer Datenbank mit bereits existierenden Bauteilen werden Entwurfsprozesse entwickelt. Zur Demonstration wird schließlich ein Restaurantpavillon im Berliner Weinbergspark entworfen. Auf der Basis von digitalisierten Kartonzylindern haben Aydin Keshtow und Hussein Kelani das Projekt „Zylinder-Pavillon" entwickelt. Ausgehend von formalen Studien zum Verschnitt von Zylinderflächen und den resultierenden räumlichen Schnittkurven haben sie einen Pavillon entworfen, der formale Kriterien mit den programmatischen Anforderungen in Einklang bringt.

BERLIN PAVILION – DINGS DUMS CYLINDER PAVILION As part of the "Berlin Pavilion" project, processes are developed that make it possible to design with existing building components. Traditionally, drawings or 3D models serve as instructions for manufacturing and construction. This project pursues a different approach: design processes are developed by starting with a database of existing building components. Finally, a restaurant pavilion in the Berlin Weinbergspark is designed as a showpiece. Aydin Keshtow and Hussein Kelani developed the "Cylinder Pavilion" project on the basis of digitised cardboard cylinders. Based on formal studies on the intersection of cylindrical surfaces and the resulting spatial intersection curves, they designed a pavilion that harmonised formal criteria with the programmatic requirements.

HUSSEIN KELANI, AYDIN KESHTOW
Betreuung: Prof. Tobias Nolte
Mediale Architekturdarstellung

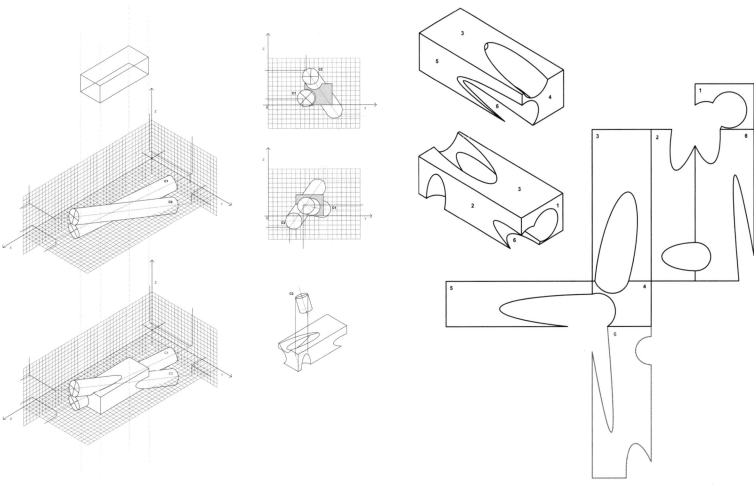

Zylinderverschnitt

Fassadenabwicklung

PHOTOGRAMMETRIE   **BIEGE-BALKEN**   Die Photogrammetrie ist eine spezielle Methode der Vermessung, bei der Lage, Größe und Form von Objekten dreidimensional aus Bildern rekonstruiert werden können. Basierend auf dieser Methode und mithilfe entsprechender Software haben Studierende physische Objekte fotografiert und digitale 3D-Modelle erstellt. Diese Modelle bildeten die Grundlage zur Entwicklung von Fügungstechniken und für die Herstellung physischer Prototypen. In dem Projekt „Biege-Balken" haben Felix Fritz und Niklas Kühlenborg zunächst naturbelassene Birkenstämme digitalisiert. Unter Verwendung von *steam bending*, einem Verfahren zur Holzbearbeitung, konnten sie einen Prozess entwickeln, um Raumkurven aus naturbelassenen Holzstämmen zu gestalten. Dabei werden die Stämme mehrfach parallel zur eigenen Achse eingeschlitzt, gedämpft und schließlich entlang einer Schablone gebogen.

PHOTOGRAMMETRY — STEAM-BENT BEAM   Photogrammetry is a special surveying method that allows the position, size, and shape of objects to be reconstructed three-dimensionally from images. Based on this method and using appropriate software, students have photographed physical objects and created digital 3D models. These models were the basis for the development of joining techniques and the production of physical prototypes. In the "Biege-Balken" project, Felix Fritz and Niklas Kühlenborg first digitised natural birch logs. In combination with steam bending, a woodworking technique, they then developed a process to design spatial curves from natural logs. The logs are slit several times parallel to their own axis, steamed, and finally bent along a construction template.

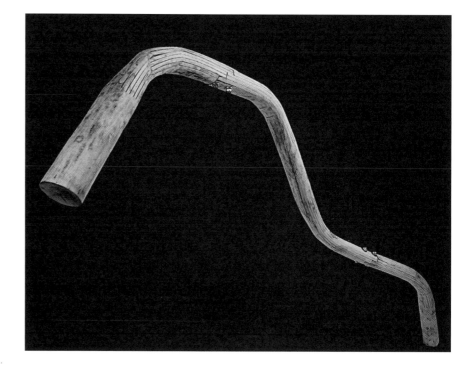

FELIX FRITZ, NIKLAS KÜHLENBORG
Betreuung: Prof. Tobias Nolte
Mediale Architekturdarstellung

[1]

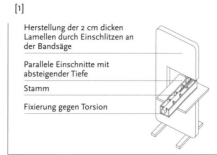

Herstellung der 2 cm dicken Lamellen durch Einschlitzen an der Bandsäge

Parallele Einschnitte mit absteigender Tiefe

Stamm

Fixierung gegen Torsion

[2]

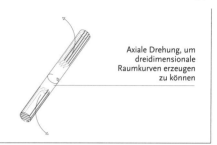

Axiale Drehung, um dreidimensionale Raumkurven erzeugen zu können

[3]

Kochendes Wasser im Topf

Einleiten des Wasserdampfs in Dampfbox/-tüte

Steambox

Mindestens 60 Minuten dämpfen

[4]

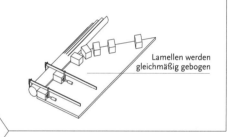

Lamellen werden gleichmäßig gebogen

[5]

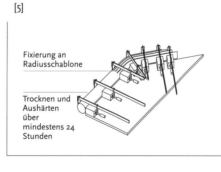

Fixierung an Radiusschablone

Trocknen und Aushärten über mindestens 24 Stunden

[6]

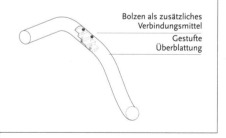

Bolzen als zusätzliches Verbindungsmittel

Gestufte Überblattung

[7]

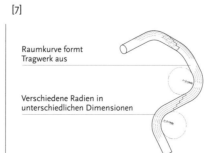

Raumkurve formt Tragwerk aus

Verschiedene Radien in unterschiedlichen Dimensionen

PUNKT
FLECK
PIXEL
Das Untersuchen von kleinsten Bildeinheiten unterschiedlicher Bilderzeugungssysteme stand im Fokus unserer Studien. Wir starteten mit dem Punkt als kleinster Einheit einer Zeichnung. Die optische Farbmischung nebeneinandergesetzter Farbflecken untersuchten wir mit Übungen zu den Malereien des Pointillismus und Impressionismus. Wir verglichen Mosaikverfahren mit dem Pixelverfahren und gingen – ebenfalls mit praktischen Übungen – der digitalen Bilderherstellung auf den Grund. Schwarz-Weiß-Fotos wurden durch gezeichnete gerasterte 0/1-Werte zu Pixelbildern. Die Abschlussaufgabe beinhaltete das Übersetzen eines verpixelten Farbbilds in ein Gemälde. Auf jedes einzelne Pixelfeld wurde ein dafür extra gemischter, in das gesamte Bildfarbgefüge eingepasster Farbton aufgetragen.

DOT SPOT PIXEL The investigation of smallest image units of different imaging systems was the focus of our studies. We started with the dot as the smallest unit of a drawing. We examined the optical colour mixing of juxtaposed colour spots with painting exercises on Pointillism and Impressionism. We compared mosaic techniques with the pixel technique and got to the bottom of digital picture making – also with practical exercises. Black-and-white photos were transformed into pixel pictures by means of drawn rasterized 0/1 values. The final task included translating a pixelated colour image into a painting. On each pixel field a specially mixed colour tone was applied, which was adapted to the overall colour structure of the picture.

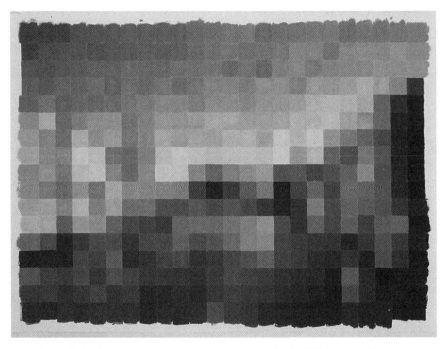

verpixelt/gemalt, Acryl auf Papier, 70 × 100 Zentimeter (Marie-Sophie Waldminghaus)

CHRISTIAN BISCHOFF, JES HANSEN, SEOL KIM, SHUO PAN, FELIX RUTENBECK, MARIE-SOPHIE WALDMINGHAUS, SHAN WANG
Betreuung: Prof. Anette Haas
Kunst und Gestaltung

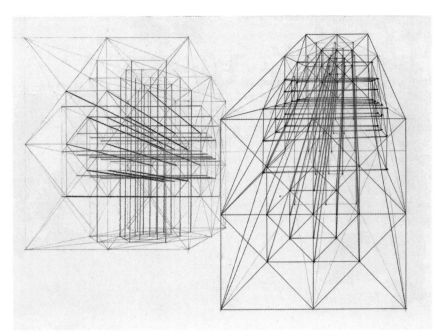

Raumknotenpunkte nach Paul Klee, Bleistift und Farbstifte auf Papier (Seol Kim)

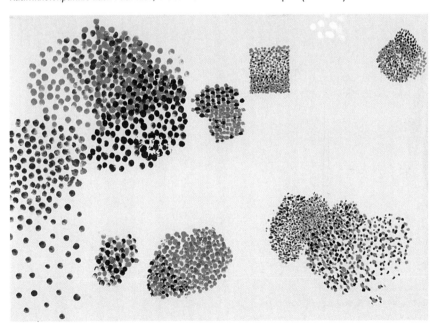

pointillistisch, Acryl auf Papier (Christian Bischoff)

POP-UP-OBJEKTE Mittels Falt- bzw. Klapptechniken wurden Objekte entwickelt und realisiert, die ihre wahre Größe und Dreidimensionalität nicht auf den ersten Blick freigeben. Angefangen bei Untersuchungen und dem Nachkonstruieren der Pappkonstruktionen von Pop-up-Karten und -Büchern übertrugen die Teilnehmenden des Seminars diese Mechanismen auf andere Materialien und größere Formate. Mit den daraus gewonnenen Erfahrungen entwickelten sie schließlich eigene Pop-up-Projekte.

POP-UP OBJECTS By means of folding techniques and collapsible design, objects were developed and realized that do not reveal their true size and three-dimensionality at first glance. Starting by investigating and reconstructing the cardboard constructions of pop-up cards and books, the participants of the seminar transferred these mechanisms to other materials and larger formats. With the experience gained from this, they finally developed their own pop-up projects.

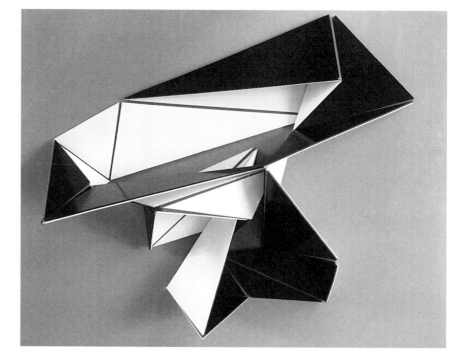

NIELS FENNEN, ALEXA OPPERMANN
Betreuung: Imke Rathert
Kunst und Gestaltung

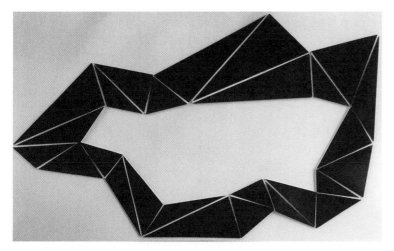

Niels Fennen

Alexa Oppermann

INSTITUT FÜR
FREIRAUM-
ENTWICKLUNG

IF

Entwerfen urbaner Landschaften
Prof. Dr. Martin Prominski

Freiraumpolitik und Planungskommunikation
Prof. Dr. Bettina Oppermann

OPEN SPACE LAB

SCIENCE TO CO-DESIGN Das Konzept des „Open Space Lab" verfolgt das Ziel, Wissenschaft und universitären Alltag in den öffentlichen Freiraum zu transportieren und dadurch jedermann zugänglich zu machen. Dazu bedienen sich die Verfasser bislang ungenutzter Zwischenräume und transformieren diese in Open Spaces. Darüber hinaus verknüpft die Arbeit die unterschiedlichen Standorte der Leibniz Universität Hannover (LUH) und der Medizinischen Hochschule Hannover (MHH) durch eine axiale, vierteilige Radwegeverbindung quer durch die Stadt. Entlang dieser vierteiligen Verbindung spannen sich immer wieder (Veranstaltungs-)Räume auf, die mit wissenschaftlichen Oberthemen als Open Space Labs bespielt und von der Öffentlichkeit genutzt werden können.

OPEN SPACE LAB – SCIENCE TO CO-DESIGN
The "Open Space Lab" concept turns scientific topics and university-related issues inside out, thus making science accessible to everyone! For this, the concept emphasise the potential of temporarily less used spaces, wasteland, and unused gaps between buildings as open spaces. Another goal is to create a spatial and content-related connection between the MHH and LUH campuses, including the Garbsen Campus. This concept can be split up in two parts. The first part aims at a process-orientated urban landscape, which will be formed by participation of different interest groups. It deals with the idea of generally accessible laboratories in open spaces. The second part aims at a visible main connection between the MHH and CMG via the main building of LUH, the Welfenschloss – a cycle path as a fast lane running along the planned university axis.

Vision der Open-Space-Laboratorien

KONSTANZE WELKE, SHUGUANG ZOU
Betreuung: Prof. Dr. Martin Prominski, Jan-Eric Fröhlich
Entwerfen urbaner Landschaften

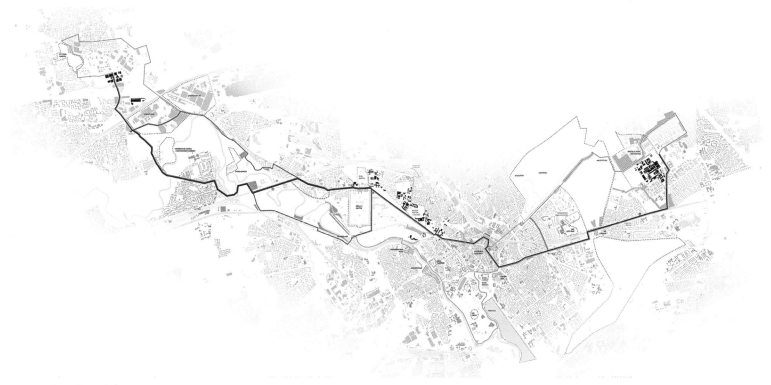

Konzept Open Space Lab

Grundlegendes Design der vier thematischen Teile

ZWEI FLUSS FAKTOR

EIN LEBEN IN, AN UND MIT DEM WASSER Direkt an der Mündung der Lahn in den Rhein gelegen, bildet der nicht mehr genutzte Industriehafen von Lahnstein die Schnittstelle zweier Flusslandschaften. Mithilfe städtebaulicher, landschaftsarchitektonischer und umweltplanerischer Werkzeuge entsteht hier ein Konzept, das die Eigenart des Ortes stärkt und weiterentwickelt. Die verschiedenen Freiräume und Gebäudetypologien interagieren mit den Wasserkörpern sowie dem periodisch auftretenden Hochwasser. Durch die Integration erhaltenswerter Bestandsstrukturen, die Mischnutzung und die heterogenen Neubauten entwickelt das Hafenquartier einen starken eigenen Charakter. Verschiedene Ansätze zum hochwasserangepassten Bauen ermöglichen die Nutzung während des Hochwassers. Hafenpromenade und Uferweg bieten unterschiedlich gestaltete Zugänge zum Wasser und attraktive Räume.

BIDIRECTIONAL RIVER FACTORS – A LIFE IN, ON, AND WITH THE WATER Located right at the mouth of the Lahn into the Rhine, the industrial port Lahnstein, which is no longer in use, marks the interface between two river landscapes. With the help of urban planning, landscape architecture, and environmental planning, a concept is created that strengthens and develops the peculiarity of the place. The various open spaces and building typologies interact with the water bodies and the periodically occurring floods. By integrating existing structures worthy of preservation, the mixed use and the heterogeneous new buildings, the *Hafenquartier* develops its own strong character. Different approaches to flood-adapted construction enable use during times of flooding.

Das Hafenquartier bei 100-jährigem Hochwasser

CHRISTINE AUGSBURG, JULIE CAUDRON, VANESSA MÜLLER, NATHALIE WOLFF, MELANIE SATZKE
Betreuung: Prof. Dr. Martin Prominski, Prof. Andreas Quednau, Jan-Eric Fröhlich, Michael Kröncke, Benedikt Stoll
Entwerfen urbaner Landschaften; Städtebauliches Entwerfen; Institut für Umweltplanung

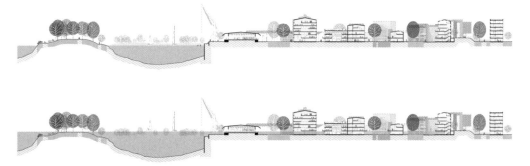

Schnitte durch das Hafenquartier bei normalem Wasserstand und 100-jährigem Hochwasser

Lage- und Übersichtsplan Hafenquartier – Projektgebiet Lahnstein

PLATZANGST EINE FREIRAUMANALYSE AUS DER PERSPEKTIVE ZUFUSS-GEHENDER Urbanisierung und neue Mobilitätsformen führen zu Enge und Konflikten auf unseren Straßen. Durch steigende Mieten und kleine Wohnungen werden Freiräume wichtiger. Wie kann der öffentliche Raum Straße gerecht verteilt werden und gleichzeitig nicht nur ein Durchgangsort sein, sondern auch Begegnung, Kommunikation und Erholung bieten?

Eine Raumanalyse der Geibelstraße in Hannovers Südstadt zeigt die deutliche Bevorteilung des motorisierten Individualverkehrs: Ein Großteil der Verkehrsflächen ist fahrenden und ruhenden Autos vorbehalten. Vom Tiefbauamt vorgelegte Sanierungspläne sehen nur leichte Verbesserungen der Situation für FußgängerInnen und FahrradfahrInnen vor. Deutliche Schritte in Richtung Flächengerechtigkeit und eine angesichts des Klimawandels notwendige Förderung klimaneutraler Fortbewegungsarten sind jedoch nicht erkennbar.

CLAUSTROPHOBIA – ANALYSING PUBLIC STREET SPACES FROM A PEDESTRIAN'S PERSPECTIVE Urbanisation and new forms of mobility lead to conflicts in our streets. Due to rising rents and small apartments, open spaces are becoming more and more important. How can the 'street' as public space be distributed fairly and at the same time not only be a place of transit but also facilitate social interaction and recreation? A spatial analysis of the Geibelstrasse in Hanover shows the clear prioritisation of motorised individual traffic: large parts of the traffic areas are reserved for driving and parked cars. Plans for redevelopment submitted by the city's Civil Engineering Office provide for only slight improvements of the situation for pedestrians and cyclists. However, there are no clear signs of significant steps towards a fair distribution of space and the promotion of carbon-neutral modes of transport that are necessary in view of climate change.

SOPHIE BRAREN, GESINE DÖLLE, LOTTA KLAWITTER, SUPHAMAS NUSITRAM, LILLI WOLF
Betreuung: Prof. Dr. Bettina Oppermann, Ariane Hölscher, Birte Gartelmann, Mareike Thies
Freiraumpolitik und Planungskommunikation

Der Straßenraum ist begrenzt und umkämpft:
Oft werden Zufußgehende durch parkende und fahrende Autos an den Rand gedrängt.

Wenn die Bedürfnisse von FußgängerInnen zum planerischen Maßstab würden, könnten Straßenräume wie die Geibelstraße als Begegnungs- und Lebensräume dienen.

Konfliktpotenzial Raumknappheit: Das Fallbeispiel Geibelstraße verdeutlicht Probleme, aber auch Potenziale der Straßenraumgestaltung.

INSTITUT FÜR LANDSCHAFTS-ARCHITEKTUR

ILA

Darstellung in der Landschaftsarchitektur
Prof. Katja Benfer

Geschichte der Freiraumplanung
Prof. Dr. Joachim Wolschke-Bulmahn

Landschaftsarchitektur und Entwerfen
Prof. Christian Werthmann

Pflanzenverwendung
Prof. Dr. Anke Seegert

Technisch-konstruktive Grundlagen der
Freiraumplanung
Prof. Gilbert Lösken

NORDSTADT-KOSMOS KASSEL

Die Profession der Landschaftsarchitektur muss zunehmend in heterogenen, benachteiligten Quartieren tätig werden und eine stärker an den Lebenswelten orientierte Beteiligungskultur und Freiraumentwicklung anstoßen. In der Masterarbeit wurden am Beispiel der Nordstadt Kassel fachbezogene und kooperative Analysemethoden erprobt sowie zielgruppenorientierte Beteiligungsaktionen unter dem Slogan „Nordstadt-Kosmos" entwickelt und umgesetzt. Aus den daraus resultierenden Erkenntnissen einer kulturbedingten Segregation und gruppenspezifischer Aneignungstaktiken wurden Strategien für die Freiraumentwicklung abgeleitet. Diese mündeten in konkreten räumlichen Vorschlägen für drei Fokusräume, die auf ein konfliktfreies Nebeneinander der unterschiedlichen sozialen Gruppen sowie eine Förderung des friedvollen Nebeneinanders im Quartier abzielen.

NORDSTADT-KOSMOS KASSEL The profession of landscape architecture must become increasingly active in heterogeneous, disadvantaged neighbourhoods and initiate a culture of participation and development that is more oriented towards the living environment. Using the example of Kassel's Nordstadt district, the master's thesis deals with subject-related and cooperative methods used for mapping. Furthermore, four participatory activities under the slogan of "Nordstadt-Kosmos" were developed and implemented. Strategies for open space development were derived from the resulting knowledge of cultural segregation and group-specific appropriation tactics. Specific spatial proposals were designed for three focus areas, which aim for a conflict-free coexistence of different social groups and should also contribute to the promotion of peaceful coexistence in the neighbourhood.

Beteiligungsaktion (Fokusraum Wohnsiedlung)

ELISA EMRATH
Masterthesis
Betreuung: Prof. Katja Benfer, Kendra Busche
Darstellung in der Landschaftsarchitektur;
Entwerfen urbaner Landschaften

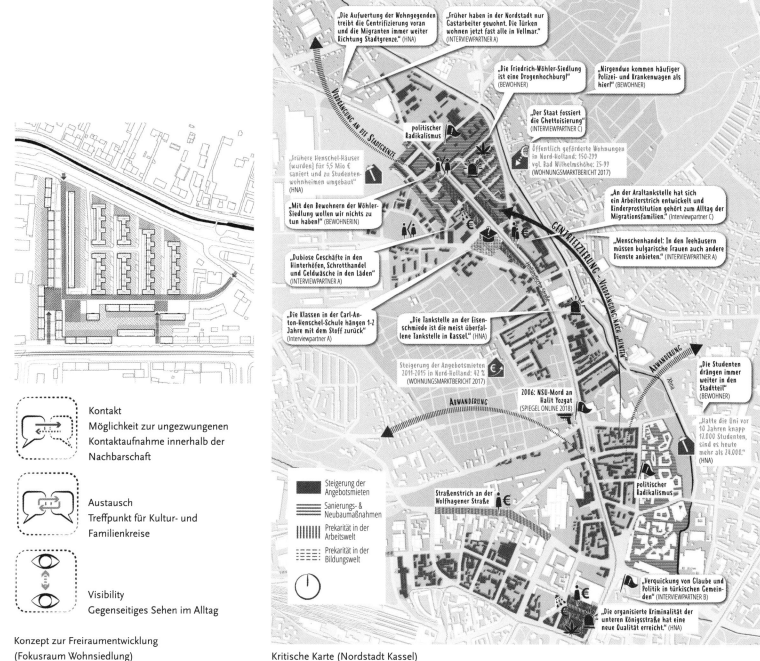

Kontakt
Möglichkeit zur ungezwungenen Kontaktaufnahme innerhalb der Nachbarschaft

Austausch
Treffpunkt für Kultur- und Familienkreise

Visibility
Gegenseitiges Sehen im Alltag

Konzept zur Freiraumentwicklung
(Fokusraum Wohnsiedlung)

Kritische Karte (Nordstadt Kassel)

ÖFFENTLICHER RAUM HETEROTOPIE

BESTANDSAUFNAHME UND VERGLEICH Ein primäres Aufgabenfeld der Profession der Landschaftsarchitektur stellt die Planung und Gestaltung von öffentlichem Raum dar. Dieser gilt im europäischen Stadtverständnis als ein nicht herauslösbarer Teil des städtischen Gefüges. Der Begriff öffentlicher Raum lässt sich nicht eindeutig definieren. Disziplinen wie Soziologie und Stadtplanung verwenden voneinander abweichende Beschreibungen und Deutungen. Im heutigen Kontext sind dem öffentlichen Raum vielfältige Merkmale zugeschrieben, die unsere Gesellschaft maßgeblich beeinflussen können. Die Anforderungen an den öffentlichen Raum und dessen Funktionen müssen sich stetig an gesellschaftliche Veränderungsprozesse anpassen. Dem öffentlichen Raumbegriff gegenüber steht die „Heterotopie" – ein Begriff, den ein Radiovortrag von Michel Foucault im Jahr 1966 populär machte. Dies sind Räume, in denen das Anderssein geschützt werden muss und die entsprechend nur eingeschränkt zugänglich sein dürfen. Den Heterotopien sind nach Foucault eine Reihe von Merkmalen zugeordnet. Dazu gehören unter anderem das Umschlossensein, die Notwendigkeit eines Tores und eines Torwächters sowie bestimmte im Inneren gültige Regeln.[1] Die Masterarbeit beschäftigt sich besonders mit Galeriebauten im Stadtkern von São Paulo, die näher betrachtet wurden, um die Eigenschaften von öffentlichen Räumen und Heterotopien im städtischen Gefüge sichtbarer zu machen.

Untersucht wurden Stadträume, die im historischen Stadtkern Centro Velho und in der Stadterweiterung Centro Novo liegen. Sie sind in Zuschnitt und Anlage vergleichbar mit Plätzen und Straßenräumen europäischer Städte. Allerdings unterscheiden sich diese Stadträume in Bezug auf ihren Charakter und ihre Nutzung deutlich von europäischen Stadträumen. Während innerstädtische öffentliche Räume in Europa meist zu den beliebtesten Orten der Stadtgesellschaft gehören, werden diese in São Paulo vielfach gemieden. Sie dienen häufig als Schlaf- und Wohnstätte für Wohnungslose. Von ihnen gehen objektive und subjektive Sicherheitsbedenken aus. Die Rolle des öffentlichen Raums nehmen mittlerweile meist Galeriebauten ein. Sie dienten ursprünglich dazu, kommerzielle Angebote für gehobene Bevölkerungsschichten bereitzustellen, übernehmen aber mittlerweile unterschiedlichste Funktionen. Zwischen den 1950er und 1970er Jahren als privates Flächenangebot zur Ergänzung und Fortführung öffentlicher Räume entstanden,[2] sind sie öffentlich zugänglich, liegen aber auf privaten Grundstücken. Die Galeriebauten können aufgrund ihrer Heterogenität und Andersartigkeit als Heterotopien bezeichnet werden. Das Konzept von Foucault erlaubt es, diese Räume zu erfassen, für die weder der Begriff öffentlicher Raum noch privater Raum angemessen scheint. Die Galeriebauten stellen sich als vollkommen geordneter Raum dar und kompensieren die Unvollkommenheit des realen öffentlichen Raums in São Paulo.

Die Masterarbeit nähert sich der Beziehung zwischen öffentlichem Raum und Heterotopien anhand einer Reihe von Fallbeispielen aus São Paulo Centro Novo an und beschäftigt sich mit den Wechselbeziehungen zwischen diesen beiden Raumkonzepten. Ziel war es, die Herkünfte und Bedeutungen dieser beiden Begriffe theoretisch zu untersuchen und nach einer genauen Betrachtung Kriterien zur Bestimmung öffentlicher Räume und Heterotopien zu erläutern. Die gewonnenen Erkenntnisse aus dem Beispiel São Paulo Centro Novo bezüglich der Beziehungen zwischen dem öffentlichen Raum und den Galeriebauten bieten einen Ausblick auf die Stadtentwicklung europäischer Großstädte und helfen, mögliche Alternativen für künftige Planungen aufzuzeigen.

Ausblick

Die Gesellschaft verändert sich global und wird multikultureller, was die Betrachtung von öffentlichem Raum und Heterotopien in unterschiedlichen kulturellen Kontexten so wichtig macht. Erst dadurch kann ein Verständnis für vielfältige soziale und kulturelle Bedürfnisse entstehen, die sich immer mehr vermischen und gegenseitig beeinflussen.

Besonders am Beispiel São Paulo wird deutlich, wie wichtig die Betrachtung der Wechselbeziehungen zwischen öffentlichem Raum und Heterotopien ist. Die Heterotopien zeigen auf, welche Merkmale im

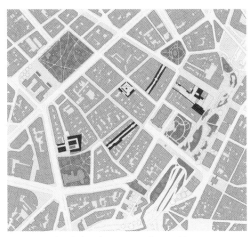

Verortung der Galeriebauten im Centro Novo

öffentlichen Raum erfüllt sein sollten, und fungieren als Spiegel des Zustands des öffentlichen Raums. Die Galeriebauten helfen zu verstehen, welche Merkmale dem öffentlichen Raum erhalten bleiben müssen und welche Merkmale die Heterotopien erfüllen können. Ebenso wird ersichtlich, dass es notwendig ist, Prozesse in den öffentlichen Raum zu implementieren, die eine schnellere Reaktion auf Veränderungen zulassen.

Auch in europäischen Städten ist die Tendenz zur dichten Bebauung und zu einer Vertikalisierung zu beobachten. Die Untersuchungen in São Paulo können einen Ausblick auf mögliche zukünftige Probleme in Bezug auf den öffentlichen Raum aufzeigen. Der öffentliche Raum und die Heterotopien müssen gemeinsam betrachtet und Möglichkeiten gesucht werden, die Hybridstrukturen entstehen lassen. Diese scheinen eher in der Lage, die an sie gestellten Anforderungen zu erfüllen. Die Entwicklung eines gesellschaftlichen Repräsentationsraums ist ein sich wandelnder Prozess, bei dem alle Akteure involviert sein müssen. Allem übergeordnet ist es notwendig, dass eine konsequente Auseinandersetzung der öffentlichen Verwaltung mit dem öffentlichen Raum erfolgt. Es bedarf Kontrolle und Aufmerksamkeit. Der Umgang mit sozialen, ethnischen und politischen Gruppen muss behutsam sein. Vorurteile, Unterdrückung und Verfolgung sind das Ende einer demokratischen Gesellschaft und damit

Ausblick aus der Galeria do Rock

Blick in den Innenhof der Galeria Metrópole

Blick auf die Praça das Artes

der Öffentlichkeit, die wiederum Voraussetzung des öffentlichen Raums ist. Die öffentliche Verwaltung sollte die Entstehung einer diversen Gesellschaft fördern und Maßnahmen ergreifen, um zu verhindern, dass einzelne Gruppen aus dem öffentlichen Raum ausgeschlossen sind – vorausgesetzt, sie stellen keine Gefährdung für das Gemeinwohl dar. Es obliegt auch der öffentlichen Verwaltung, den Zustand des öffentlichen Raums zu pflegen und die Aufenthaltsqualität aufrechtzuerhalten. Öffentliche Verwaltungen sollen die Entstehung von Heterotopien unterstützen, damit die Diversität einer Gesellschaft in einer Stadt erhalten bleibt sowie die Mannigfaltigkeit und Durchmischung an Haltungen und Erscheinungen. Eine Erfüllung von gesellschaftlichen Anforderungen innerhalb der Heterotopien, die über den Konsum hinausgehen, ist auch von privaten Investoren abhängig. Sie sollten neben ökonomischen Interessen auch soziale Anforderungen betrachten. Die von der öffentlichen Verwaltung aufgestellten Rahmenbedingungen sind von Investoren einzuhalten. Anhand meiner Untersuchungen halte ich eine stärkere interdisziplinäre Zusammenarbeit der öffentlichen Verwaltung mit den Professionen der Landschaftsarchitektur, Stadtplanung und Architektur für essenziell, um raumübergreifende Konzepte zu entwickeln. Durch diese Kooperation ist es möglich, Rahmenbedingungen zu erarbeiten, die

städtische Entwicklungsprozesse in Richtungen lenken können, die dem Gemeinwohl zuträglich sind. Bei der Gestaltung sollten wir Anforderungen und Kritiken der Stadtbevölkerung einbeziehen und abwägen, inwieweit diese in der Planung zu berücksichtigen sind, sowie Verhandlungen zwischen öffentlicher Verwaltung und Nutzenden führen. Da der öffentliche Raum eben Raum der Öffentlichkeit ist, kann dessen Gestaltung Einfluss auf die sozialen Konstellationen haben und somit gesellschaftliche Veränderungen anstoßen. Es ist wichtig, dass wir uns als planende Institutionen bewusst sind, welche Wirkungen unsere Entwürfe mit sich bringen können und für wen wir planen. Durch unser Schaffen können wir die Gesellschaft beeinflussen. Auch als privates Individuum können wir Einfluss auf die Gesellschaft nehmen, indem wir zum Beispiel keine Vorurteile haben und tolerant sind, mehr aufeinander achten und uns angesprochen fühlen, den Raum, in dem wir leben sowie gesellschaftliche Verhaltensregeln mitzugestalten. Unser Arbeitsfeld unterliegt sich stets verändernden Anforderungen. Umso wichtiger scheint es, alternative Raumkonzepte zu beleuchten. Gerade da wir zukünftige Entwicklungen nur teilweise voraussehen können, ist eine Kombination aus Kreativität und Theorie sowie Flexibilität und Anpassungsfähigkeit gefragt, um Konzepte und Entwürfe für bessere Stadträume zu entwickeln.

PUBLIC SPACE HETEROTOPIA – A SOCIAL SPATIAL ANALYSIS Public spaces in European cities are generally understood to be accessible to everyone. Heterotopias are conceptual opposites of public spaces. Social, functional, spatial, and political characteristics are assigned to both of these spaces. This master's thesis elaborates upon the differences and similarities between them in order to define both terms more precisely. Differences in the characteristics of public spaces and heterotopias are illustrated via the analysis of gallery buildings in the Centro Novo district in São Paulo, which offer a unique perspective on the problems of public space related to its accessibility, conceptualisation, and functional issues. The juxtaposition of ideologies of public space and these practical case studies of heterotopias in São Paulo give us a view of the future development of public spaces.

1 Foucault, Michel: *Die Heterotopien. Der utopische Körper. Zwei Radiovorträge.* Berlin 1967, S. 34–46
2 Fontenele, Sabrina Studart: *Edifícios modernos e o traçado urbano no centro de São Paulo.* São Paulo 2015, S. 4

ZHIYUAN PENG
Masterthesis
Betreuung: Prof. Katja Benfer, Rita Sáragga Leal
Darstellung in der Landschaftsarchitektur

DIE KLOSTERGÄRTEN IM KREIS GÜTERSLOH

EINE HISTORISCHE BEARBEITUNG Im Kreis Gütersloh in Nordrhein-Westfalen gibt es fünf Klöster: die ehemalige Prämonstratenserpropstei in Clarholz, die ehemalige Benediktinerinnenabtei in Herzebrock, die ehemalige Zisterzienserabtei in Marienfeld, die Benediktinerinnenabtei in Varensell und das Franziskanerkloster in Wiedenbrück. Nonnen bzw. Mönche leben heute noch in den beiden letztgenannten Klöstern. Zur Geschichte der Klöster und auch zu den Gebäuden liegen oft viele und meist auch recht gute Informationen vor. Die Gärten werden dabei allerdings sowohl in historischen als auch modernen Quellen vielfach ignoriert oder nur beiläufig erwähnt. Daher sollten sie im Rahmen der Bachelorarbeit differenzierter untersucht werden. Außerdem wurde als Teil der Examensarbeit ein gartenhistorischer Führer in Form einer kurzen Broschüre erstellt, die Interessierte informieren und gegebenenfalls zu einem Besuch einiger der bearbeiteten Anlagen einladen soll.

Das klösterliche Leben folgt seit mehr als 1400 Jahren der Regula Benedicti, der Regel des Heiligen Benedikt. In dieser ist alles festgelegt, von der Anlage eines Klosters bis hin zu Tischregeln in der Klostergemeinschaft. Dennoch ist über das Aussehen der frühen Klöster kaum etwas überliefert. Einen Hinweis kann lediglich der Klosterplan von St. Gallen, der auf die Zeit um 820 datiert ist, bieten. Er zeigt neben klösterlichen Gebäuden wie Klosterkirche, Kreuzgang oder Novizenkirche auch Gartenelemente wie einen Obst-garten, der zugleich der Friedhof ist, einen Gemüse- und einen Heilkräutergarten. Die Darstellung bietet jedoch lediglich eine Orientierung, da es sich um einen Idealplan handelt, der wahrscheinlich niemals umgesetzt wurde. Nach den Zeiten der Renaissance und des Barocks, die oftmals zu Veränderungen an Gebäuden und Gärten in diesen Stilen führten, erfolgte 1803 mit der Säkularisation ein entscheidender Einschnitt für viele Klöster. Mit dem Reichsdeputationshauptschluss im Februar desselben Jahres wurde den Landesherren erlaubt, Klöster und Stifte in ihrem Herrschaftsbereich aufzuheben. Im Kreis Gütersloh waren von der Säkularisation die Klöster in Clarholz, Herzebrock und Marienfeld betroffen. Das Kloster in Wiedenbrück entging der Aufhebung, und das Kloster in Varensell wurde erst gut 100 Jahre später, im Jahr 1902, gegründet. Im Hinblick auf die Quellenlage zeigt sich, dass aus der Zeit vor der Säkularisation nur noch sehr wenig Material erhalten ist. Am ergiebigsten waren die Quellen und Informationen zu den Klostergärten Clarholz und Herzebrock, zu denen auch der Freundeskreis Probstei Clarholz e.V. und der Heimatverein Herzebrock sowie die Gemeinde Herzebrock-Clarholz viele Unterlagen hatten und in persönlichen Gesprächen vor Ort informierten. Sowohl die Nonnen aus Varensell als auch die Mönche aus Wiedenbrück waren sehr aufgeschlossen und hilfsbereit, hatten allerdings keine Unterlagen zu ihren Gärten. Für das Kloster in Marienfeld liegen außer zwei Ansichten aus der Zeit um 1800 keine weiteren Informationen vor, und auch diese sind keine historisch exakten Abbildungen, sondern bieten lediglich Anhaltspunkte, wie Kloster und Gärten ausgesehen haben könnten. Die Klosteranlage in Clarholz wird im Folgenden stellvertretend vorgestellt. Sie steht heute unter Denkmalschutz. Die Gärten sind der Öffentlichkeit zugänglich und befinden sich seit der Säkularisation noch immer zu Teilen im Besitz des Fürstenhauses zu Bentheim-Tecklenburg. Die anderen Bereiche gehören der Kirchengemeinde. Die Gärten wurden zwischen 1998 und 2003 mit Orientierung am historischen Vorbild wiederhergestellt.

Gegründet wurde das Kloster im Jahr 1333 als Prämonstratenserkloster und war damit einer deren ältester Standorte in Deutschland. Ursprünglich war es ein Doppelkloster, dessen männlicher Konvent in Clarholz lebte, während der weibliche Konvent sich im etwa 3 Kilometer entfernten Lette niedergelassen hatte. Der Letter Konvent existierte allerdings nicht sehr lange, wobei die Quellen über dessen Ende um bis zu mehrere Jahrhunderte auseinandergehen. Eine Besonderheit des Klosters in Clarholz ist die Gräfte. Diese umschloss das gesamte Klosterareal und ersetzte im flachen und wasserreichen Münsterland die sonst üblichen Klostermauern. Im Zuge der Umbaumaßnahmen im Barock wurde die Anlage erweitert, sodass eine weitere, äußere Gräfte entlang einer Seite der Klostergärten hinzukam. Heute ist die Gräfte in verschiedenen Bereichen überbaut und die innere Gräfte existiert nur noch in einem Bereich, in dem sie im Zuge der Wiederherstellungsmaßnahmen wieder freigelegt wurde. Die Gräfte endet bis heute in der Börne, einem Teich, der früher der Fischzucht diente und im Barock zugleich zu

Der Kirchof mit der Kirche

Der ehemalige Lettner als Tor in den Konventgarten

Der Blick über die Gräfte

Der Probsteigarten mit Blick entlang des Mittelwegs auf die Probstei

einem zierenden und repräsentativen Element wurde. Der Probsteigarten diente dem gesamten Konvent, er war ein Ort der Begegnung und Zusammenkunft, an dem die Konventsmitglieder sogar Alkohol trinken und rauchen durften. Außerdem gab es hier eine Kegelbahn. Die Grundstruktur war auch um 1800 bereits rechteckig. Vermutlich gab es einen Mittelweg, der sich allerdings bei Grabungen im Zuge der Wiederherstellungsmaßnahmen nicht nachweisen ließ und der die einzige in diesen Garten gerichtete Tür der Probstei mit einem Gartenhaus verband. Auch dessen genauer Standort ist heute unbekannt und an der vermuteten Stelle nicht nachzuweisen. Nach der Säkularisation lag in diesem Bereich eine intensive Nutzung als Ackerfläche vor, sodass dabei Spuren im Boden durch den Einsatz des Tiefenpflugs zerstört worden sein können. Bei der Wiederherstellung wurde ein Wegesystem aus geraden, an die barocke Gestaltung erinnernden Wegen angelegt. Für die Konventsmitglieder gab es außerdem einen Konventgarten, in dem durch

Heckenpflanzungen kleinere Gartenbereiche abgetrennt waren. So hatte jeder Mönch seinen kleinen privaten Gartenbereich. Der Konventgarten ist heute mit einer Mauer vom Kirchhof abgegrenzt, das Tor ist der historische Lettner aus der Kirche. Dieser trennte früher bei den Gottesdiensten die monastische Gemeinde gegenüber der weltlichen ab. Bis 1880 wurde der Kirchhof zugleich als Friedhof genutzt. Ein letzter wichtiger Gartenbereich ist der Krautgarten. Dieser hatte historisch etwa die doppelte Fläche im Vergleich zur heute noch vorhandenen. Vermutlich wurden hier neben Heil- und Küchenkräutern auch Gemüse, Blumen und Obst angebaut. Heute liegt in seinem Eingangsbereich eine Pflanzung aus vier Beeten, die exemplarisch alte Klosterpflanzen zeigen. Eine Besonderheit der Klostergärten in Clarholz ist, dass hier noch alte Pflanzen aus der Klosterzeit wachsen. Diese sind in einigen Bereichen der Gärten zu finden und bieten interessierten Besuchern ein lebendiges Zeugnis der Vergangenheit. Darunter befindet sich auch eine weiße Rose, die im

Sommer am Probsteigebäude blüht und sogar Eingang in ein Clarholzer Heimatgedicht gefunden hat.

Eine kurze Übersicht aller Klosteranlagen und vor allem -gärten wurde abschließend aus allen im Zuge der Bearbeitung gewonnenen Erkenntnissen in einem gartenhistorischen Führer zusammengestellt. Er bietet Interessierten eine Übersicht und soll das Interesse an den Gärten wecken und vielleicht zu einem Besuch anregen. Vor allem aber soll er deutlich machen: Die Klostergärten sind ein wichtiges Stück Gartengeschichte, und die Gebäude und die Gärten bilden zusammen eine Einheit, die gemeinsam gewachsen, entstanden und Veränderungen unterlegen ist.

MONASTERY GARDENS AROUND GÜTERSLOH – A HISTORICAL ELABORATION There are five monasteries in the district of Gutersloh in North Rhine-Westphalia. They are situated in Clarholz, Herzebrock, Marienfeld, Varensell, and Wiedenbrück. The topic was to research the historical development and todays' situation of the monastery gardens. In addition, a short historical guide was designed that offers information about the monasteries and their gardens. Finding information was not always easy because a lot of material was lost during secularisation in 1803, when monasteries were abolished and their gardens were often used for agriculture. Moreover, many researches focus on the buildings but not the gardens. The historical guide shall arouse interest in those gardens as an important part of garden history.

JANINE TESSMER
Bachelorthesis
Betreuung: Prof. Dr. Joachim Wolschke-Bulmahn,
Dr. Birte Stiers
Geschichte der Freiraumplanung

AUSWIRKUNGEN DES KLIMAWANDELS AUF HISTORISCHEN FRIEDHÖFEN

Der Klimawandel ist die Folge eines anthropogenen Eingriffs in das Klimasystem, mit unterschiedlichen Auswirkungen auf die Umwelt- und Lebensbedingungen. Insbesondere erfolgt eine globale Erwärmung der Erdoberfläche, sodass die Bedeutung des Grünvolumens in urbanen Gebieten zunimmt. Die Masterarbeit betrachtet die Auswirkungen des Klimawandels auf historischen Friedhöfe, die zur Bestattung von Verstorbenen dienen und pietätvolle Orte für die Lebenden darstellen. Demzufolge gelten Friedhöfe als Orte der Ruhe, der Besinnung und der Erholung. Gleichzeitig können grüngeprägten Friedhöfen als wichtigen Bestandteilen des städtischen Grünsystems ökologisch und stadtklimatisch bedeutsame Funktionen zugesprochen werden. Ziel der Masterarbeit ist es, angesichts des Klimawandels Strategien zur Klimaanpassung der Vegetation unter Berücksichtigung von gartendenkmalpflegerischen Aspekten aufzuzeigen.

Friedhöfe im städtischen Grünsystem

Friedhöfe sind künstlich angelegte Orte, die sich über eine hohe pflanzliche Biodiversität mit einer Vielfalt an Arten und einer genetischen Vielfalt innerhalb der Pflanzenarten charakterisieren. Im Gegensatz zu anderen öffentlichen Grünflächen weisen sie eine sehr kleinteilige Strukturierung auf.

Zu beachten ist, dass das Grundwasser auf Friedhöfen nicht zu hoch anstehen darf, um den Verwesungsprozess nicht zu beeinträchtigen. Dies hat Auswirkungen auf die Verfügbarkeit von Wasser für die Pflanzen, sodass diese vermehrt auf Niederschlag angewiesen sind. Aufgrund des hohen Grünvolumens fungieren Friedhöfe als Kaltluftentstehungsgebiete und üben eine klimatische Ausgleichsfunktion für angrenzende Siedlungsbereiche in urbanen Gebieten aus. Diese weisen oftmals aufgrund ihrer dichten Bebauung wenig Grünflächen und ein ungünstiges Bioklima auf.

Stand der Forschung zum Klimawandel und zu historischen Friedhöfen

Im Jahr 2008 wurde auf einer Fachtagung in Badenweiler erstmals der Stand der Forschung von Gartenkunst und Klimaforschung zusammengeführt. Es folgten weitere Fachtagungen zum Thema Klimawandel und historische Gärten, wobei Friedhöfe nicht explizit behandelt wurden. In drei Publikationen aus den Jahren 2014, 2017 und 2019 wird der Stand der Forschung mit Handlungsempfehlungen zum Erhalt der historischen Vegetation thematisiert.[1]

Insgesamt stellen historische Gärten und im Speziellen historische Friedhöfen in Bezug auf den Klimawandel derzeit noch ein junges Forschungsfeld mit ausstehenden Forschungsaufgaben dar. Dabei handelt es sich um eine interdisziplinäre Thematik, die die Fachdisziplinen der Gartendenkmalpflege, des Naturschutzes, der Pflanzenverwendung, Bodenkunde, Pflanzenökologie, Pflanzenforschung und Klimaforschung betrifft. Demzufolge ist zukünftig eine disziplinübergreifende Forschung notwendig

Auswirkungen und Gefährdungen

Die beobachtete Erwärmung des Klimasystems hat direkte Auswirkungen auf die Vegetation. Welche davon sind auf denkmalgeschützten Friedhöfen bereits spürbar und wie kann die historische Pflanzensubstanz erhalten werden? Eine zunehmende Trockenheit infolge von Wassermangel und Herbststürmen beeinträchtigt die Vitalität der Pflanzen. Wärmere Temperaturen begünstigen einen früheren Pflanzenaustrieb und Schadorganismen, sodass sich die Gefahr durch Spätfrost und Pflanzenschädlinge verstärkt. Der derzeitige Klimawandel vollzieht sich im Vergleich zu früheren Klimaveränderungen sehr viel schneller, sodass mögliche gehölzeigene Anpassungen nicht erfolgen können. In Bezug auf die untersuchten Fallbeispiele von historischen Friedhöfen in Hannover, Kassel, Berlin und Hamburg sind Auswirkungen auf die Vegetation bereits festzustellen. Dies äußert sich insbesondere in Form von Trockenschäden infolge der letzten zwei heißen und niederschlagsarmen Sommer. Hierzu liegen bisher noch keine Dokumentationen vor. In der Vergangenheit hat sich ein Wandel in der Bestattungskultur vollzogen, sodass aufgrund eines steigenden Anteils an Urnenbestattungen bundesweit rund ein Drittel der Friedhofsflächen nicht mehr zur Beisetzung genutzt werden. Demzufolge sind Friedhöfe einerseits aufgrund von Überhangflächen und andererseits infolge von Auswirkungen des Klimawandels hinsichtlich der Vegetation sowie des gartenkünstlerischen Erscheinungsbilds gefährdet.

Veränderungen für die Gartendenkmalpflege

Die Gartendenkmalpflege hat den Erhalt des gartenkünstlerischen Erscheinungsbilds mit der historischen Vegetation zur Aufgabe. Dabei erfreuen sich denkmalgeschützte Friedhöfe eines öffentlichen Interesses aufgrund ihrer geschichtlichen, künstlerischen, wissenschaftlichen oder städtebaulichen Bedeutung, die es zu erhalten gilt. Dementsprechend wird angestrebt, bei Ersatz- und Nachpflanzungen möglichst wieder die historisch überlieferten Pflanzenarten zu verwenden. Hierbei muss insbesondere geprüft werden, was das Originale bzw. das denkmalpflegerisch Erhaltenswerte in Bezug auf die Vegetation umfasst. Aus den direkten Auswirkungen von Klimaveränderungen auf die historische Vegetation resultieren zum Teil veränderte Bedingungen für den gartendenkmalpflegerischen Umgang. Daraus kann sich ergeben, dass neben einer derzeit konservierenden Pflanzenverwendung

Vielfältige und kleinteilige Strukturierung der Vegetation auf dem Stadtfriedhof Ricklingen durch Rahmengrün der Friedhofsfläche und Grabbepflanzungen

Blick in den denkmalgeschützten Bereich auf dem Hauptfriedhof Kassel

Teich im landschaftlich gestalteten Bereich des Stadtfriedhofs Stöcken

verstärkt eine „vorbeugende" Pflanzenverwendung in Betracht zu ziehen ist. Das würde bedeuten, bei Nach- und Neupflanzungen auf andere als die ursprünglich verwendeten Arten zurückgreifen zu müssen. Für eine zukunftsorientierte Klimaanpassung wäre dabei abzuwägen, inwieweit Abweichungen vom Original, sprich vom gärtnerischen Gesamtkunstwerk, und somit Veränderungen in der Pflanzenverwendung zulässig wären. Der Erhalt von denkmalgeschützten Friedhöfen wird zukünftig eine Herausforderung darstellen.

Strategien zur Klimaanpassung

Der gegenwärtig als notwendig eingeschätzte Handlungsbedarf zur Klimaanpassung lässt sich in die gärtnerische Pflege zur Erhaltung der bestehenden Vegetation und in planerische Strategien unterteilen. In erster Linie ist ein Beobachten der Vegetationsentwicklung zu empfehlen, da jede Friedhofsanlage über individuelle Eigenschaften verfügt. In Anbetracht der zunehmenden Trockenheit im Sommer stellt die Bewässerung die wichtigste gärtnerische Maßnahme dar. Da Klimaveränderungen direkte Auswirkungen auf die Standortbedingungen haben, sind gärtnerische Pflegemaßnahmen zur Verbesserung der Standortbedingungen für die einzelnen Pflanzen zu ermöglichen.

Die Förderung der Widerstandsfähigkeit des gesamten Pflanzenbestands lässt sich durch den Erhalt und die Förderung der Biodiversität in Form von pflanzlicher Vielfalt erreichen. Diesbezüglich sollte bei der Nachpflanzung eine hohe pflanzliche Vielfalt angestrebt werden. In Bezug auf die Klimaprognose bestehen Unsicherheiten, was sich aufgrund einer unbestimmten Entwicklung hinsichtlich des zukünftigen CO2-Ausstoßes, des Ressourcenverbrauchs, des praktizierten Umweltmanagements und Veränderungen im technologischen Fortschritt ergibt. Demzufolge sind für die historischen Friedhöfe aus planerischer Sicht prozesshafte, offene, anpassungsfähige und individuelle Konzepte für die gartendenkmalpflegerischen Zielstellungen zu entwickeln.

Fazit

Vor dem Hintergrund einer sich wandelnden Bestattungskultur, steigenden Urbanisierungstendenzen und klimatischen Veränderungen wird sich der Stellenwert von historischen Friedhöfen als schützenswerte Grünflächen im urbanen Kontext zukünftig erhöhen. Daher stellen die Bewässerung als wichtigste gärtnerische Maßnahme und die Erarbeitung von individuellen Entwicklungskonzepten die wichtigsten Handlungsempfehlungen zum Erhalt der historischen Vegetation dar. Alle untersuchten historischen Friedhöfe verfügen über ein hohes Potenzial zur Klimaanpassung aufgrund ihres hohen Grünvolumens. Die Biodiversität stellt dabei die Schnittstelle dar, denn einerseits charakterisieren sich historische Friedhöfe über eine pflanzliche Biodiversität und andererseits stellt eine hohe Biodiversität eine der wichtigsten Klimaanpassungsstrategien dar.

EFFECTS OF CLIMATE CHANGE ON HISTORICAL CEMETERIES Climate change cannot be denied and is exacerbated by an increasing proportion of CO2 in the atmosphere. The general amount of greenery is therefore important because plants absorb CO2. However, the green stock is threatened by increasing drought as a result of climate change. Especially in large cities, public green areas contribute significantly to regulating the urban climate. These public green spaces also include cemeteries, which, as green spaces in inner-city locations, are important for climate adaptation. The current change in the cemetery and funeral culture is accompanied by a reduced need of cemetery space. As a result of the effects of climate change on the listed plant substance, the aim of this master's thesis is to develop future-oriented strategies for the adaptation of cemeteries to climate change, taking into account conservation aspects.

1 Rhode, Michael / Krellig, Heiner: *Historische Gärten im Klimawandel. Empfehlungen zur Bewahrung.* Leipzig 2014; Kühn, Norbert / Gillner, Sten / Schmidt-Wiegand, Antje (Hg.): *Gehölze in historischen Gärten im Klimawandel. Transdisziplinäre Ansätze zur Erhaltung eines Kulturguts.* Landschaftsentwicklung und Umweltforschung, Schriftenreihe der Technischen Universität Berlin, Band 131. Berlin 2017; Hüttl, Reinhard F. / David, Karen / Schneider, Bernd Uwe (Hg.): *Historische Gärten und Klimawandel. Eine Aufgabe für Gartendenkmalpflege, Wissenschaft und Gesellschaft.* Berlin / Boston 2019

MARLEEN STEMWEDEL
Masterthesis
Betreuung: Dr. Birte Stiers,
Prof. Dr. Joachim Wolschke-Bulmahn
Geschichte der Freiraumplanung

ANALYSE DER FREIRÄUME EINER INFORMELLEN SIEDLUNG IN KAIRO

STRUKTUR, AUFBAU, POTENZIALE UND VERÄNDERUNGSCHANCEN

Freiräume sind ein wichtiger Bestandteil unserer immer weiterwachsenden Städte. In der ägyptischen Hauptstadt Kairo steigt durch das starke Bevölkerungswachstum seit Jahren die Zahl der informellen Siedlungen. Besonders hier ist der Mangel an Freiräumen deutlich. Die Abschlussarbeit befasst sich mit der Analyse der Freiräume in der informellen Siedlung in Darb Al Ahmar/El Gamaleya. Dies ist Kairos traditionelle islamische Altstadt. Hier befinden sich viele Moscheen, Basare und historische Gebäude. Die Arbeit umfasst unter anderem die Fragestellung, wie verschiedene Nutzergruppen die Freiräume in einer informellen Siedlung in Kairo nutzen und welche Potenziale sie bergen. Dabei werden mögliche positive Veränderungsmöglichkeiten und partizipative Transformationsprozesse angedacht.

ANALYSIS OF OPEN SPACES IN AN INFORMAL SETTLEMENT IN CAIRO – STRUCTURE, POTENTIALS, AND OPPORTUNITIES

Open spaces are an important part of our ever-growing cities. Cairo – the population growth in the Egyptian capital has led to an increase in the number of informal settlements for years. The lack of open and green spaces is particularly evident here. This thesis deals with the analysis of the open spaces in the informal settlement in Darb Al Ahmar/El Gamaleya. This is Cairo's traditional Islamic old town with many mosques, bazaars, and historical buildings. The thesis addresses the question of how the open spaces in one of Cairo's informal settlements are used by different user groups and what potential they hold. Possible positive changes and participatory transformation processes are also being considered.

IMAN SARAH ABDEL-RAHMAN
Bachelorthesis
Betreuung: Prof. Christian Werthmann, Lisa Seiler
Landschaftsarchitektur und Entwerfen

„Zwischen Stoff und Staub"

Dem Himmel so nah – Leben auf den Dächern

Bebaut vs. unbebaut: das Untersuchungsgebiet

43 M

16,5 M

6 M

Abendliches Getümmel – Blick auf das Bab Zuweila

DER EINFLUSS DES SKITOURISMUS AUF ALPINE LANDSCHAFTEN

Ob Anfänger oder Fortgeschrittene, alle genießen den aufregenden Nervenkitzel des Skifahrens und die spektakuläre Aussicht auf die hohen Gipfel der Alpen. Paradoxerweise fahren viele Menschen aufgrund ihrer Verbundenheit und Liebe zur Natur Ski – die gleiche Natur, die durch neue und expandierende Skigebiete beschädigt und überbaut wird. Im Laufe der Jahre ist der Winterskitourismus in Österreich rasant gewachsen, und der Bau der Infrastruktur hat die alpine Landschaft irreparabel geschädigt. Die Regeneration der ursprünglichen Vegetation in alpinem Gelände wird in höheren Lagen immer schwieriger, während Investoren lieber in hochgelegene Skigebiete investieren. Unrentable Skigebiete in tieferen Lagen werden wegen fehlenden Schnees geschlossen.

THE IMPACT OF SKI TOURISM ON ALPINE LANDSCAPES Whether beginner or advanced skier, both know the exhilarating thrill of sliding down a slope and the spectacular views of towering peaks of the Alps. Paradoxically, many people ski because of their connectedness with and love of nature, the same nature that has been damaged and overbuilt because of new and expanding skiing areas. Over the years, winter ski tourism has rapidly grown in Austria, and the construction of infrastructure has caused irreparable damage to the alpine landscape. The regeneration of the original vegetation in alpine terrain is becoming increasingly difficult at higher altitudes, while stakeholders prefer to invest in high-altitude ski resorts. Non-profitable ski resorts at lower altitudes are closed down due to a lack of snow.

Der Einfluss des Skitourismus auf alpine Landschaften

TIM ANDLAUER, WEN CHEN, TILL HALFMANN
Betreuung: Prof. Christian Werthmann, Jonas Schäfer
Landschaftsarchitektur und Entwerfen

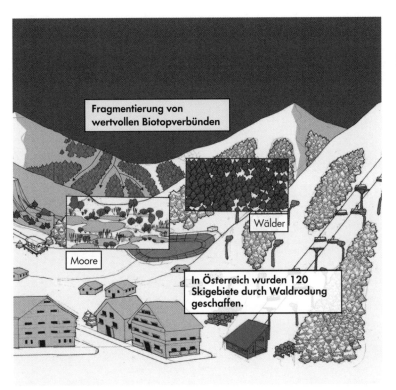

Entstehende Probleme

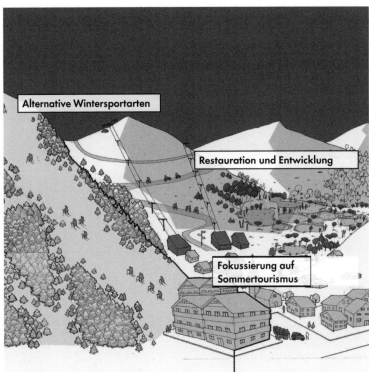

Zukunftsszenarien

INSTITUT FÜR UMWELTPLANUNG

IUP

Abteilung Landschaftspflege und Naturschutz

Landschaftsplanung und Naturschutz
Prof. Dr. Christina von Haaren

Naturschutz und Landschaftsökologie
Prof. Dr. Michael Reich

Vegetationsmanagement
Prof. Dr. Rüdiger Prasse

Ingenieurbiologie
Prof. Dr. Eva Hacker

Landschaftsplanung und Ökosystemleistungen
Prof. Dr. Christian Albert

Ökosystemdienstleistungen –
ökonomische und planerische Aspekte
Prof. Dr. Bettina Matzdorf

Planungsbezogene Pflanzenökologie
Apl. Prof. Dr. Michael Rode

Abteilung Raumordnung und Regionalentwicklung

Raumordnung und Regionalentwicklung
Prof. Dr. Rainer Danielzyk

Landesplanung und Raumforschung,
vor allem Regional Governance
Prof. Dr. Frank Othengrafen

NATURBEWUSST-SEINSBILDUNG DURCH URBANE WILDNIS

FOKUSGRUPPEN-DISKUSSIONEN ZU „STÄDTE WAGEN WILDNIS – VIELFALT ERLEBEN" Auf den ersten Blick scheint der Begriff „urbane Wildnis" ein Widerspruch in sich zu sein. Kann Wildnis in der Stadt existieren? Haben wir in Deutschland bereits urbane Wildnisflächen? Wodurch zeichnen sich diese aus? Und welche Bedeutung haben solche Flächen für die Menschen in der Stadt? Studien belegen, dass städtische Freiflächen mit spontaner Vegetationsentwicklung wichtige Leistungen für die Bevölkerung erbringen.[1] Urbane Wildnis entsteht beispielsweise auf Flächen, deren Nutzung aufgegeben wird bzw. die brach liegen, sodass hier eine natürliche Sukzession eintreten kann. Aber auch über eigens dafür initiierte Projekte lassen sich Wildnisflächen schaffen. Zu solchen Projekten zählt das Verbundvorhaben „Städte wagen Wildnis – Vielfalt erleben", das bereits in den Städten Hannover, Frankfurt am Main und Dessau-Roßlau umgesetzt wird. Über dieses Verbundprojekt werden in allen drei Städten öffentliche Grünflächen zu wilden Lebensräumen für eine größere Artenvielfalt, mehr Naherholung, Naturerfahrung und zum Schutz des Lokalklimas umgestaltet. Dies geschieht, indem auf geeigneten Flächen ein gewisses Maß an natürlicher Entwicklungen und spontaner Vegetation zugelassen wird. Im Zuge von zwei Fokusgruppen-Diskussionen untersucht die Masterarbeit sowohl die Nutzung als auch die Wahrnehmung der betrachteten Flächen. Die ausgewerteten Diskussionen sollen Rückschlüsse auf das Naturbewusstsein der urbanen Bevölkerung ermöglichen. Zudem wurde überprüft, inwieweit urbane Wildnis für die Naturbewusstseinsbildung förderlich sein kann und wie weniger gepflegte Flächen innerhalb der Stadt wahrgenommen und angesehen werden.

Untersuchungsgebiete

Der Lindener Berg liegt in Hannover im Stadtbezirk Linden-Limmer zwischen Linden-Mitte und Linden-Süd. Er erreicht eine Höhe von 89 Metern über NN. Die Wildnisfläche beginnt einige Meter westlich des höchsten Punkts auf einer Fläche inmitten von

Urbane Wildnis am Lindener Berg

Kleingärten und verläuft von Osten nach Westen bergab. Seitenstraßen trennen die Grünverbindung in mehrere Einzelflächen. Diese Bereiche besitzen jeweils ihre ganz eigenen, außergewöhnlichen Grünstrukturen und Pflanzenvorkommen.

Das Projektgebiet Grünverbindung Fösse liegt im Hannoveraner Stadtbezirk Ahlem-Badenstedt-Davenstedt und verläuft entlang der Fösse, die eine Grenze zwischen den Stadtteilen Davenstedt und Badenstedt darstellt. Das Gebiet ist ebenso wie das am Lindener Berg in mehrere Teile untergliedert, da eine durchgängige Schaffung von Wildnisflächen infolge der vorhandenen Infrastruktur nicht möglich war. Auch hier wechseln sich herkömmlich gepflegte und strukturreiche Bereiche ab, sodass vielfältige Artenzusammensetzungen innerhalb der vorhandenen Stadtvegetation möglich sind.

Methodik

Durch die sozialwissenschaftliche Methode der Fokusgruppen-Diskussion wurden bereits bestehende Datengrundlagen vertieft und gleichzeitig neue Themenbereiche erforscht. Fokusgruppen-Diskussionen sind geplante Diskussionen, um Einstellungen zu einem bestimmten Thema oder Forschungsinteresse zu erheben.[2] Die Methode gilt als besonders geeignetes und relativ ressourcenschonendes qualitatives Erhebungsinstrument, um eine begrenzte Anzahl an Teil-

Teilweise wilder Abschnitt der Projektfläche an der Fösse

nehmenden, die in Bezug zum Forschungsgegenstand stehen oder sich für die gewählten Themen interessieren, in einen Diskursprozess einzubinden.[3] Hierbei steht die Erforschung von Meinungen und Einstellungen der Befragten im Vordergrund. Durch Gruppenbildung sollen Kommunikationsprozesse initiiert werden, die einem alltäglichen Gespräch ähneln.[4] Die Akquise fand durch Verteilen von Handzetteln vor Ort, Aushänge in örtlichen Lokalen und Geschäften sowie über telefonischen Kontakt oder Besuche bei lokalen Vereinen und Einrichtungen statt. Weitere Interessierte wurden mithilfe von Handzetteln in den Briefkästen von Anwohnenden der jeweiligen Flächen und über soziale Medien akquiriert. Je Projektgebiet fand eine Fokusgruppen-Diskussion statt. Die Runden hatten jeweils vier bzw. sechs Teilnehmende, die in durch Leitfragen vorstrukturierten Diskussionen miteinander ins Gespräch kamen. Beide Gruppendiskussionen dauerten zwischen 90 und 120 Minuten und liefen bis auf wenige Leitfragen autark ab. Teilgenommen haben sowohl Personen im Renten- wie im mittleren Alter als auch jüngere Personen mit und ohne Kinder.

Ergebnisse

Im Zuge der Urbanisierung wird Natur hauptsächlich aus städtischer Perspektive wahrgenommen. Es findet teilweise eine Entfremdung von Mensch und Natur statt. Europa ist durch Kulturlandschaften dominiert, da die Menschen die Landschaften schon vor Jahrhunderten zu ihrem eigenen Nutzen gestaltet haben. Diese bewusste Modifikation der Natur hat mit der Zeit dafür gesorgt, dass vielen Menschen heute das Verständnis für natürliche Prozesse fehlt.[5] Die Diskussionen der Fokusgruppen haben verdeutlicht, dass strukturell vielfältigere und artenreiche Grünflächen, die keine herkömmliche Pflege erfahren, dennoch nicht als urbane Wildnis verstanden bzw. wahrgenommen werden. Die Natur in Großstädten wird als „kontrolliert" beschrieben. Der Begriff urbane Wildnis ist einigen teilnehmenden Personen „zu wild", um als Beschreibung der Natur einer städtischen Grünfläche Verwendung finden zu können. Hannover wird jedoch generell als sehr grüne Stadt angesehen. Meinungsverschiedenheiten entstehen häufig im Zusammenhang mit den Anforderungen an urbane Grünflächen: Schönheit bzw. Attraktivität, Sicherheit oder Nutzbarkeit bestimmter Landschaftsbestandteile stehen an oberster Stelle, werden jedoch sehr unterschiedlich beschrieben. Weniger gepflegte Bereiche werden teilweise als gefährlich, unwegsam oder unheimlich wahrgenommen. Die befragten Personen hatten im Voraus keine Informationen über die natürliche Entwicklung der Flächen; im Laufe der Diskussionen entwickelten sie eine überwiegende Befürwortung und ein tendenziell positives Bild des Wildnisprojekts.

Diskussion

Naturbewusstsein lässt sich nicht eindeutig definieren, jedoch können bestimmte Wahrnehmungs- und Denkweisen so eingerahmt werden, dass der Grad des Naturbewusstseins einer Person aus sozialwissenschaftlicher Sicht erfassbar ist. Bereits der Begriff Natur wird abhängig von persönlicher Erfahrung und fachlicher Perspektive verschieden interpretiert. Persönlichkeiten aus Wissenschaft, Kunst und Philosophie beschreiben ihre Eindrücke der Natur oder des Natürlichen seit Jahrhunderten unterschiedlich.[6] Heute geben bestimmte Gesetze des deutschen Bundesrechts klare Richtungen bezüglich der Interpretation von Natur und ihrer vielfältigen Bestandteile vor. Dem einstmals sehr romantischen Bild von unberührter Natur steht immer mehr das Wissen über ökologische Funktionen, Biodiversität und Naturschutz gegenüber.[7] Da sich die aktuelle Masterarbeit jedoch hauptsächlich mit der Wahrnehmung und dem Naturbewusstsein der Stadtmenschen im Allgemeinen, also auch von Personen ohne tiefer gehendes ökologisches Vorwissen, beschäftigte, galt es hier, auch Gefühlsäußerungen und andere durch die Natur ausgelöste Impressionen einzubeziehen. So ist es beispielsweise möglich, Handlungsempfehlungen dazu zu geben, welche zukünftigen Maßnahmen bei der Stadtbevölkerung am ehesten die Akzeptanz von naturbelassenen Grünflächen und Stadtwildnis fördern und der allgemeinen Naturbewusstseinsbildung dienen. Die Arbeit zeigt Wege auf, wie die Öffentlichkeitsarbeit des Projekts „Städte wagen Wildnis"[8] zukünftig mehr Aufmerksamkeit erhalten kann, sodass die Bürgerbeteiligung ebenso wie die Wildnisentwicklung dauerhafte Prozesse sein können, in denen immer wieder neue Gestaltungs- und Entwicklungsmöglichkeiten geschaffen werden.

Strukturreicher Gewässerlauf der Fösse

NATURE AWARENESS THROUGH URBAN WILDERNESS – FOCUS GROUP DISCUSSION ON "CITIES DARE WILDERNESS – EXPERIENCING DIVERSITY" At first glance, the term *urban wilderness* seems to be a contradiction in terms. Can wilderness exist in urban areas? It will be discussed, if the urban concept of wilderness deviates from the *original wilderness*. In particular, value and importance of urban wilderness for citizens are the focus of attention, as studies show that urban spaces with spontaneous vegetation development provide important benefits for people living in cities. For example, urban wilderness can be created on abandoned or fallow land so that natural succession can take place. But wilderness areas can also be created through specifically initiated projects. One of these is the joint project "Cities dare wilderness – experiencing diversity", which is already being implemented in Hannover, Frankfurt, and Dessau-Roßlau.

1 Naturkapital Deutschland – TEEB DE: *Ökosystemleistungen in der Stadt. Gesundheit schützen und Lebensqualität erhöhen.* Berlin/Leipzig 2016
2 Baur, Nina/Blasius, Jörg (Hg.): *Handbuch Methoden der empirischen Sozialforschung.* Wiesbaden 2014
3 Schulz Marlen/Mack, Birgit/Renn, Ortwin (Hg.): *Fokusgruppen in der empirischen Sozialwissenschaft. Von der Konzeption bis zur Auswertung.* Wiesbaden 2012
4 Vgl. Anm. 2
5 Deutsche Umwelthilfe (Hg.): *Städte und wilde Natur in neuer Beziehung. Ein Plädoyer für eine wildere Stadtnatur.* Berlin 2014
6 Bundesministerium für Umwelt, Naturschutz und Reaktorsicherheit (Hg.)/Bundesamt für Naturschutz: *Naturbewusstsein 2011. Bevölkerungsumfrage zu Natur und biologischer Vielfalt.* Berlin 2012
7 ebenda
8 www.hannover.de/Leben-in-der-Region-Hannover/Umwelt-Nachhaltigkeit/Naturschutz/Mehr-Natur-in-der-Stadt/Städte-wagen-Wildnis----ein-Projekt-für-mehr-biologische-Vielfalt-in-Hannover, 15.5.20

LAURA LODOLO
Masterthesis
Betreuung: Dr. Daniela Kempa,
Dominique Charlotte Breier
Landschaftsplanung und Naturschutz;
Landeshauptstadt Hannover,
Fachbereich Umwelt und Stadtgrün

BLINDES ERLEBEN EINER WELTERBESTÄTTE

DAS DANEWERK FÜR SEHGESCHÄDIGTE PERSONEN Sehbehinderungen und Blindheit spielen in unserer Gesellschaft eine zunehmend größere Rolle. Neben Erkrankungen, Unfällen und Erblindungen von Geburt an oder während der Kindheit entwickelt sich der Großteil an Sehbeeinträchtigungen im fortgeschrittenen Alter.[1] In Deutschland leben schätzungsweise 1,7 Millionen sehgeschädigte Menschen.[2] Für Personen mit diesen Beeinträchtigungen können alltägliche Situationen, wie beispielsweise durch den Park spazieren, eine Herausforderung darstellen.[3] Ein barrierefrei gestaltetes Umfeld der Betroffenen kann einen uneingeschränkten und erleichterten Alltag ermöglichen, in diesem Fall blinden- und sehbehindertengerecht.[4] Ebenso kann eine gleichberechtigte Teilhabe am gesellschaftlichen Leben, wie sie nach Grundgesetz Artikel 3 jeder Person zusteht, für Personen mit einer Sehschädigung möglich gemacht werden.[5] Zur gesellschaftlichen Teilhabe gehören ebenfalls das Erleben und das Wahrnehmen von Natur und Kultur.

Natur und Kultur am Danewerk

Das Erleben und Wahrnehmen von Natur und Kultur ist an dem 2018 zum UNESCO-Welterbe ernannten Haithabu und Danewerk möglich. Dieses befindet sich im Nordosten Schleswig-Holsteins an der Schlei. Das Danewerk ist das größte nordeuropäische Bodendenkmal und Heimat seltener Tier- und Pflanzenarten. Zusammen mit Haithabu ist es als Naturschutzgebiet und als Landschaftsschutzgebiet Haithabu-Danewerk nach § 17 und § 15 des LNatSchG bzw. § 23 und § 2 des BNatschG ausgewiesen.[6] Das archäologische Kulturdenkmal wird durch § 8 des DSchG SH 2015 gesetzlich geschützt und ist nach § 16 zu erhalten.[7] Die Geschichte des Verteidigungswalls geht bis in das frühe Mittelalter zurück und erinnert an Handelsrouten und deutsch-dänische Grenzbeziehungen. Die Erlebnismöglichkeit der geschichtsträchtigen Landschaft am Danewerk in Kombination mit einer vielfältigen Naturausstattung stößt auf ein hohes touristisches Interesse. Die Ernennung zur UNESCO-Welterbestätte führt

dazu, dass Umstrukturierungen und Erneuerungen erfolgen müssen. Es gilt, das touristische Interesse zu koordinieren, den außergewöhnlichen Wert der Anlage zu schützen sowie die Natur- und Kulturerlebnisse für alle zugänglich zu gestalten. Kriterien für die Zugänglichkeit stellen die Sicherheit der Wege, die Erlebbarkeit der Orte und die Informationsvermittlung dar.[8] Wie zugänglich ist jedoch das Natur- und Kulturerlebnis am Hauptwall des Danewerks für sehgeschädigte Personen? Ist ein „blindes Erleben" möglich?

Ziel und Vorgehensweise der Arbeit war es, die bestehenden Barrieren für blinde und sehbehinderte Menschen zu erkennen und zu beurteilen, um anschließend durch die Entwicklung eines Konzepts mit Maßnahmenvorschlägen ein blinden- und sehbehindertengerechtes Natur- und Kulturerlebnis am Danewerk zu ermöglichen. Zur Datenerhebung wurden themenbezogene Informationen zusammengefasst. Die Untersuchungsmethoden stellten sicher, dass sowohl einschlägige Literatur ausgewertet wurde, als auch gleichermaßen die Meinungen und Erfahrungen betroffener Personen in die Arbeit mit einfließen konnten. Diese Informationen wurden aus Begehungen mit sehgeschädigten Probanden erfasst. Die ersten Ortsbegehungen erfolgten ohne Begleitung. Analysiert wurden Pflegezustand, Beschaffenheit und Platzierung der Wege sowie vorhandene Ausstattungselemente.

Für die Ortsbegehungen mit Expertinnen und Experten mit unterschiedlichen Sehschädigungen wurde ein Erfassungsbogen erstellt, dessen Fragestruktur weitgehend freie Antworten und eine Vergleichbarkeit der Resultate ermöglichte. Zudem fand eine offene Beobachtung der Probanden statt. Die Antworten und Beobachtungen beurteilten und bewerteten die Situation der Barrierefreiheit, deckten Barrieren auf, zeigten Verbesserungsmöglichkeiten und wiesen auf Erlebnispunkte der Zielgruppe hin.

Barrieren sehbehinderter und blinder Personen

Die Ergebnisse aller Begehungen zeigten, dass diverse Barrieren am Hauptwall des Danewerks aufgrund unterschiedlicher Behinderungsursachen existieren und nur ein eingeschränktes Erlebnis möglich ist. Hinderlich sind taktil und visuell kontrastarme Umgebungen und Informationen, schwierige Lichtverhältnisse und mangelhafte audiodeskriptive und taktil erfassbare Beschreibungen. Unerwartete Hindernisse auf Kopfhöhe oder auf dem Weg sind Gefahrenstellen. Es bestehen Sicherheits-, Erlebbarkeits- und Informationsbarrieren. Die am stärksten einschränkenden Barrieren sind das fehlende Leitsystem zur Orientierung, die fehlenden Alternativen zur visuellen Wahrnehmung der Attraktionen und die eindimensionale Informationsvermittlung.

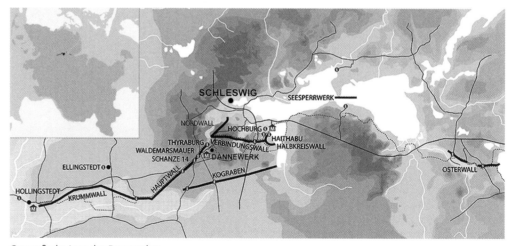

Geografische Lage des Danewerks[9]

Beispiel einer taktilen Übersichtskarte inklusive mobilem audiotaktilem Geländeplan[10]

Während einer Begehung: am Fuß der Schanze des Danewerks

Gestaltung eines „blinden Erlebens"

In einem Konzept wurden diese Problemstellen bearbeitet. Die Planungsziele führen die Bedürfnisse der Zielgruppe und Belange des Schutzes am Danewerk zusammen. Damit lassen sich Maßnahmen für eine taktile und akustisch wahrnehmbare Umgebung entwickelt. Ein barrierefreies Natur- und Kulturerlebnis für die Zielgruppe blinder und sehbehinderter Personen kann durch folgende Schritte am Danewerk Hauptwall kreiert werden:

- Integration von erfassbaren Installationselementen durch taktile Exponate und Informationstafeln
- Integration eines sicheren, kontrastreichen Wegeverlaufs als Leitsystem
- Instandsetzung und regelmäßige Pflege der Begebenheiten vor Ort
- Bereitstellung mehrsinnlicher und kontrastierter Informationsvermittlungen

Bei der Umsetzung der Maßnahmen sollten die Belange des Natur- und des Denkmalschutzes sowie Forderungen der Barrierefreiheit beachtet werden. Jegliche Eingriffe am Danewerk, die über Pflegemaßnahmen hinausgehen, sind genehmigungspflichtig. Die Vorschläge zeigen, dass ein „blindes Erlebnis" am Danewerk auch im Rahmen des Natur- und Denkmalschutzes ohne größere Baumaßnahmen möglich ist. Während der Umsetzung sollte jedoch die Aussage eines Probanden bedacht werden: „Andererseits, warum so stark in die Natur eingreifen? Man muss sich auch der Natur stellen." Denn gerade die ungewohnten und

unerwarteten Herausforderungen und Anstrengungen sind es, die zu dem Erlebnis des Ortes mit beitragen, so die Experten. Das bedeutet in keiner Weise, dass die vorgeschlagenen Maßnahmen nicht erforderlich sind. Größere Baumaßnahmen zur Verbesserung der Wegequalität und Erfüllung von Normen sind jedoch nicht zwangsläufig notwendig. Wird über die Begebenheiten und den Streckenverlauf des Weges informiert, kann sich die Zielgruppe der Natur stellen.

Zukunft des Danewerks

Die Qualität des touristischen Besuchs lässt sich anhand verbesserter Erlebnispotenziale, taktiler und interaktiver Stationen und Ähnlichem mehr erhöhen. Durch das sehbehinderten- und blindengerechte Leitsystem können erhöhte Besucherzahlen gelenkt werden. Die vielfältigen Stationen und Schilder zur Vermittlung der Geschichte und des Werts des Danewerks und der Natur schulen die Besuchenden. Achtsamkeit und ein Bewusstsein gegenüber dem Denkmal und der Natur können Resultate sein. So profitiert von einem „blinden Erleben" am Danewerk nicht nur die Zielgruppe, sondern ebenfalls die Natur, das Denkmal, alle Besuchenden und die gesamte UNESCO-Welterberegion.

BLIND EXPERIENCE AT A WORLD HERITAGE SITE — IMPROVING THE EXPERIENCE OF THE DANEWERK FOR VISUALLY IMPAIRED PEOPLE

Visual impairments are becoming an increasingly important issue in our society. Across all demographic changes, more people are affected. For visually impaired people, everyday situations can be challenging, this includes experiencing nature and culture. The accessibility of a natural and cultural experience was analysed at the UNESCO World Heritage site *Haithabu und Danewerk*, listed in 2018. The Danewerk is protected as a nature conservation area and historical monument. Blind and visually impaired experts were asked to inspect the research area. The identified barriers were the lack of a guide system, inadequate alternatives to visual perception, and the one-dimensional transfer of information. A concept shows the combination of blind experience and heritage protection.

1 Nenning, Norma: „Welche Auswirkungen haben Sehschädigungen auf die visuelle Wahrnehmung?". In: *Barrierefreies Bauen und Gestalten für sehbehinderte Menschen. Wahrnehmung – Orientierung – Sicherheit*, Band 2. Stuttgart 2003, S. 16–26, hier S. 17

2 PRO RETINA Deutschland e.V. : *Barrierefrei – und jeder weiß, wo es lang geht!* Aachen 2012, S. 57

3 Siems, Susanne: „Erfahrungen einer Betroffenen". In: vgl. Anm. 1, S. 30–36

4 §4 BGG

5 Art. 3 GG

6 Landesamt für Vermessungen und Geoinformation Schleswig-Holstein: *Digitaler Atlas Nord. GDI-SH.* https://danord.gdi-sh. de/viewer/resources/apps/Anonym/index.html?lang=de, 19.11.19; §17 und §15 LNatschG SH

7 Landesamt für Vermessungen und Geoinformation Schleswig-Holstein: ebenda; vgl. §8 und §16 DSchG SH 2015

8 WHC, in der Fassung vom 16. November 1972

9 Danewerk/Haithabu e. V.: www.haithabu-danewerk.de/index. php/de, 24.10.19; Landesamt für Vermessung und Geoinformation Schleswig-Holstein: vgl. Anm. 6 (verändert durch Lena Pöschel)

10 Landesgartenschau Eutin 2016 gGmbH i. L.: *Landesgartenschau Eutin 2016. Erlebbar für alle! Aktionen.* www.eutin-2016. de/presse/pressemitteilungen/einzelansicht/article/ landesgartenschau-eutin-2016-erlebbar-fuer-alle-1.html, 12.11.19

LENA PÖSCHEL
Bachelorthesis
Betreuung: Dr. Roswitha Kirsch-Stracke, Dr. Sabine Reichwein
Landschaftsplanung und Naturschutz; Institut für Landschaftsarchitektur, Technisch-konstruktive Grundlagen der Freiraumplanung

HABITATNUTZUNG UND VERHALTEN DES HAUHECHEL-BLÄULINGS

Ein großer Teil der im Offen- bzw. Grünland lebenden Tagfalter ist inzwischen aus unserer Landschaft verschwunden, konkret sind es mindestens 50 Prozent innerhalb der letzten 29 Jahre.[1] Nicht nur seltene und ohnehin bedrohte Tagfalterarten sind davon betroffen, auch Tagfalterarten, die lange als häufig und in ihren Ansprüchen als unspezifisch galten, werden zunehmend seltener.[2] Klimawandel, Lebensraumverlust und -fragmentierung sowie eine allgemeine Verschlechterung der Lebensraumqualität sind häufig genannte Gründe für ihren Rückgang.

Um den Zustand und die Funktion eines Lebensraums auch im Detail bewerten, schützen und gegebenenfalls verbessern zu können, müssen benötigte bzw. bevorzugte Habitatstrukturen möglichst genau erfasst und charakterisiert werden. Unterschiedliche Tagfalterarten stellen in der Regel verschiedene Ansprüche an ihren Lebensraum und benötigten diverse Vegetationsstrukturen und Pflanzenarten.[3] Kleinräumige Habitatansprüche sind jedoch erst für wenige Tagfalterarten genau untersucht, zumeist nur für bereits stärker bedrohte Arten. Insbesondere Studien zu häufigeren Arten mit breitem Lebensraumspektrum fehlen. Eine dieser Arten ist der Hauhechel-Bläuling (*Polyommatus icarus*, Abb. 1), der im Deutschen auch den Namen Gemeiner Bläuling bzw. im Englischen Common Blue trägt. Diese Namen sind aufgrund der negativen Bestandsentwicklung heute jedoch nicht mehr gerechtfertigt. Der Hauhechel-Bläuling tritt zwar noch geografisch weit verbreitet auf und ist auch noch in vielen Naturräumen vertreten, wirklich „gemein" bzw. „common" ist er aber nirgends mehr und in manchen Landschaften schon selten geworden. Als Lebensraum bevorzugt die Art extensiv genutzte, ungedüngte Grünlandlebensräume, vor allem Magerrasen und generell magere, möglichst blütenreiche Standorte mit nicht zu dichter Krautschicht.[4] Welche Habitatstrukturen jedoch für den Hauhechel-Bläuling kleinräumig relevant sind und vorrangig benötigt werden, ist im Detail noch nicht abschließend untersucht.

Abb. 1: Hauhechel-Bläuling (*Polyommatus icarus*) auf gewöhnlichem Hornklee (*Lotus corniculatus*)

Am Beispiel eines extensiv, das heißt lediglich geringfügig gepflegten, als Grünland genutzten Landschaftsausschnitts an der Fösse am westlichen Stadtrand von Hannover wurden in dieser Arbeit für den Hauhechel-Bläuling relevante Habitatstrukturen charakterisiert. Die Bedeutung einzelner Elemente innerhalb dieser Strukturen wurde anschließend durch die Beobachtung von Verhalten und Habitatnutzung des Hauhechel-Bläulings bewertet.

Potenziell relevante Habitatstrukturen wurden als Vegetationsstrukturen, Wirts- und Nektarpflanzen definiert. Wirtspflanzen dienen zum einen den adulten Tagfalterweibchen als Eiablagepflanzen, zum anderen den Raupen als Futterpflanzen. Nektarpflanzen sind Pflanzenarten, die die adulten Tagfalter als

Nahrungsquelle nutzen. Die im Untersuchungsgebiet vorgefundenen Vegetationsstrukturen wurden in zehn Vegetationsstrukturtypen erfasst, unterschieden nach Höhe und Dichte bzw. Offenbodenanteil. Innerhalb der eingeteilten Vegetationsstrukturen wurden die für den Hauchhechel-Bläuling potenziell relevanten Wirts- und Nektarpflanzen und ihr blühender Anteil aufgenommen. Gewöhnlicher Hornklee (*Lotus corniculatus*) gilt als bedeutendste Wirts- und Nektarpflanzenart des Hauhechel-Bläulings.[5] Das Vorkommen des Gewöhnlichen Hornklees wurde daher räumlich genau verortet, die Deckung beschrieben und der Anteil der blühenden Pflanzen aufgenommen. Ergänzend zu der Datenerfassung im Freiland kam eine Drohne zum Einsatz, um eigene hochauflösende Luftbilder aufzunehmen. Diese ermöglichten eine präzise Zuordnung und Charakterisierung der einzelnen Elemente innerhalb der Habitatstrukturen und dienten während der Erfassungen als Kartengrundlage. Die Erfassung von Verhalten und Habitatnutzung der Tagfalter erfolgte durch die Beobachtung und Verfolgung von Individuen über einen möglichst langen Zeitraum. Hierbei ergaben sich größtenteils Beobachtungszeiträume zwischen 20 und 30 Minuten. Daten der Männchen und Weibchen wurden getrennt voneinander aufgenommen. Die beobachteten Verhaltensweisen wurden zeitlich eingeordnet und ließen sich einzelnen Elementen innerhalb der Habitatstrukturen zuordnen. Exemplarisch erfolgte die Auswertung der Dauer verschiedener Verhaltensweisen und Habitatnutzungen männlicher und weiblicher Individuen sekundengenau (Abb. 2) und im räumlichen Zusammenhang.

Im Zeitraum vom 18. Juli bis 24. August 2019 wurde an elf Beobachtungsterminen die zweite Generation des Hauhechel-Bläulings im Untersuchungsgebiet erfasst. Es ergaben sich 68 Beobachtungen (10 Beobachtungen von Weibchen, 58 Beobachtungen von Männchen), das Verhältnis zwischen Weibchen und Männchen war also ca. 1:6. Es ließen sich unterschiedliche und zum Teil geschlechtsspezifische Flugmuster und Verhaltensweisen beobachten. Bei beiden Geschlechtern waren überwiegend durch Suchverhalten geprägte Flüge auszumachen. Es war möglich, einige Flugmuster spezifischer zu charakterisieren, so zum

Beispiel Balzflüge und Patrouille-Flüge der Männchen sowie sehr kleinräumig fliegende und Vegetationsstrukturen abtastende Weibchen auf der Suche nach geeigneten Wirtspflanzen. Männchen hielten sich überwiegend sitzend in unterschiedlichen Vegetationsstrukturen auf, zum Teil auf exponiert liegenden Sitzplätzen. Weibchen saßen zumeist tiefer und geschützter innerhalb dichterer Vegetationsstrukturen. Daneben ließ sich beobachten, dass beide Geschlechter dichtere Vegetationsstrukturen zum Ruhen bzw. als Schlafplätze nutzen. Nektaraufnahmen und Eiablagen wurden fast ausschließlich an Gewöhnlichem Hornklee erfasst. Es kam annähernd gleichermaßen an blühenden wie an nicht blühenden Exemplaren dieser Pflanzenart zur Eiablage, der Blühaspekt der Pflanzen schien also keinen prägnanten Einfluss darauf auszuüben. Auffällig war jedoch, dass für die Eiablage nur Wirtspflanzen genutzt wurden, deren Standort durch kleinräumige Strukturunterbrechungen geprägt war und die ausgewählten Pflanzen somit an niedrigwüchsige Vegetation oder Offenboden angrenzten.

Insgesamt ließ sich feststellen, dass der Hauhechel-Bläuling von dem ca. 2 Hektar großen Untersuchungsgebiet lediglich knapp 0,15 Hektar nutzt. Der Grund hierfür ist vermutlich die weitgehend auf diesen Bereich beschränkte kleinräumige Strukturvielfalt mit dem höchsten Angebot an potenziellen Wirts- und Nektarpflanzen sowie vielfältigen Vegetationsstrukturen. Zwischenzeitlich kleinräumig auftretende Störungen fördern diese Qualität. Diese bestehen in den einmal jährlich im Winter stattfindenden Pflegemaßnahmen an der Fösse und an den Uferböschungen sowie geringfügig in der Eigendynamik des kleinen Fließgewässers. Die übrigen Bereiche werden im Hinblick auf die Habitatqualität für den Hauchechel-Bläuling jedoch nicht ausreichend gepflegt und befinden sich großflächig in einem bereits zu weit fortgeschrittenen Sukzessionsstadium, das heißt die Krautschicht ist bereits zu hoch und dicht, beschattende Gehölze treten in zu großer Zahl auf und das Pflanzenartenspektrum weist keine nennenswerten Vorkommen von für den Hauhechel-Bläuling relevanten Wirts- und Nektarpflanzen mehr auf. Um hier wieder geeignete Habitatstrukturen zu entwickeln und zu fördern, müssten unter anderem an die Phänologie, also die von der Jahreszeit abhängige Entwicklung der Tagfalter angepasste Mahd- und Beweidungskonzepte umgesetzt werden. Daneben sollten regelmäßig kleine Störstellen zur Lockerung der Vegetationsstruktur geschaffen werden, um die Ausbreitung der für den Hauhechel-Bläuling relevanten Pflanzenarten und die Entwicklung potenzieller Eiablagebereiche zu fördern.

HABITAT USE AND BEHAVIOUR OF THE COMMON BLUE BUTTERFLY

Butterfly species, which were long considered common and unspecific in their requirements, are becoming fewer and fewer. In order to be able to protect species and improve the condition of their habitat, the required habitat structures must be characterised as precisely as possible. Habitat structures relevant for the common blue were investigated in this study. The behaviour and habitat use of this butterfly species were recorded by observing and tracking both male and female individuals. 68 observations were made, most of the observation periods were between 20 and 30 minutes. Feeding and egg deposition was recorded almost exclusively on one plant species. Plants selected for oviposition bordered on low-growing vegetation or open soil. Required vegetation structures were mainly characterised by small-scale structural interruptions.

1 van Swaay, Chris u. a.; zit. in Hallman, Caspar A. u. a.: „More Than 75 Percent Decline Over 27 Years in Total Flying Insects Biomass in Protected Areas". In: PLoS ONE. 10/2017, S. 1;
2 León-Cortés, Jorge L./Cowley, Matthew J. R./Thomas, Chris D.: „Detecting Decline In a Formerly Widespread Species. How Common Is the Common Blue Butterfly Polyommatus Icarus?". In: Ecography, 06/1999, S. 643 f.
3 Ebert, Günter/Rennwald, Erwin: Die Schmetterlinge Baden-Württembergs. Band 1: Tagfalter I. Stuttgart 1991, S. 13;
4 z. B. Ebert, Günter/Rennwald, Erwin: Die Schmetterlinge Baden-Württembergs. Band 2: Tagfalter II. Stuttgart 1991, S. 376; Eeeles, Peter: Life Cycles of British & Irish Butterflies. Newbury 2019, S. 376
5 z. B. Bräu, Markus u. a.: Tagfalter in Bayern. Stuttgart 2013, S. 309 f.

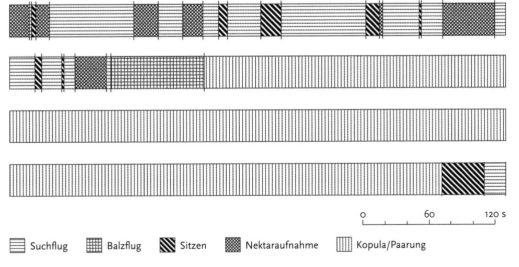

Suchflug   Balzflug   Sitzen   Nektaraufnahme   Kopula/Paarung

0   60   120 S

Abb. 2: Zeitliche Einordnung von Verhaltensweisen eines männlichen Hauhechel-Bläulings

JULIA RODER
Bachelorthesis
Betreuung: Prof. Dr. Michael Reich, Christoffer Lange-Kabitz
Naturschutz und Landschaftsökologie

ARTENSPEKTRUM VON REGENWURM-POPULATIONEN

NAHRUNGSANGEBOT VON WIESENLIMIKOLEN IM BREMER FEUCHTGRÜNLAND Es ist hinreichend bekannt, dass Regenwürmer als Indikator für den biologischen Zustand des Bodens gelten und die von ihnen geleistete Bodenbearbeitung unter anderem eine deutliche Verbesserung der Bodenfruchtbarkeit bewirkt.[1] Darüber hinaus stellen Regenwürmer eine wichtige Nahrungsquelle für Säugetiere und Vögel dar,[2] so auch für die in Deutschland gefährdeten Wiesenlimikolen oder Watvögel. Regenwurmbestände unterliegen in naher Zukunft jedoch den sich aus dem Klimawandel ergebenden Risiken, beispielsweise durch andauernde Trockenheitsperioden.[3]

Das Ziel der Bachelorarbeit war die Beurteilung der Menge, der Biomasse und des Artenspektrums an Regenwürmern im Bremer Feuchtgrünland und deren Bedeutung als Nahrungsgrundlage für Wiesenlimikolen im Hinblick auf die künftige Populationsentwicklung. Hierzu wurden die Menge und die Art des verfügbaren Nahrungsangebots (Regenwurmvorkommen) erfasst, ebenso dessen räumliche Verteilung und die Erreichbarkeit der Nahrung für Wiesenlimikolen. Die Bachelorarbeit entstand im Rahmen des Forschungsprojekts „KommKlima", das untersucht, ob die Anlage eines Grünlandpolders die vom Klimawandel zu erwartenden Beeinträchtigungen der Wiesenlimikolen verringern kann.[4]

Die Untersuchung fand in einem ca. 15 Hektar großen Ausschnitt des Bremer Niedervielands (Abb. 1) statt. Dieses wird durch extensive Landwirtschaft und ein dichtes Grabennetz geprägt und besteht aus unterschiedlich genutzten Teilflächen wie Pferde- und Rinderweiden, Wiesen und Mähweiden.

Methodik

Im Rahmen des „KommKlima"-Projekts waren zwischen dem 8. und 20. Oktober 2018 entlang von sechs Transekten insgesamt 360 Bodenproben erhoben und an diesen Stellen abiotische Parameter (Bodenfeuchte, -widerstand, und -temperatur) gemessen worden. Aus den Bodenproben hatte man anschließend die Regenwürmer ausgelesen und ihr Gewicht bestimmt. Im

Abb. 1: Blick auf Wiesen und Weiden im Untersuchungsgebiet Niedervieland in Bremen (Foto: Christina Weiß, 2018)

Rahmen der Bachelorarbeit erfolgte nun die Bestimmung der adulten Regenwürmer bis auf die Artebene sowie anschließend der Vergleich des erfassten Artenspektrums der Regenwürmer mit einer potenziellen Artenliste. So ließen sich die Artenvielfalt sowie das Fehlen von typischen bzw. das Auftreten von untypischen Arten beurteilen. Die Häufigkeitsverteilung der Regenwürmer in den Bodenproben und auf den Teilflächen wurde ermittelt und in Bezug auf die Ausprägung der verschiedenen abiotischen Parameter ausgewertet.

Ergebnisse

In den 360 Bodenproben waren insgesamt 537 Regenwürmer (312 juvenile und 225 adulte Individuen) mit einer Gesamtbiomasse von 152 Gramm gefunden worden, wovon die adulten Regenwürmer 16 verschiedenen Arten angehörten (Abb. 3). Es lag dabei eine Ko-Dominanz der erwarteten Grünlandarten Kleiner Ackerwurm (*Allolobophora chlorotica*) und Kleiner Wiesenwurm (*Aporrectodea caliginosa*) vor (Abb. 2). Erwartete Arten, die ebenfalls vorkamen, waren der Große Wiesenwurm (*Aporrectodea longa*) und der Tauwurm (*Lumbricus terrestris*). Es fehlten jedoch typische Grünlandarten wie der Bläuliche Regenwurm (*Octolasion cyaneum*) und der Rote Laubfresser (*Lumbricus rubellus*). Unerwartet kamen die Waldarten Stub-

Abb. 2: Ausgelesener adulter Regenwurm einer für Feuchtwiesen untypischen Art

benwurm (*Dendrobaena octaedra*) und Köcherwurm (*Dendrodrilus rubidus*) sowie die Ackerart Kompostwurm (*Eisenia fetida*) vor.

Die Erfassung abiotischer Faktoren zeigte, dass die durchschnittliche Bodenfeuchte bei knapp 13 Prozent und der durchschnittliche Bodenwiderstand bei 0,32 kN lag. Die durchschnittlich gemessene Temperatur lag bei 13 °C. Es waren keine Korrelationen zwischen den verschiedenen Nutzungen, den abiotischen Faktoren und der Verteilung der Regenwurmvorkommen festzustellen.

Diskussion

Mit ca. 24 erfassten Regenwürmern pro Quadratmeter wurde eine deutlich geringere Anzahl im Vergleich zu einem durchschnittlichen Grünlandboden mit ca. 150 Regenwürmern pro Quadratmeter gefunden.[5] Dem geringen Vorkommen entsprechend lag auch das durchschnittliche Gewicht der erfassten Regenwürmer mit 6,88 Gramm pro Quadratmeter deutlich unter dem durchschnittlichen Gewicht von ca. 190 Gramm pro Quadratmeter.[6] Das Verhältnis juveniler und adulter Regenwürmer, das knapp 60:40 betrug, entsprach den Erwartungen. Es befanden sich viele Regenwürmer zum Zeitpunkt ihres Fundes im Rahmen der Auslese im Ruhestadium, das auch als Anpassungsreaktion an Trockenheit gilt.[7]

Damit wäre es möglich, die geringen Abundanzen und Biomassen auf die trockenen Bedingungen während des Untersuchungszeitraums zurückzuführen, unter denen viele Regenwurmarten nur schlecht bestehen können.

Mit 16 nachgewiesen Regenwurmarten ist das Untersuchungsgebiet als artenreich einzuordnen.[8] Positive Effekte der Beweidung (Erhöhung des Nahrungsangebots für Regenwürmer durch den Dung) und negative Effekte (direkte Tötung durch Tritt, indirekte Schädigung durch Erschütterung, Bodenverdichtung) auf einzelne Arten hoben sich möglicherweise auf. Allerdings schufen sie insgesamt eine unerwartet hohe Artenvielfalt und die Versorgung mit organischer Substanz bewirkte das Vorkommen Grünland-untypischer Regenwurmarten.[9]

Aufgrund der geringen Anpassungsfähigkeit vieler Regenwurmarten an Trockenheit wird sich im Zuge des Klimawandels ihre Bestandssituation sehr wahrscheinlich verschlechtern und infolgedessen auch die Nahrungsversorgung der Wiesenlimikolen, wenn keine Maßnahmen zur Verbesserung der Wasserversorgung während Trockenperioden erfolgen.

Im Rahmen der Bachelorarbeit konnten ausschließlich Daten eines sehr trockenen Jahres ausgewertet werden. Eine langfristige Betrachtung über mehrere Saisons und über den Jahresverlauf hinweg könnte mehr Aufschluss über Zusammenhänge zwischen den Regenwurmpopulationen und den verschiedenen Nutzungen sowie abiotischen Faktoren geben.

AN INVESTIGATION OF THE SPECIES SPECTRUM OF EARTHWORMS – AS FOOD SUPPLY FOR WADER BIRDS IN WET GRASSLANDS

The investigation was carried out in the Niedervieland (Bremen, Germany).

In order to assess the effects of climate change on wader birds, it is necessary to know the availability of their food supply. This study examined the occurrence, biomass and species spectrum of earthworms by soil sampling, related to abiotic conditions and land uses. 537 earthworms were detected in a total of 360 soil samples. 16 different species were found, including both expected and unexpected species. This can be attributed to the nutrient supply through grazing. The drought in 2018 probably led to low abundances and biomasses compared to other studies. Due to the low adaptability of earthworms to drought, their population will most likely decrease during climate change.

Deutsche Bezeichnung	Wissenschaftliche Bezeichnung	Anzahl nachgewiesener Individuen	Rote-Liste-Status
Kleiner Ackerwurm	Allolobophora chlorotica (SAVIGNY 1826)	37	ungefährdet
Kleiner Wiesenwurm	Aporrectodea caliginosa (SAVIGNY 1826)	58	ungefährdet
–	Aporrectodea culupifera (TÉTRY 1937)	9	Daten unzureichend
–	Aporrectodea icterica (SAVIGNY 1826)	3	Gef. unb. Ausmaßes
–	Aporrectodea limicola (MICHAELSEN 1890)	27	Gef. unb. Ausmaßes
Großer Wiesenwurm	Aporrectodea longa (UDE 1885)	17	ungefährdet
Schleimwurm	Aporrectodea rosea (SAVIGNY 1826)	4	ungefährdet
–	Dendrobaena attemsi (MICHAELSEN 1903)	7	ungefährdet
Stubbenwurm	Dendrobaena octaedra (SAVIGNY 1826)	14	ungefährdet
Köcherwurm	Dendrodrilus rubidus (SAVIGNY 1826)	6	ungefährdet
Kompostwurm	Eisenia fetida (SAVIGNY 1826)	5	nicht bewertet
–	Eiseniella tetraedra (SAVIGNY 1826)	2	ungefährdet
Brauner Laubfresser	Lumbricus castaneus (SAVIGNY 1826)	4	ungefährdet
–	Lumbricus friendi (COGNETTI 1904)	4	ungefährdet
Tauwurm	Lumbricus terrestris (LINNAEUS 1758)	14	ungefährdet
Großer Ackerwurm	Octolasion tyrtraeum (SAVIGNY 1826)	8	ungefährdet

Abb. 3: Artenliste der nachgewiesenen Regenwurmvorkommen im Untersuchungsgebiet

1 Tresch, Simon/Pfiffner, Lukas: „Regenwürmer. Baumeister der Bodenfruchtbarkeit". In: Bioaktuell 184. Basel 2017, S. 18 f.
2 Bieri, Markus/Cuendet, Gérard: „Die Regenwürmer, eine wichtige Komponente von Ökosystemen". In: Schweiz. Landw. Fo., Recherche agronom. en Suisse 28. Zürich 1989, S. 81–96
3 Walter, Roswitha u. a.: „Die Leistungen der Regenwürmer trotz Klimawandel erhalten". In: Bayerische Landesanstalt für Landwirtschaft (Hg.): Landwirtschaft im Klimawandel. Lösungen, die Geld sparen. Freising 2017, S. 31–44
4 Kompensationsflächenmanagement im Klimawandel. Anpassungsmaßnahmen im Bremer Feuchtgrünland zum Erhalt von Ökosystemleistungen und Empfehlungen für die Eingriffsregelung. Klimabedingte Anforderungen und Ökologische Effizienzforschung; www.umwelt.uni-hannover.de/kompensationsflaechenmanagement
5 Pfiffner, Lukas: Merkblatt Regenwürmer. Frick 2013, S. 6
6 ebenda
7 Topp, Werner: Biologie der Bodenorganismen. Heidelberg 1981, S. 52
8 Bauchenß, Johannes: „Regenwürmer als Bioindikatoren. Bodenzoologische Untersuchungen auf BDF". In: Umweltbundesamt (Hg.): Bodenbiologische Bewertung von Boden-Dauerbeobachtungsflächen (BDF) anhand von Lumbriciden. Dessau-Roßlau 1996, S. 18
9 Ittner, Sophie/Zeitz, Jutta/Drexler, Sophie: Auswirkung der Weideintensität auf bodenphysikalische und -chemische Parameter und Vegetation. Göttingen 2017, S. 26

LARISSA THIEMIG
Bachelorthesis
Betreuung: Prof. Dr. Michael Reich, Christina Weiß
Naturschutz und Landschaftsökologie

OPTIMIERUNGS-KONZEPT FÜR DAS RAAKMOOR

INGENIEURBIOLOGISCHE LÖSUNGEN Der stetige Verlust an Biodiversität erfordert Handlungen seitens der Landschaftsplanung zum Schutz und zur Erhaltung von bedrohten Arten sowie zur Wiederherstellung natürlicher Lebensräume. Letzteres ist auch definiert als Renaturierung und erfordert bestimmte Maßnahmen. Das Ökosystem Moor stellt einen Lebensraum dar, der aufgrund seiner extremen Standortbedingungen eine spezielle Anpassung der Vegetation erfordert. Dort herrschen eine dauerhafte Wassersättigung der Böden und teilweise sehr nährstoffarme Bedingungen vor. Einst stellten weite Moorflächen ein charakteristisches Element der norddeutschen Landschaft dar. Heutzutage ist jedoch durch weitreichende menschliche Eingriffe wie die Anlage von Entwässerungssystemen (Gräben) ein Großteil der Moore zerstört. Viele der typischen Moorpflanzen gelten daher als gefährdet. Die Ingenieurbiologie ist eine Disziplin des allgemeinen Bauwesens, wobei meist eine Kombination lebender und nicht lebender Baustoffe zum Einsatz kommt. So wird auf umweltgerechte und nachhaltige Weise die Funktionsfähigkeit des Naturhaushalts gesichert bzw. Landschaften entwickelt. Eine Auswahl der klassischen ingenieurbiologischen Bauweisen lassen sich auch in vorhandenen Entwässerungsgräben in Mooren zu deren Anstau verwenden. Dabei erhöhen die Bauwerke die Rauigkeit im Gewässerprofil, es entsteht also ein natürlicher Fließwiderstand. Dieser verhindert den direkten Abfluss des Wassers und führt es den umliegenden Flächen zu.

Das Naturschutzgebiet Raakmoor

Das Naturschutzgebiet Raakmoor ist ein Fragment eines ehemaligen Moorkomplexes im Norden Hamburgs. Seit den 1930er Jahren prägen menschliche Eingriffe das Raakmoor. Damals wurde im Gebiet ein Entwässerungsgraben angelegt, um Teile landwirtschaftlich nutzen und aufforsten zu können. Aktuell bestehen im Gebiet große Laubwaldflächen, zwei verbliebene moortypische Bereiche, die ein wertvolles Spektrum an Pflanzenarten aufweisen, sowie in den Übergangsbereichen Röhrichte und Bruchwälder.

Vorgehen

Die Masterarbeit betrachtet ein Teilgebiet (Fokusgebiet) des Raakmoors, das zwischen den Moorbereichen liegt. Das durch einen Graben geteilt Gebiet soll renaturiert werden (Abb. 1). In dem Graben waren fünf Jahre zuvor drei technische Kippwehre verbaut worden (Abb. 3). Zur Entwicklung des Konzepts wurde nun zunächst eine Zustandsanalyse durchgeführt, zu der vor allem eine Bestandsaufnahme der Vegetation gehörte. Der nächste Schritt bestand in einer Standortanalyse mithilfe der Zeigerwerte der Pflanzen nach Ellenberg.[1] Aufgrund der speziellen Anforderung von Moorpflanzen wurden hierbei die Feuchte-, Licht-, Stickstoff- und Reaktionszahlen betrachtet. Auf der Grundlage der Vegetationsausprägungen sowie der geschlussfolgerten Standortverhältnisse schloss sich eine Kartierung der Biotoptypen gemäß des Hamburger Kartierschlüssels an. Basierend auf dem heutigen Zustand der Standorte ließen sich Renaturierungsziele festlegen und die entsprechenden Potenzialräume ermitteln. Daraufhin erfolgte die Konzeption der geeigneten Maßnahmen. Dabei wurde auf bewährte Verfahren zur Moorrenaturierung zurückgegriffen und diese mit Bauweisen der Ingenieurbiologie kombiniert.

Ergebnisse

Der betrachtete Bereich des Raakmoors weist Potenzial zur Entwicklung von Moorbiotopen und standortgerechter Gehölzvegetation auf (Abb. 2). Die Wirksamkeit der vorhandenen Kippwehre ist jedoch hinsichtlich der weiteren Vernässung und Förderung der Moorbiotope bereits erschöpft. Da zur Wiederherstellung der natürlichen Verhältnisse und somit der ursprünglichen Vegetationsausprägungen der Wasserhaushalt vor allem stabilisiert werden muss, ist im Raakmoor die Kammerung und anschließende Verfüllung des vorhandenen Entwässerungsgrabens empfehlenswert. Ist ein Graben vollständig verfüllt, so vereinheitlicht dies die Grundwasserstände und verringert ihre Schwankungen. Eine Grabenverfüllung mit natürlichen Moorböden entspräche – hydrologisch gesehen – der optimalen Materialwahl. Da diese Böden in den meisten Gebieten nicht mehr vorhanden sind, gab es vielfache Tests für Alternativen. Hackschnitzel sind

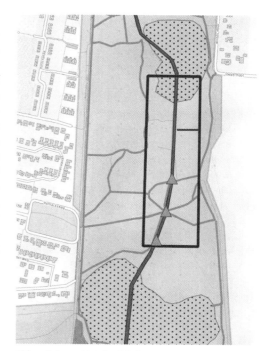

Abb. 1: Fokusgebiet der Arbeit

Biotyp

▀ Standortgerechtes Biotop (gehölzfrei)
▀ Standortgerechtes Biotop (Wald)
▒ Standortfremdes Biotop (Wald)

Potenzialraum

⊠ Standortgerechtes Biotop (gehölzfrei)
⊠ Standortgerechtes Biotop (Wald)

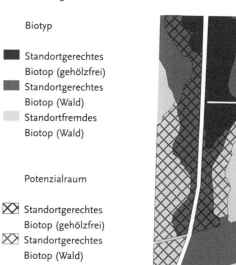

Abb. 2: Renaturierungspotenzial im untersuchten Gebiet

durch ihre organischen Eigenschaften geeignet. Ihre Aufschwemmfähigkeit sorgt für einen guten Grabenverschluss und das Herabsetzen der Fließgeschwindigkeit im Graben ermöglicht einen kapillaren Anstieg des Wasserspiegels. Damit eine Festlegung der Grabenverfüllung gewährleistet ist, ist der Graben mit zusätzlichen Sperren zu kammern. Bei diesen Sperren kommt es nicht auf die vollkommene Abdichtung, sondern auf die Erhöhung des Strömungswiderstands an. Zur Kammerung eines Grabens bietet sich als ingenieurbiologische Bauweise die Anlage von Faschinen an (Abb. 4). Dabei handelt es sich um sogenannte Packwerke aus Gehölzmaterial wie Reisig und Astwerk, die abwechselnd mit Bodenmaterial in das Gewässerbett geschichtet werden. Die leichte Durchlässigkeit der Faschinen verhindert einen Überstau. Dieser würde vor allem den vorhandenen empfindlichen Moorbiotopen schaden, indem sie überschwemmt würden. Wenn der Graben verfüllt ist, sollte eine ingenieurbiologische Sicherung mithilfe einer Initialbepflanzung mit Wurzelstecklingen bzw. vorgezogenen Pflanzmatten erfolgen. Ziel ist die Generierung einer Vegetationsdecke, die als lebendes System mit geringem Unterhaltungsaufwand bestehen bleibt. Die Verwurzelung mit dem Decksubstrat schützt die Grabenverfüllung vor oberirdischer Erosion. Zudem erhöht der schnelle Angleich an die umgebende Landschaft die Akzeptanz der Maßnahme. Pflanzenwahl und Ausbringungsweise orientieren sich kleinräumig am Standort sowie an der aktuellen und angestrebten Vegetation.

Ausblick

Bei der Realisierung dieser Maßnahmen ist von einer erfolgreichen Renaturierung auszugehen. Mithilfe des anstehenden Wasserspiegels lassen sich die Entwicklung der Moorlebensräume und die Ausbreitung der bereits vorkommenden typischen Moorarten fördern. Äußere Einflüsse wie der Klimawandel und die Eutrophierung der Landschaft bedeuten dabei Planungsunsicherheiten, die sich nur bedingt kalkulieren und in die Konzeption integrieren lassen. Daher ist eine Erfolgskontrolle nach der Renaturierung und gegebenenfalls das Ergreifen von weiteren Maßnahmen notwendig.

A CONCEPT TO OPTIMISE THE RAAKMOOR CONSERVATION AREA – BIOLOGICAL ENGINEERING APPROACHES This work deals with the optimisation of the Raakmoor nature reserve, which is a fragment of a former bog complex in the north of Hamburg. In order to develop the concept, vegetation inventories were first created. This was followed by an assignment and mapping of biotope types. Based on this, renaturation targets were defined, and the corresponding potential areas were determined. Then the appropriate measures were drafted. Proven methods for bog renaturation were used and combined with bioengineering construction methods. The Raakmoor shows potential for the development of bog biotopes. In order to promote this, a combination and backfilling of ditches with subsequent initial planting was designed. Thus, the development of moor habitats and the spread of the occurring typical moor species can be promoted by an increasing water level.

Abb. 3: Ein Kippwehr im betrachteten Grabenabschnitt

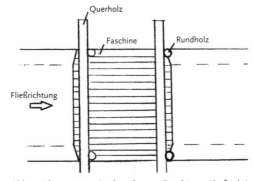

Abb. 4: Skizze eines Packwerks aus Faschinen (Aufsicht)

1 Ellenberg, Heinz: „Zeigerwerte der Gefäßpflanzen (ohne Rubus)". In: Ellenberg, Heinz u.a. (Hg.): *Zeigerwerte von Pflanzen in Mitteleuropa*. 3. Auflage, Göttingen 2001, S. 9–166

TOMKE VAN HOVE
Masterthesis
Betreuung: Prof. Dr. Eva Hacker, Svenja Wolf
Ingenieurbiologie

NACHHALTIGER CAMPUS 2050: KONSENS SUCHEN

Seit die Debatte um den globalen Klimaschutz erneut verstärkte Aufmerksamkeit bekommt, ist es auch für die Leibniz Universität Hannover von hoher Relevanz, ein lokales, zukunftsfähiges Konzept für einen Nachhaltigen Campus 2050 zu entwickeln. Das Projekt wurde im Rahmen der International Geodesign Collaboration (IGC) durchgeführt, auf deren Plattform die Ergebnisse von 130 Universitäten international vergleichbar sind. Die Arbeit beschäftigt sich mit der Konzeption von drei möglichen Szenarien für den gesamten Campus und insbesondere der Verbindung zwischen den Standorten Garbsen und der Nordstadt. Die Szenarien sehen für den Zeitraum von 2020 über 2035 bis 2050 verschiedene Projektideen zur klimaneutralen Gestaltung des dezentral angeordneten Campus vor. Dabei sind die Projektideen jeweils auf zehn Themen, genannt Systeme, wie Transport, grüne Infrastruktur oder Kohlenstoffbindung bezogen. Im Rahmen eines Workshops konnten verschiedene Akteure die Ideen diskutieren und ein Konsens bilden.

Methodik

Zur Entwicklung eines Konzepts für einen Nachhaltigen Campus 2050 arbeitete die Projektgruppe mit dem webbasierten Programm Geodesignhub. Während eines interaktiven Workshops wurden Input, raumbezogene Evaluationen und Prognosen eingesetzt, um einen Konsens zwischen den Teilnehmenden zu bilden. Das Untersuchungsgebiet war auf einen 10 × 10 Kilometer großen und alle Unistandorte umfassenden Bereich festgelegt. Für diesen ließen sich zehn entscheidende Systeme definieren und evaluieren. Auf Grundlage von Geodaten wurde jedes System modelliert und Evaluationskarten erstellt. Diese zeigen, wo die Zielsetzung des Systems bereits erfüllt wird, wo sie ungeeignet oder für Verbesserungen geeignet ist.

Systeme und deren Ziele für den Campus 2050

- Wasserinfrastruktur (WAT): Retentionsflächen sollen bei Starkregenereignissen als temporäre Speicher dienen, während HQ100-Überschwemmungsbereiche gesetzlich geschützt werden müssen.

Der gesamte Überschwemmungsbereich ist von jeglicher Bebauung freizuhalten.

- Landwirtschaft (AGR): Ziel ist es, neue Formen der extensiven Landwirtschaft in der Nähe des Campus zu schaffen und gleichzeitig intensiv genutzte Flächen in extensiv genutzte umzuwandeln. Die Umwandlung von Grünflächen in neue landwirtschaftliche Flächen soll vermieden werden.
- Grüne Infrastruktur (GRN): Der LUH-Campus lässt sich in einen Biodiversität-„Hot-Spot" umwandeln.

Eine Chance zur Erhöhung der Biodiversität liegt in bereits bestehenden Strukturen und der Schaffung neuer grüner Strukturen.

- Energie-Infrastruktur (ENE): Ziel ist es, 70 Prozent des jährlichen Strombedarfs der LUH (ca. 48,5 Mio. kWh/a) durch Photovoltaikanlagen zu erzeugen, vorzugsweise mithilfe einer Kombination von Photovoltaik und Gründächern.
- Transport (TRAN): Eine schnelle, emissionsarme Verbindung zwischen Garbsen und Hauptcampus

Abb. 1: Überblick der Vision für einen nachhaltigen LUH-Campus mit den vorgeschlagenen Projekten (einfarbig) und *Policies* (schraffiert)

ist notwendig. Neue, innovative Transportmöglichkeiten mit niedriger CO2-Emission helfen dabei, den motorisierten Individualverkehr zu reduzieren.

- Industrie (IND): Funktionsfähige Forschungscluster mit Kooperationen zwischen LUH und lokalen Firmen können Netzwerke, geprägt durch kurze Wege, Kommunikation und einen gemeinsamen Knowledge-Pool, bilden.
- Institutionen (INST): Die Erweiterung der Universität soll zur Verbesserung der Konnektivität zwischen Garbsen und dem Hauptcampus beitragen. Gleichzeitig lässt sich der Flächen- und Energieverbrauch reduzieren.
- Wohngebiete (RES): Nötig sind neue Wohnanlagen für Studierende, die auch durch Umnutzung von Leerständen entstehen können. Mehrgenerationen-Wohnprojekte oder nachhaltige Wohnprojekte erhöhen das Angebot für die Studierenden.
- Kohlenstoffsicherung (CARB): Mehr Bäume auf Freiflächen und tragfähigen Dächern können dazu beitragen, den Anteil von CO2 in der Atmosphäre zu verringern.
- Fahrradmobilität (BIKE): Um die Verbindung der Standorte zu stärken, muss die Radverbindung zwischen Garbsen und Hauptcampus verbessert werden. Der Ausbau des Radwegenetzes in Hannover steigert die Attraktivität, die Sicherheit und den Komfort des Radfahrens in Hannover.

Mit den Evaluationskarten als Grundlage und ausführlichen Recherchen zu den jeweiligen Systemen wurden Projektideen formuliert (Abb. 2) und vorläufig verortet. Im nächsten Schritt fand ein erster Geodesign-Workshop mit allen Projektteilnehmenden statt. Dieser bot die Möglichkeit, die Projektideen zu diskutieren und ein gemeinsames Design zu entwickeln (Abb. 1). Aus diesem Ergebnis wurden drei Szenarien erstellt, die ausgewählten Projektideen aufgearbeitet und bei der IGC eingereicht. In einem zweiten Geodesign-Workshop (Abb. 3 und 4) haben vier Akteure – Studierende aus Garbsen und am Hauptcampus, Angehörige der Univerwaltung und eines Umweltverbands – Designs entwickelt und verhandelt. So wurde am Ende ein Konsens der Akteure gefunden und ein finales Design erstellt.

SUSTAINABLE CAMPUS 2050: BUILDING A CONSENSUS

Since the debate on global climate change has received growing attention, it is important for the Leibniz University to develop a local, long-term concept for a "Sustainable Campus 2050". The project was conducted within the framework of the International Geodesign Collaboration, on whose platform the results of 130 international universities are comparable. The project created three possible scenarios for the entire campus and the connection between the Garbsen and Nordstadt locations in particular. The scenarios for the period from 2020 to 2035 to 2050 present different project ideas for the climate-neutral design of the decentralised campus. The project ideas are related to various systems. During a workshop, the ideas were discussed by different stakeholders and a collective consensus was built.

Water infrastructure
- Transformation of Welfengarten into a Sponge Park
- Roof greening for higher evaporation rate
- Water retention to collect rainwater for each campus

Agriculture
- Urban agriculture project
- Creation of new grassland
- University canteens mainly use locally grown vegetables

Green infrastructure
- Wilderness areas within the campus
- Increase wilderness areas in Georgengarten
- Unseal 3 % of campus areas to create green spaces

Energy infrastructure
- PV systems on every suitable roof of Garbsen campus
- PV systems on flat roofs of Herrenhausen campus, combined with roof greening
- PV systems on every suitable roof of LUH Schneiderberg campus

Transport
- New tram stop, Line 4
- Climate-friendly vehicle fleet for the university
- Electric vehicles for local public transport

Industry
- Innovation hub
- Network cooperation
- Public transport pass for company employees

Institutions
- Renovate existing building and increase their energy efficiency
- Involve students and staff to lower energy consumption and teach best practices
- Use empty buildings to create new campuses between the existing ones

Residential areas
- Enhance use of Studentenwerk's room search platform
- Linden: convert and reuse empty buildings/apartments for students
- Limmer: convert and reuse empty buildings for students

Carbon storage
- Priority areas for no-till agriculture in Lenthe
- Planting of trees on LUH campus
- Lectures on carbon sequestration

Cycling mobility
- Bicycle Highway
- Car-free city centre in Hanover
- Improve crossings: Königswortherplatz and Friederikenplatz

Abb. 2: Auflistung der wichtigsten Projekte und Ideen zu den jeweiligen Systemen

Abb. 3: Workshop am 3. März 2020

Abb. 4: Teilnehmende des Workshops am 3. März 2020

FINJA BRAND, IMKE DEMITZ, GÉRÔME HENRIOT, HSIN-JU HUANG, ANTONIA KACHEL, SÖREN KIEFERT, MAREEN SCHLÄTEL, LARISSA THIEMIG
Masterprojekt
Betreuung: Dr. Bartlett Warren-Kretzschmar
Landschaftsplanung und Ökosystemleistungen

URBANE GEMEINSCHAFTS-GARTENPROJEKTE

ZWISCHEN SELBSTSTEUERUNG UND KOMMUNALER EINFLUSSNAHME

In selbstgebauten Holzkisten und ausrangierten Bigbags bauen Menschen Karotten, Mangold oder blütenreiche Stauden an – und das mitten in der Großstadt, auf Brachflächen, in Stadtparks oder am Straßenrand. Gemeinschaftsgärten sind in ihrer Gestaltung sehr unterschiedlich, weisen aber charakteristische Gemeinsamkeiten auf: Sie werden von einer Gruppe von Menschen gemeinsam und freiwillig geschaffen, betrieben und gepflegt. Urbane Gemeinschaftsgärten sind zudem dadurch gekennzeichnet, dass sie – zumindest temporär – einer allgemeinen Öffentlichkeit zur Verfügung stehen.[1] Das urbane Gärtnern im Kollektiv wird dabei oftmals als Alternative zum klassischen konservativen und überregulierten Kleingarten-Gärtnern angesehen.[2] Durch das gemeinschaftliche Gärtnern auf meist städtischen Flächen greifen die BürgerInnen in das Aufgabenspektrum der jeweiligen Stadtverwaltung ein, indem sie dort gestalterische und pflegerische Tätigkeiten durchführen.

Die neuen Gartenformen gelten deshalb als Gegenentwurf zu gängigen kommerziellen und dominanten Praktiken der Stadtgestaltung. Im Kontext urbaner Gemeinschaftsgärten treffen unterschiedliche AkteurInnen aufeinander, um die Nutzung und Gestaltung städtischer Räume auszuhandeln. Grundsätzlich lässt sich dabei zwischen zivilgesellschaftlichen und politisch-administrativen AkteurInnen unterscheiden, die im Handlungsfeld urbaner Gemeinschaftsgartenprojekte unterschiedliche Rollen einnehmen.

Welche Governance-Arrangements im Kontext urbaner Gemeinschaftsgartenprojekte können identifiziert werden und wie stellen sich diese dar? Unter Governance-Arrangement wird dabei die Art und Weise verstanden, wie beteiligte AkteurInnen die gemeinsame Angelegenheit regeln. Anhand von vier Gemeinschaftsgartenprojekten aus den Städten Hannover und Leipzig wurden sowohl die projektinterne Governance (insbesondere Rollenverteilung und Organisationsform) als auch die Art und Weise des Zusammenwirkens beteiligter AkteurInnen untersucht und analysiert.

Interne Organisation von Gemeinschaftsgärten

Gemeinschaftsgartenprojekte unterscheiden sich hinsichtlich ihrer rechtlichen Organisationsform und der internen Organisationsstrukturen. So gründen einige Garteninitiativen einen projektbezogenen Verein oder sind im Rahmen eines Trägervereins organisiert, andere Gartenprojekte bestehen als lose Gruppierung.

In Bezug auf die internen Organisationsstrukturen der untersuchten Gemeinschaftsgärten konnte für die untersuchten Fallbeispiele ein gewisser „Graswurzel-Ansatz" festgestellt werden, das heißt, die Gemeinschaftsgärten sind durch eine große zivilgesellschaftliche Initiativkraft entstanden. Zudem zeigte sich, dass ein hohes Maß an Selbstorganisation und ehrenamtlicher Arbeit von den GärtnerInnen nötig ist, um das jeweilige Gartenprojekt langfristig zu erhalten. In Bezug auf die interne Governance der untersuchten Gemeinschaftsgärten ließ sich eine insgesamt nicht hierarchische Koordination kollektiver Handlungen

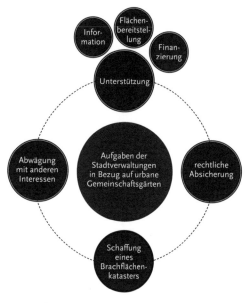

=== Stadtverwaltung Hannover und Leipzig
— Stadtverwaltung Leipzig

Abb. 1: Aufgaben, die eine Stadtverwaltung in Bezug auf urbane Gemeinschaftsgärten übernimmt

identifizieren, die im Wesentlichen auf den Prinzipien der Freiwilligkeit, Offenheit und Basisdemokratie beruhen. Die Unverbindlichkeit des Ehrenamts und die teilweise hohe Fluktuation der GärtnerInnen stellen jedoch die Garteninitiativen vor die Herausforderung, langfristige und stabile Strukturen zu etablieren.

Zur Rolle der Stadtverwaltung

Die Schnittstellen zwischen urbanen Gemeinschaftsgärten und der Stadtverwaltung liegen primär in der Flächenbereitstellung und der finanziellen Förderung der Gartenprojekte. In allen Fallbeispielen tritt die Stadtverwaltung als Institution weniger als treibende Kraft zur Initiierung der Gemeinschaftsgärten auf, sondern vielmehr als „Ermöglicherin" solcher Gartenprojekte. Die Stadtverwaltung beschränkt sich dabei auf ihre Funktion als flächenverwaltende Behörde und unterstützt Garteninitiativen dann, wenn die Ziele und Vorstellungen der GartenakteurInnen mit denen der VerwaltungsakteurInnen übereinstimmen. Grundsätzlich wird das gemeinschaftsgärtnerische Engagement wertgeschätzt, wenn es zur Stärkung sozialer, ökologischer oder ästhetischer Aspekte beiträgt. Aufgaben, die die Stadtverwaltungen im Kontext urbaner Gemeinschaftsgartenprojekte übernehmen, sind neben der Unterstützung durch Fördergelder und die Bereitstellung von städtischen Flächen auch die rechtliche Absicherung der Gartenprojekte durch das Abschließen von Pacht- und Nutzungsverträgen. Die Stadt Leipzig führt zudem ein Brachflächenkataster, das interessierten Personen frei zugänglich ist und bei der Suche nach potenziellen Gartenflächen unterstützt.

Einflussnahme der Stadtverwaltung

Der Einfluss politisch-administrativer AkteurInnen auf die Ausgestaltung urbaner Gartenprojekte zeigt sich insbesondere dann, wenn über die Inanspruchnahme öffentlicher Grünflächen und Grundstücke verhandelt wird. Kooperationen zwischen VerwaltungsakteurInnen und Garteninitiativen werden durch Nutzungs- bzw. Gestattungsverträgen reguliert und gesichert. Damit einhergehend müssen die Garteninitiativen bestimmte Forderungen der Stadtverwaltung erfüllen und die Rechte und Pflichten der Nutzenden müssen vertraglich festgehalten sein. Über die Art des Vertragsverhältnisses und der Vertragslaufzeiten entscheidet sich auch die strukturelle Sicherheit bzw. Unsicherheit der Gartenprojekte. Eine indirekte Einflussnahme auf die rechtliche Organisationsform der Gartenprojekte „von außen" findet dann statt, wenn die städtische Seite mit finanziellen oder materiellen Mitteln fördert. Denn solche Zuwendungen sind an eine (gemeinnützige) Vereinsform der Gartenprojekte geknüpft. Dies begründet sich darin, dass VerwaltungsakteurInnen sogenannte Haftungsorgane, also verantwortliche Ansprechpersonen benötigen, um beispielsweise Nutzungsgenehmigungen auszusprechen und sicherzugehen, dass eine Gemeinschaft und nicht eine Privatperson von einer Förderung profitiert.

Governance With / Without Government

Ein direkter regulierender Einfluss von außen ist in keinem der untersuchten Gartenprojekte vorhanden.

Da also staatliche bzw. öffentliche AkteurInnen an der internen Regulierung der Projekte unbeteiligt sind und sich die Garteninitiativen selbstverwalten, lässt sich in Bezug auf die projektinterne Governance von „Governance Without Government" sprechen. Dennoch ist trotz einer weitgehend autonomen und unabhängigen Organisation und Regulierung der Gartenprojekte insgesamt eine kooperative Haltung von Seiten der GartenakteurInnen festzustellen. Oppositionelle oder widerständige Einstellungen gegenüber politisch-administrativen AkteurInnen sind nicht erkennbar. Die Kooperationsbereitschaft der Garteninitiativen basiert auf formeller Ebene auf der Flächenbereitstellung und der finanziellen Unterstützung. Da hierbei Aushandlungsprozesse zwischen zivilgesellschaftlichen und politisch-administrativen AkteurInnen stattfinden, lässt sich von einer Governance-Struktur im Sinne von „Governance With Government" sprechen. Unter Verwendung der Governance-Perspektive konnte gezeigt

werden, dass Gartengemeinschaften ohne direkte Beteiligung staatlicher AkteurInnen handlungsfähig sind und sein wollen. Über die Organisationsgrenzen der Gartengemeinschaften hinaus werden kooperative Verhandlungen zwischen verschiedenen AkteurInnen geführt. Urbane Gemeinschaftsgartenprojekte stellen demnach ein Handlungsfeld dar, innerhalb dessen verschiedenartige Governance-Arrangements identifizierbar sind und letztlich auch neue Governance-Strukturen entstehen können.

URBAN COMMUNITY GARDEN PROJECTS – BETWEEN SELF-GOVERNANCE AND PUBLIC INFLUENCE Urban community gardens are urban open spaces that are designed and operated according to the ideas and regulations of committed citizens. Using case studies, governance arrangements of urban community garden projects were identified. Both the project's internal governance and the way in which civil society and political-administrative actors interact were examined. It became clear that internal regulations are largely determined by the active gardeners themselves. There is no direct regulatory influence 'from outside', which is why we can speak of 'governance without government'. Nevertheless, there are negotiation processes and co-operations between civil society and political-administrative actors, especially when urban areas or financial support are claimed. Such cooperation has been identified as 'governance with government'.

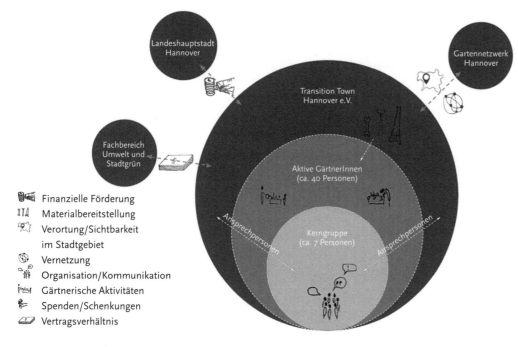

Finanzielle Förderung
Materialbereitstellung
Verortung/Sichtbarkeit im Stadtgebiet
Vernetzung
Organisation/Kommunikation
Gärtnerische Aktivitäten
Spenden/Schenkungen
Vertragsverhältnis

Abb. 2: Gemeinschaftsgarten Pagalino in Hannover: externe und interne AkteurInnen und deren Rollenverteilung im Gartenprojekt

1 Rosol, Marit: *Gemeinschaftsgärten in Berlin. Eine qualitative Untersuchung zu Potenzialen und Risiken bürgerschaftlichen Engagements im Grünflächenbereich vor dem Hintergrund des Wandels von Staat und Planung.* Dissertation, Humboldt-Universität Berlin 2006, S. 7

2 Fox-Kämper, Runrid / Sondermann, Martin: „Allotment Gardens in Germany. A National Report and Typology." In: Keshavarz, Nazila / Fox-Kämper, Runrid (Hg.): *Urban Allotment Gardens in European Cities. Future, Challenges and Lessons Learned.* Lissabon 2014, S. 56–66

ANNE BENNING
Masterthesis
Betreuung: Prof. Dr. Rainer Danielzyk, Lena Greinke
Raumordnung und Regionalentwicklung

EIN PLANSPIEL IM EILVERFAHREN

UMWELTVERTRÄGLICHKEITSPRÜFUNG ZUM RAUMORDNUNGSVERFAHREN DER ICE-NEUBAUSTRECKE HANNOVER–BIELEFELD

Die Bundesregierung hat im Jahr 2016 ihre langfristigen raumbedeutsamen Ziele und Maßnahmen für den Personen- und Güterverkehr im Bundesverkehrswegeplan 2030 gebündelt.[1] Um den steigenden Bedarf an Schienenverkehr besser koordinieren zu können, soll der Deutschland-Takt eingeführt werden mit dem Ziel, verkürzte Reisezeiten und optimierte Gütertransporte zu ermöglichen.

Im Bundesverkehrswegeplan 2030 wird das Projekt Ausbaustrecke (ABS)/Neubaustrecke (NBS) Hannover–Bielefeld im Abschnitt Hannover–Löhne (2-016-V01) mit einer hohen Raumwirksamkeit auf die umliegenden Landkreise bewertet und mit vordringlichem Bedarf eingestuft.[2] Ziel ist, durch Gleiserweiterungen oder -neubau eine Fahrtzeitverkürzung von 8 Minuten zwischen den Städten Hannover und Bielefeld im Fernverkehr zu erreichen und damit den Plänen zum Deutschland-Takt zu entsprechen. Aufgrund der Bedeutung des Projekts und des potenziell raumwirksamen Effekts ist ein Raumordnungsverfahren (ROV) durchzuführen, um die Vereinbarkeit mit den Zielen der Raumordnung zu prüfen. Integrierter, unselbstständiger Bestandteil eines solchen ROV ist die Umweltverträglichkeitsprüfung (UVP). In der Raumanalyse der UVP wurden in einem vorausgegangen Bachelorprojekt bereits sogenannte relativ konfliktarme Korridore entwickelt (Abb. 1). Dies geschah auf Grundlage der Ermittlung von Raumwiderständen der unterschiedlichen Umweltgüter und -funktionen im definierten Untersuchungsraum. Im Masterprojekt wurde als zweiter Teil der UVP ein vertiefender Variantenvergleich durchgeführt. Ziel auf dieser Planungsebene war es, die aufgestellten Korridore hinsichtlich ihrer Raumwirkungen auf die Schutzgüter nach § 2 Abs. 1 des UVP-Gesetzes zu bewerten, zu vergleichen und eine Vorzugsvariante zu ermitteln. Mögliche Konflikte, beispielsweise die Barrierewirkung der Trasse für Tiere, sollten hierbei frühzeitig erkannt und beschrieben werden, um in den nachfolgenden Planungsverfahren Probleme zu vermeiden.

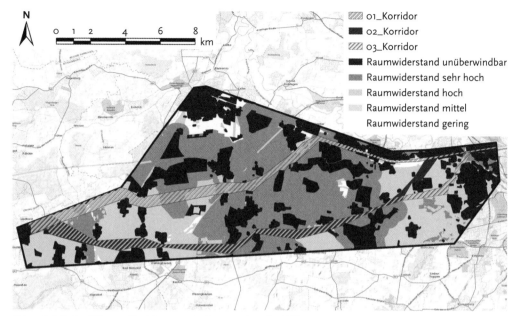

Abb. 1: Relativ konfliktarme Korridore aus der Raumanalyse der UVP[3]

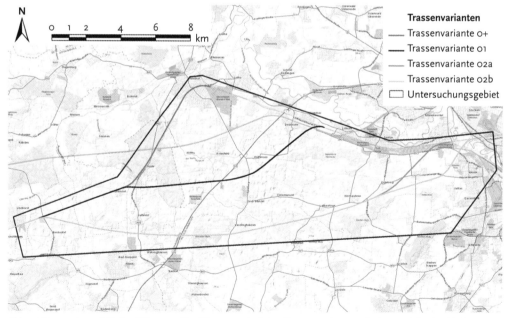

Abb. 2: Die aus den relativ konfliktarmen Korridoren erarbeiteten Trassenvarianten, die im vertiefenden Variantenvergleich der UVP auf ihre Auswirkungen geprüft wurden

Betrachtet wurde nicht das gesamte Bauvorhaben, sondern nur der knapp 30 Kilometer lange Abschnitt der Schienenstrecke Hannover–Herrenhausen Richtung Westen bis Lindhorst im Landkreis Schaumburg. Geprüft wurden die drei erarbeiteten relativ konfliktarmen Korridore (01, 02a und 02b), die Ausbauvariante (0+), bei der zusätzliche Gleise neben der bestehenden Strecke ergänzt würden, sowie die Nullvariante ohne den Aus- oder Neubau als Vergleich (Abb. 2). Für die Erarbeitung des Umweltberichts wurde als Grundlage für die Bewertung der Korridore eine technische Planung für den Bau der Gleisanlagen erarbeitet, um die Wirkungen der einzelnen Trassenverläufe innerhalb der Korridore abschätzen zu können. Zudem wurden eine Biotoptypenkartierung und eine Landschaftsbildbewertung für fehlende Bereiche im Landkreis Schaumburg innerhalb der Korridore durchgeführt.

Eine zusätzliche Verträglichkeitsprüfung nach der Fauna-Flora-Habitat-Richtlinie (FFH-Prüfung) untersuchte die Verträglichkeit der Trassenverläufe mit den festgelegten Erhaltungszielen der im Untersuchungsgebiet liegenden FFH-Gebiete. Zur Vermeidung von Verbotstatbeständen nach § 44 Abs. 1 BNatSchG diente eine artenschutzrechtliche Prüfung. Sowohl die FFH-Prüfung als auch der artenschutzrechtliche Fachbeitrag kamen zu dem Ergebnis, dass nicht von einer erheblichen Beeinträchtigung schutzwürdiger Flora und Fauna auf dieser Planungsebene auszugehen ist. Es wurden darüber hinaus Maßnahmen und Vorgaben erarbeitet, die in der weiteren Planung zu berücksichtigen sind. Insbesondere für die streng geschützten Fledermausarten Bechsteinfledermaus (Myotis bechsteinii) und Großes Mausohr (Myotis myotis) gilt es, Vermeidungsmaßnahmen zu erarbeiten, die vor dem Bau der Trasse umzusetzen sind. Auf Grundlage dieser Vorarbeiten konnten die Umweltauswirkungen auf die Landschaftsfunktionen – 1. Biotopfunktionen (Biotope, Tiere, Schutzgebiete und Biotopverbund), 2. Wohn- und Wohnumfeldfunktion, 3. Wasserdargebots- und Retentionsfunktion, 4. Natürliche Ertragsfunktion, 5. Landschaftserlebnis- und Erholungsfunktion, 6. Kulturfunktion und 7. Bioklimatische Ausgleichsfunktion – beurteilt und beschrieben werden, um eine Vorzugsvariante unter den Korridoren zu bestimmen.

Die Beurteilung der Umweltauswirkungen ergab, dass der Ausbau der vorhandenen Trasse (Variante 0+) von zwei auf vier Gleise die geringsten Umweltauswirkungen auf die betrachteten Landschaftsfunktionen hätte. Eine Umsetzung wäre jedoch nur durch zusätzliche Verminderungs- und Kompensationsmaßnahmen möglich, da immer noch von erheblichen Auswirkungen auf einige Landschaftsfunktionen auszugehen ist. Insbesondere die Landschaftsfunktion Wohn- und Wohnumfeld stellte in allen geprüften Varianten erhebliche Probleme dar, da gesetzlich festgelegte Mindestabstände zu Siedlungsflächen nicht einzuhalten wären. Das würde unter anderem zu einer erhöhten Lärmbelastung führen. Zudem hätten alle Trassenverläufe den Verlust von geschützten § 30-Biotopen zur Folge, der sich teilweise nur durch Ersatz kompensieren ließe. Die Ausbauvariante hätte zwar die aus Umweltsicht geringsten Auswirkungen auf die betrachteten Landschaftsfunktionen, könnte jedoch nicht das Projektziel der Fahrzeitverkürzung von 8 Minuten erfüllen. Die Trassenvarianten 02a und 02b kommen aufgrund ihrer erheblichen Auswirkungen im Vergleich der Varianten nicht in Betracht, weshalb die Neubaustrecke 01 als zweitbeste Variante gewertet wurde. Die Ausarbeitung eines Umweltberichts für die UVP dauert in der Realität mehrere Jahre. Im Sommersemester 2019 wurde sie beispielhaft im Eilverfahren durchgeführt – quasi entsprechend dem neuen Planungs- und Baubeschleunigungsgesetz des Bundes. Veraltete oder uneinheitliche Datengrundlagen und fehlende Planwerke erschwerten dabei die Ausarbeitung. Die Bearbeitung dieser UVP ermöglichte der Projektgruppe aber insgesamt einen anschaulichen Einblick in die Praxis der Umweltplanung. Sie zeigte, dass auch relativ konfliktarme Korridore ein hohes Maß an Konflikten beinhalten können, deren Lösung und Abwägung ein wichtiger Teil der Planungspraxis darstellt.

A BUSINESS GAME IN SUMMARY PROCEEDINGS According to the *Bundesverkehrswegeplan 2030*, for the section of the railway line from Hanover-Herrenhausen to Lindhorst, either an extension of the tracks or the construction of a new line is to be car-

ried out in order to maintain the so-called *Deutschland Takt*. In this master's project, an in-depth comparison of variants within 'relatively low-conflict corridors' was carried out as the second part of the EIA for the RPP of the new ICE railway line from Hannover to Bielefeld. The EIA showed that the extension of the existing route from two to four tracks would have the least environmental impact on the landscape functions under consideration. However, implementation would only be possible through additional reduction and compensation measures, as considerable effects on some landscape functions would still be expected.

1 Bundesministerium für Bau, Verkehr und Stadtentwicklung: *Ergebnisse der Überprüfung der Bedarfspläne für die Bundesschienenwege und die Bundesfernstraßen.* Berlin 2016
2 Projektinformationssystem PRINS: *Bundesverkehrswegeplan 2030 – Projekt 2-016-v01.* www.bvwp-projekte.de/schiene/2-016-v01/2-016-v01.html, 17.8.19
3 Germer, Sophia u.a.: *UVP zum ROV der ABS/NBS N 13. Teil 1: Raumanalyse im Abschnitt Hannover–Herrenhausen–Lindhorst. Raumanalyse Abschnitt Ost. Umweltverträglichkeitsprüfung zum Raumordnungsverfahren der Ausbau- und Neubaustrecke Hannover–Bielefeld.* Projektarbeit am Institut für Umweltplanung, Leibniz Universität Hannover 2019, S. 27

VERA AKIMOVA, JACOB BERNHARDT, MIRIAM GROSS, SARAH GOZDZIK, HSIN-JU HUANG, HANNAH MÜHLBAUER, SIBYLLE RENNER, MARTIN SCHOTE, MAIKE SENNE
Masterprojekt
Betreuung: Dr. Frank Scholles
Raumordnung und Regionalentwicklung

FORSCHUNG
UND LEHRE

Forschung
Promotion
Lehre

OPEN RESEARCH

FORSCHUNGSSCHWERPUNKT DER FAKULTÄT UND FÖRDER-AKTIVITÄTEN Der Forschungs-schwerpunkt „Habitate der Zukunft" wird in einer fakultätsweiten Diskussion und durch den Faculty Research Day am 8. Januar 2020 weiterentwickelt. Gestaltung für das menschliche Lebensumfeld als Leitmotiv soll nicht nur die Stärken der Fakultät für Architektur und Landschaft zielgerichtet bündeln und neue Forschungsfelder erschließen, sondern auch eine deutlichere Sichtbarkeit im nationalen wie internationalen Kontext ermöglichen. Mit einem Set von Fördermaß-nahmen wird Forschung an der Fakultät gestärkt: Die Lunchtime Lectures bieten eine neue Plattform, besonders für den wissenschaftlichen Nachwuchs; die methodischen Kolloquien „Open Research" unterstützen den Austausch von Methoden im „Design Research"; das Forschungsanreizprogramm AULET der Fakultät unterstützt Projekte von Mitarbeitenden zur wissenschaftlichen Weiterqualifizierung.

OPEN RESEARCH – FACULTY RESEARCH FOCUS AND INCENTIVE ACTIVITIES A main activity to develop the common research focus "Future Habitats" this year was the preparation and discussion of a catalogue raisonné of current research projects conducted by the faculty. "Future Habitats" as research focus has been included in the faculty development plan 2019–23. Based on the discussion in the faculty, "Future Habitats" is conceived as a platform for scientific and design research that highlights and triggers innovation and excellence in and between the fields of architecture, urbanism, landscape architecture, environmental planning, and technical education. "Shaping Human Living Space and Environment" is directed towards combining design, research, and planning in enhanced interdisciplinary cooperation that positions the Faculty of Architecture and Landscape Sciences – in itself a broad interdisciplinary constellation – as an actor of research innovation within Leibniz Universität Hannover. "Future Habitats" aims to enhance the research strengths of the faculty towards an internationally leading research profile as a crucial contribution to addressing challenges of climate change. "Future Habitats" is organised in four thematic lines that relate to current research projects and cutting-edge initiatives in the faculty and that highlight main research concepts in the discipline, in interdisciplinary connections, and international collaboration. A strong focus is placed on territorial impact and the collaboration with public institutions, civil society, and economic initiatives in Lower Saxony.

The four thematic lines are defined as:
- Reflexive Design;
- Shaping Transformation;
- Integrated Technologies in Building and Nature;
- Valorisation of Cultural Heritage in Architecture and Landscape.

The aim of discussing the project spectrum – especially with a "Faculty Research Day" on 8 January 2020 – is to point out the excellence of the faculty, which combines in various ways qualitative and quantitative approaches: built on national leadership in funded research, e.g. in planning and technological directions, and on leading European projects in design research. It targets internationally emerging topics and methods in architecture and landscape. Design research is connected to an inspiring and radical variety in research tools, including prototyping, exhibitions, actions involving people and places. The interrelation between scientific and artistic methods is a fundamental characteristic of the faculty.

A set of incentive activities aims at fostering dialogues and enhancing research in the faculty:

The series of "Lunchtime Lectures" offers an innovative format for young researchers to present and discuss topics and methodologies towards common horizons within "Future Habitats". The events on 26 June and 11 December 2019 in the main foyer of Herrenhäuser Strasse 8 have been open to all faculty members, students, and the public.

The series of "Open Research" methodological colloquia for current and future doctoral candidates presents an opportunity to confront in working sessions different research lines by putting into practice an exercise in reflection between candidates in order to build and to share the creation of inter-subjective, open, and dynamic research opportunities. On 10 July 2019, the "Archi Calls" colloquium focused on finding connections or moments of exchange between the participants and exploring possible common funding opportunities related to national or EU programmes. On 29 January 2020, the "Empirical Evidence" colloquium addressed disciplinary and interdisciplinary empirical methods, specifically in regard to a 'research and design' approach.

With the faculty's research incentive programme AULET, several new projects of young researchers and doctoral candidates could be funded to support early research phases in exploration and setup and also empirical working phases. Based on an open call and selected and mentored by an interdisciplinary committee, the following projects have been realised:
- Eigenart durch Teilhabe entwerfen (Designing Particularity through Participation), Kendra Busche
- Cooperative Architecture, Riccarda Cappeller
- Bogotá's Rural Heritage, Alissa Diesch
- Project DisCo, Jan Philipp Drude
- #FOLLOW ME: Open Data City, Benedikt Stoll

PROF. JÖRG SCHRÖDER, DR. FEDERICA SCAFFIDI, DR. EMANUELE SOMMARIVA
Forschung
Forschungsdekanat / Office of the Dean of Research

DIE ARCHITEKTURZEICHNUNGEN DER SAMMLUNG HAUPT IN DER TIB HANNOVER

SCHÄTZE DER ARCHITEKTURGESCHICHTE AUS DEM BLAUEN KABINETT Im Oktober 2019 startete am IGT, Abteilung Bau- und Stadtbaugeschichte, eine Projektkooperation mit der Technischen Informationsbibliothek – Leibniz Informationszentrum Technik und Naturwissenschaften und Universitätsbibliothek Hannover (TIB) zur Digitalisierung und fachlichen Erschließung der grafischen Einzelblätter der Sammlung des Architekten Albrecht Haupt (kurz: GESAH). Mit der Sammlung des in den Jahrzehnten um 1900 an der TH Hannover wirkenden Hochschullehrers Haupt (1852–1932) besitzt die TIB eine bedeutende, bisher aber kaum bekannte historische Spezialsammlung für Architektur- und Kunstgeschichte. Sie wird heute im Magazin der TIB im sogenannten Blauen Kabinett aufbewahrt, einem Bereich, in dem besondere konservatorische Bedingungen für die Archivierung von historischem Kulturgut herrschen. Die Sammlung beinhaltet einen etwa 1600 Bände umfassenden Buchbestand, der die wichtigsten architekturtheoretischen Werke Italiens, Frankreichs, Deutschlands und der Niederlande vom beginnenden 16. bis ins frühe 19. Jahrhundert enthält, zudem ca. 6000 von Haupt eigenhändig angefertigte architektonische Studienblätter und Reiseskizzen und nicht zuletzt ein Konvolut von grafischen Einzelblättern unterschiedlicher Urheberschaft und Sujets (insgesamt ca. 6800 Grafiken auf etwa 5000 Blättern), die Albrecht Haupt während seiner langen Tätigkeit für Lehr- und Forschungszwecke gesammelt hatte.

Das von der DFG geförderte Projekt widmet sich der Erschließung dieses Grafikbestands für die architektur- und kunstgeschichtliche Forschung. Ziel ist es, zunächst den bislang für die überregionale und internationale Forschung schwer zugänglichen Qualitätsbestand vollständig zu digitalisieren, fachlich zu erschließen und künftig über ein Online-Portal frei zugänglich zu machen, um weitere Forschungsimpulse auszulösen. Das Projekt eröffnet so der europäischen Architektur-, Garten-, Stadt- und Kunstgeschichte einen wertvollen, bislang nahezu unbekannten Sammlungsbestand. Durch die an der Abteilung Bau- und Stadtbaugeschichte angesiedelte Forschungsstelle wird die Teilmenge unikaler Architekturzeichnungen (ca. 900 Blätter) einer fachlichen Tiefenerschließung unterzogen. Dabei handelt es sich um einen sehr heterogenen Bestand aus Zeichnungen teils namhafter europäischer Architekten des 16. bis 19. Jahrhunderts unterschiedlichster Provenienz und Funktion – von der Entwurfsskizze über die Werkzeichnung bis zum Präsentationsblatt. Da diese Blätter bislang nur sehr unzulänglich erschlossen sind, fanden sie in der Forschung kaum Beachtung. In diesem Zusammenhang werden zudem erstmalig die Sammlungsgenese und Provenienzgeschichte untersucht sowie auch der sammlungsgeschichtliche Kontext und die Intention Haupts hinsichtlich Anlage, Nutzung und Nachwirkung der Sammlung näher beleuchtet.

THE ARCHITECTURAL DRAWINGS OF THE ALBRECHT HAUPT COLLECTION – TREASURES OF ARCHITECTURAL HISTORY FROM THE BLUE CABINET In October 2019, the IGT started a project cooperation with the TIB – Leibniz Information Centre for Science and Technology and the University Library Hanover for the digitisation and subject indexing of the individual graphic sheets of the collection of architect Albrecht Haupt (GESAH). With the collection of Haupt, who was teaching at TH Hanover around 1900, the TIB has an important but so far hardly known historical special collection on the history of architecture and art. Today, it is kept at the TIB in the so-called Blue Cabinet, a special section of the repository. This project, funded by the DFG, is dedicated to making this collection accessible for relevant research. At the IGT, the subset of unique architectural drawings from the 16th to 19th centuries in particular will be subjected to closer examination.

Skizze der Kuppellaterne von Sant'Ivo alla Sapienza in Rom, Italien, um 1700 (TIB Slg. A. Haupt, Kl. I. Z. A. 4)

PROF. DR. MARKUS JAGER, PD DR. SIMON PAULUS
Forschung
Institut für Geschichte und Theorie der Architektur, Bau- und Stadtbaugeschichte; Technische Informationsbibliothek Hannover (TIB)

PALERMO OPEN CITY

Als Ort der Manifesta, einer Biennale für zeitgenössische Kunst unter dem Titel „Cultivating Coexistence", und mit den neuen arabisch-normannischen Weltkulturerbestätten hat Palermo internationale Aufmerksamkeit auf sich gezogen. Beide Initiativen stärken eine kulturelle und soziale Renaissance der Stadt, die bereits in den 1990er Jahren begann. Palermos Vision als ein „Labor für Wissen, Kunst und Kultur" weist eine mediterrane Dimension auf. Die Stadt ist eine Bühne für die Herausforderungen der Migration und des Klimawandels, für die Zukunft der Städte Südeuropas, vor allem im Hinblick auf junge Menschen. Das Projekt „Open City" fragt, wie die Idee von „Cosmopolitan Habitat" – entwickelt in Kooperation mit Maurizio Carta von der Universität Palermo – die gesellschaftliche Inklusion in der urbanen Zukunft beeinflussen kann.

PALERMO OPEN CITY At the crossroads of the Mediterranean, Palermo recently drew international attention with the Manifesta Biennale of Contemporary Art with the title "Cultivating Coexistence" (2018) and with the installation of the Arabic-Norman World Heritage Sites (2015). Both initiatives further strengthened a cultural and social renaissance of the city that started already in the 1990s. Palermo's vision as a 'laboratory for the humanities, arts, and culture', as Mayor Leoluca Orlando put it, points to a Mediterranean dimension. It is a stage for the challenges of migration, climate change, and the future of cities in the South of Europe, especially regarding prospects for young people.

"Open City" as a research and design project explores how the idea of *Cosmopolitan Habitats* – developed in cooperation with Maurizio Carta from the University of Palermo – as a global vocation for inclusiveness can influence urban futures. It asks how tangible and intangible cultural heritage can be conceived as a creative factor for productivity and openness. How can elements, energies, and networks of a collaborative city overcome spatial and social fragmentation? What role can boundaries, limits, borders, thresholds, and peripheries play for envisioning a *Cosmopolitan Habitat*? "Open City" aims at new concepts and tools in architectural urbanism: in a performative and creative analysis that links multiple research avenues, including texts and movies, references and innovative forms of mapping, diagramming, and information interaction; and in a strategic and inter-scalar design approach that combines spatial activators and connectors, urban patterns and networks, and urban practices.

Overall, "Open City" starts from a review of the recent urban renaissance based on active citizenship and avantgarde urban policies in culture, creativity, and migration. A range of urban strategies in the historic centre, the redefinition of interfaces with the port and seashore, the upgrading of peripheries, and new territorial and international linkages in the metropolitan sense are a background for the focus on current cultural and creative productivity. From this background, the focus area of "Open City" is defined between the historic centre, the cultural manufactory Zisa, and the Danisinni community: a polycentric and heterogeneous urban area characterised by compact blocks, narrow and winding streets opposed to open spaces and large streets, where physical dispersion and a sense of emptiness is one of the main design problems to be observed and solved. Nevertheless, the selected site is also a centre of social innovation and cultural fertility. It includes many monuments and creative heritage (i.e. artisans, cultural associations) widespread in the urban fabric as 'jewels' worthy of being discovered and that can surprise visitors and local inhabitants. Its characteristics of openness are spelt out by the presence of the two spots, Centro Danisinni and Cantieri Culturali alla Zisa, two emerging spaces whose ambition is

to create culture and social integration. They aim to attract people and prevent the social dispersion by creating new activities in a sort of socio-cultural 'oasis', both opening their spaces to the city. The communitarian dimension is undoubtedly expressed in the Danisinni centre, for its cosy dimension and social 'mission'. The characteristics of density and porosity make the selected area open to new forms of collaboration thanks to its communitarian approach, especially in the denser part. At the same time, the collaborative network is also expressed by intangible collaborations made by the World Heritage Site, Cantieri Culturali della Zisa and the university. Observing the site from the other borders, it opens to the newest part of the city, preserving its socio-cultural dimension from any interaction and 'contamination' with the historically and multiculturally denser part (historic centre). In this direction, "Open City" focuses on new living and working models, innovative pathways for an urban renaissance based on cultural and productive innovation, collaborative and shared spaces.

PROF. JÖRG SCHRÖDER, DR. FEDERICA SCAFFIDI, RICCARDA CAPPELLER
Forschung
Institut für Entwerfen und Städtebau, Regionales Bauen und Siedlungsplanung

INSTALLATION CREATIVE FOOD CYCLES

PORTABLE „Creative Food Cycles" zielt auf eine aktive Rolle von Architektur, Städtebau und Design im Zusammenhang mit nachhaltigen urbanen Nahrungskreisläufen. Nahrungssysteme als komplexe und sich schnell ändernde Konstellationen von wirtschaftlichen Aktivitäten, kulturellem Austausch und sozialen Interaktionen beeinflussen Europas langfristige Nachhaltigkeit und seine Lebensbedingungen. Resiliente Nahrungskreisläufe als Teil der Kreislaufwirtschaft können Antreiber für einen strategischen Wandel in der Stadtentwicklung, für urbane Qualitäten und kulturelle Werte sein. „Creative Food Cycles" zielt auf neue Konvivialität in der Stadt als kreativer Faktor für Identitäten, Innovation und soziale Integration. Das Projekt entwickelt dazu einen kulturellen und ganzheitlichen Ansatz, der alle Aspekte von Nahrungskreisläufen verbindet: von Produktion zu Distribution (Phase 1), von Distribution zu Genuss (Phase 2) und von Genuss zu Verwertung (Phase 3). Mit diesem offenen und inklusiven Ansatz werden Interaktionen zwischen Kreativschaffenden, Kulturbetrieb, institutionellen Akteuren und engagierter Bürgerschaft mit allen in Nahrungskreisläufen Aktiven stimulieren.

„Creative Food Cycles" wird im Programm „Creative Europe" durch die Europäische Union von 2018 bis 2020 gefördert, als einziges Projekt der Architektur. Das Institut für Entwerfen und Städtebau, Prof. Jörg Schröder, koordiniert das Projekt und führt es mit den Projektpartnern Institute for Advanced Architecture of Catalonia (IAAC) Barcelona, Spanien, und Department of Architecture and Design der Universität Genua, Italien, durch. Das Vorhaben verbindet Forschung mit experimentellem Prototyping, kulturellen Aktionen und gesellschaftlichem Dialog.

PorTable ist ein Prototyp für ein Stadtmöbel zum Thema Nahrung und Nachhaltigkeit. Er wurde als eine faltbare Tafel für transformative Aktionen im urbanen Raum entwickelt und verbindet Kreativität mit Klimawandel, Nahrungsproduktion und Inklusion. Das Möbel schafft einen Raum zum gemeinschaftlichen Essen und kulturellen Austausch als neues urbanes Ritual. PorTable wurde im Rahmen des Projekts

PorTable-Installation (Foto: Mohamed Hassan)

„Creative Food Cycles" von Studierenden entworfen und in einer Gruppe gebaut. Die mobile Tafel ist ein modulares System, das einen Kräutergarten trägt: Die faltbare Tafel besteht aus 15 Modulen aus Holz. Im geschlossenen Zustand (1,6 × 4,0 Meter) passt sie in eine Parklücke. Die Tafel kann teilweise oder ganz ausgefaltet werden und erreicht maximal 26 Meter Länge. Im Kräutergarten als Dach der geschlossenen Falttafel (400 × 65 × 15 Meter) kann eine Auswahl an Kräutern angebaut werden. Wer dabei sein möchte, bringt Essen mit und einen Stuhl. PorTable schafft so ein „öffentliches Wohnzimmer", einen Ort, um sich zu treffen und gemeinsam zu essen. Die Tafel propagiert die Idee öffentlicher Räume, die durch die Aufmerksamkeit und das Engagement aller geschaffen werden.

CREATIVE FOOD CYCLES INSTALLATION – PORTABLE "Creative Food Cycles" is a project co-funded by the Creative Europe Programme of the European Union. It aims to empower architects, designers, and cultural actors to assume a more proactive attitude regarding food and its expressive capacity as a cultural vehicle of identity, innovation, and social integration. The installation PorTable – created by students within the framework of this project – wants to raise *transformative* civic actions and people's awareness to create more attractive space in cities, promoting the place-making effect and the shift to sustainable mobility. This can bring on a wide range of micro-urban initiatives which recall the idea of tactical urbanism empowered by local residents in an effort to turn derelict space into new community hubs. PorTable is a modular and movable folding table covered by a raised planting bed.

PROF. JÖRG SCHRÖDER, DR. EMANUELE SOMMARIVA, DR. SABRINA SPOSITO, JOSEPHINE ARFSTEN, ANNA PAPE, JULIA THEIS
Forschung
Institut für Entwerfen und Städtebau, Regionales Bauen und Siedlungsplanung; Institute of Advanced Architecture of Catalonia – IAAC; Universität Genua

CLIMATE COMMONS

NEUE SIEDLUNGSMODELLE IM KLIMAWANDEL Der Klimawandel stellt bisheriges Denken und Handeln umfassend infrage. Ein gutes Beispiel dafür ist das Thema Flächenverbrauch: Die Expansion und Diffusion von Siedlungen in Naturräume konterkariert Ziele der Biodiversität, ökosystemischer Zusammenhänge, des Schutzes der Ressource Boden, mikro- wie makroklimatischer Stabilität und auch des Schutzes vor Naturgefahren. Mit „Climate Commons" sollen Positionen in Städtebau und Architektur diskutiert und entwickelt werden, die räumliche Modelle stärker in den Mittelpunkt dieser Diskussion stellen. Im Fokus stehen dabei Orte außerhalb der Kerne der Metropolen. Es werden neue und wegweisende konzentrierte Siedlungsformen und intelligente Verdichtungen gedacht, entworfen und entwickelt, die Impulsgeber für neue Netzwerke und einen grundsätzlichen Umbau von Stadt und Land werden können. Damit soll gezeigt werden, wie möglichst wenig Verbrauch von Naturräumen, höhere Dichten in Erlebnis und Nutzung, zukunftsweisende Verbindungen von Wohnen und Arbeiten und neue Mobilitätskonzepte überraschende Möglichkeiten für neue räumliche Qualitäten bieten – die erheblich zur Attraktivität von Städten beitragen können. Zudem geht der Begriff „Commons" auf neue Wünsche nach Gemeinschaftlichkeit ein, in Raum-, Organisations- und Aktivitätsformen, die auf veränderte Lebensmodelle antworten. Aufbauend auf unseren Vorarbeiten, das Konzept des „Low Rise High Density" zu aktualisieren, stellt „Climate Commons" einen sowohl methodisch wie inhaltlich radikalen konzeptuellen Schritt dar für Siedlungsmodelle außerhalb der Metropolkerne.

Arbeitsfeld für „Climate Commons" – und repräsentativ für viele Wachstumsräume – ist die Stadt Memmingen. Die Stadt in der dynamischen Region Allgäu ist bekannt durch ihr lebendiges historisches Zentrum sowie wirtschaftliche und soziale Stärken. Wichtiger Erfolgsfaktor ist neben dem vielfältigen Wirtschafts-, Bildungs- und Kultursektor auch die Einbindung in die Region. Darauf aufbauend und um auch weiterhin ein attraktiver Standort zu bleiben, ist die Entwurfsaufgabe in diesem Semester die Entwicklung von zukunftsfähigen Siedlungsmodellen, die auf den Charakter Memmingens als Mittelstadt und Oberzentrum eingehen und dabei gleichzeitig neue Impulse setzen. Es sollen an drei charakteristischen, unterschiedlichen Situationen der Stadt neue Orte zum Wohnen und Arbeiten entwickelt werden, die nicht nur das bestehende Wohnangebot funktional und räumlich ergänzen, sondern als Orte zum Leben besonders auch Jüngere anziehen.

Für „Climate Commons" werden drei Untersuchtungsareale und Fragestellungen in Memmingen ausgewählt: die Zukunft eines peripheren Wohnquartiers, entstanden um einen früheren Weiler, ein zentral gelegenes Gewerbegebiet im Umbruch und die Idee eines neuen peripheren Siedlungspunkts mit engem Bezug zu naturräumlichen Ressourcen. Ausgehend von bestehenden Strukturen und Kontexten werden jeweils Siedlungsmodelle für 500 bis 800 Menschen entwickelt. Diese sollen auf die Herausforderungen des Klimawandels antworten, neue Attraktivität schaffen sowie Veränderungen auch im Bezug auf ihr Umfeld und auf eine gesamtstädtische Perspektive initiieren können. Die Wahl dieser drei Untersuchungsareale spricht wichtigste und typische Herausforderungen für wachsende Orte außerhalb urbaner Zentren an: das Recycling und die Intensivierung monofunktionaler Einzelhaussiedlungen im Zusammenhang mit ruralen Siedlungstypen, die Transformation von Gewerbearealen in zentralen Lagen unter dem Vorzeichen der produktiven Stadt und die Diskussion über neue Siedlungskörper als Ersatz für strukturell nicht zukunftsfähige Einzelhaussiedlungen.

Die gewählte Arbeitsmethodik konzentriert sich durch die Betrachtung räumlicher, funktionaler und performativer Zusammenhänge auf das Zusammenspiel unterschiedlicher Maßstabsebenen und Akteure.

CLIMATE COMMONS – NEW SETTLEMENT MODELS IN CLIMATE CHANGE Climate change is understood to challenge established thinking and actions. The research and design project "Climate Commons" develops positions in urbanism and architecture with the aim to put forward spatial-performative models in the larger societal and political debate. With a focus on places outside of metropolitan cores, "Climate Commons" address innovations in concentrated forms of settlement and intelligent density, linked with novel processes and models of commons. Hence, the desire for new spatial, organisational, and activity-related forms of community can respond to changed living models. Conceptual work, programming, and designing furthermore relate to the possible role of these clusters as triggers for networks of sustainability towards a far-reaching transformation of peripheries and to new elements of architecture.

26 11
MELTING AWAY

COME & DISCUSS ABOUT
14 UHR IM GROSSEN FOYER

Leibniz Universität Hannover

PUBLIC CLIMATE SCHOOL
CLIMATE COMMONS
PIN UP UND DISKUSSIONSRUNDE I ENTWURF STADT I 14 UHR IM GROSSEN FOYER
ABTEILUNG REGIONALES BAUEN UND SIEDLUNGSPLANUNG INSTITUT FÜR ENTWERFEN UND STÄDTEBAU

PROF. JÖRG SCHRÖDER, ALISSA DIESCH, RICCARDA CAPPELLER, DR. EMANUELE SOMMARIVA
Forschung
Institut für Entwerfen und Städtebau, Regionales Bauen und Siedlungsplanung

FRINGES WENDLAND – DESIGN FÜR KREATIVE NETZWERKE

Mit einer lebhaften Kreativszene fern der Metropolkerne etabliert das Wendland – in der Mitte zwischen Berlin, Hamburg und Hannover gelegen – neue Lebens- und Arbeitsformen in der Peripherie. „Fringes" zielt auf eine räumliche Erkundung der Stärke kultureller und gesellschaftlicher Initiativen, des Handwerks und des Manufacturing, des Kulturerbes von 100 Runddörfern und einer Reihe von Landstädten sowie des Hintergrunds einer alternativen Bewegung seit den 1970er Jahren. Ein möglicher Beitrag zu regionalen kreativen Netzwerken geht von einer antithetischen Interpretation solcher Randgebiete aus: als Möglichkeitsräume in der periphersten Region Deutschlands, bedroht vom Verlassen und von Vernachlässigung. Neuerungen in der Kreativ- und Kulturökonomie und neue Ideen für das Leben im Wendland stehen daher im Zentrum des Forschungs- und Entwurfsprojekts.

FRINGES – WENDLAND: DESIGN FOR CREATIVE HABITAT

With its vibrant creative scene far away from metropolitan cores, the Wendland region in the middle between Hannover, Hamburg, and Berlin is establishing new ways of living and working in the periphery. The "Fringes" project is working on a spatial exploration of remarkable assets of cultural and social initiatives, craft and manufacturing industries, the cultural heritage of 100 circular villages and a series of country towns, as well as the background of alternative movements since the 1970s. A possible contribution of urban design to creative networks is starting from a double meaning of "Fringes": as cultural and social opportunities arising from margins in one of the most remote areas of Germany, threatened by abandonment and neglect. Inventions for the creative and cultural industries and for new ideas of living in the Wendland region are at the core of the design and research project. Spatial visions, branding, and transformation processes address the interactions between a regional scale, a scale of small towns and villages, and architectural interventions – including new housing and working models, cultural and productive spaces, and new mobility. The projekt aims to evaluate and point out crea-

tive perspectives developed in the urban design course together with students, based on the development of a research and design methodology – and also based on the pleasure we had and the deep insights that we gathered in discussing and arguing with many experts and people in the Wendland region, with cultural and social initiatives, and with relevant public stakeholders. Starting point for the consideration is the festival *Kulturelle Landpartie*, which attracts up to 60,000 people to 600 events in the Wendland region in eastern Lower Saxony every year. Visitors, creative minds, and artists from the metropolises of Berlin, Hamburg, and Hanover merge with a local creative scene in this cultural event far away from metropolitan cores. Thus, the exploration of spatial logics underlying this festival is questioned in terms of paths towards regional innovation – including debates about identifying streamlines and creative opportunities ('fringes'). In parallel, the future role of the festival for the creative and cultural industries and for new ideas of living in the Wendland are to be explored – as one of the most remote areas of Germany, with strong rural character and unique heritage values, but also with the risk of abandonment and neglect ('fringes') – with the aim to envision its future as a common habitat.

In the concept of "Fringes" for the Wendland area, innovations are to be found for the festival itself, for enhancing the cultural-creative scene towards a maker culture and economy, and mainly for envisioning a *common habitat* of the future as a model for resilient peripheries in Europe. Thus, the approach of 'Dynamics of Periphery' for defining new concepts of decentralised habitat is connected with this research, especially in a situation of high pressure in urban centres. The research focuses on the contribution of initiatives and ideas of *commoning*, and a strong tradition in civil engagement and entrepreneurship are explored with regard to upscaling their future role for territorial development, settlement design, and architecture. The cultural and natural *heritage* of several layers are targeted: 100 Rundlings (circular village; a characteristic settlement form of large farmsteads around a common green), the connected landscape structures, small towns, systems of channels, the Elbe valley, intangible

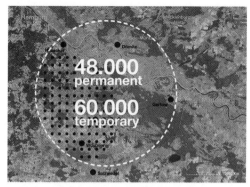

Wendland: 48.000 EinwohnerInnen,
60.000 BesucherInnen der Kulturellen Landpartie

heritage in the form of knowledge and traditions; more recent layers include the former iron curtain in the area and especially the background of protest and alternative culture, organic agriculture, renewable energy, and climate protection since the 1970s. Overall, we address the question of "why and how to live in the Wendland" as a question of how to *envision* the living spaces of the future and to share a vision of the territory. We see this focus as a strong factor and inspiring force to enhance discussions, planning, and programming for sustainable development. *Qualities of a living space* can be built by the communities, but they demand new concepts and tools of co-design, of urban planning frameworks, and of comprehensive policies.

PROF. JÖRG SCHRÖDER, DR. FEDERICA SCAFFIDI
Forschung
Institut für Entwerfen und Städtebau, Regionales Bauen und Siedlungsplanung

YOUNGTOWN CO-LIVING, CO-LEARNING, CO-WORKING FÜR DEN CAM-PUS GARBSEN Für die Fakultät Maschinenbau der Leibniz Universität Hannover entsteht ein neuer Campus in Garbsen. Der Campus, die größte Neubaumaßnahme der Universität, nimmt ab September 2019 3500 Studierende und 770 Lehrende in drei Instituten mit entsprechenden Forschungs- und Lehrgebäuden auf. Für die Stadt Garbsen mit ca. 60.000 Einwohnern hat dieses Projekt erhebliche Bedeutung, ebenso für die Stadt Hannover mit wichtigen Produktionsstandorten am Mittellandkanal und im Wissenschaftspark Marienwerder.

Das Forschungs- und Studienprojekt „Youngtown" versteht den Bedarf an studentischen Wohnmöglichkeiten als Chance, sich städtebaulich mit dem Umfeld des Campus und dem neu zu entdeckenden Raum des Mittellandkanals auseinanderzusetzen. „Youngtown" schlägt dafür die Vision eines jungen Quartiers vor, das Impulsgeber für Innovationen hinsichtlich Co-Living, Co-Learning und Co-Working sein kann – als Labor der Kooperation von Universität, Stadt und Industrie.

Wie kann die Gestaltung eines jungen Quartiers die Entwicklung der Stadt positiv beeinflussen und mit neuen Formen des Zusammenlebens, Lernens und Arbeitens bereichern? Ansätze, wie neue räumliche und funktionale Verbindungen zwischen bestehenden und neu entstehenden Orten geschaffen und gestaltet werden können, sollen diskutiert und erprobt werden. Beispielhaft wird an diesem Projekt ein Verständnis für die Gestaltungsmöglichkeiten von urbanen Transformationen und Wechselwirkungen erarbeitet. Wie können Antworten auf den akuten Bedarf an studentischem Wohnraum gefunden werden, und wie können diese zudem Impulse für die Gestaltung und Entwicklung der Stadt setzen?

Die räumliche Nähe zu Forschung, Entwicklung und Industrie am Entwurfsareal kann fruchtbare und innovative Kooperationen hervorbringen, wenn sie durch Orte des Miteinanders und Zusammenarbeitens ermöglicht werden. Neugeschaffene Verbindungen nach Garbsen, Hannover-Stöcken und zum Campus knüpfen das Gebiet an die direkte Umgebung an. Die bestehende Stadtbahnlinie und neu entwickelte Ver-bindungen auf und am Mittellandkanal integrieren das Quartier in ein größeres Netzwerk. Programmatisch soll „Youngtown" eine große Bandbreite von räumlichen Situationen und Nutzungen durch und für eine neue Art von Gemeinschaft erfinden, unter Einschluss von Organisations- und Finanzierungsmodellen. In einem weiteren Schritt geht es um den Beitrag eines jungen Quartiers zu neuen Verbindungen, Möglichkeitsräumen und zu erlebbaren räumlichen Qualitäten in der Stadt.

Co-Living – Zusammenleben wird als Bildung von Gemeinschaft verstanden, die bereits in der Architektur angelegt ist. „Youngtown" thematisiert verschiedene Formen des Wohnens. Langfristige Wohnformen für Menschen in allen Phasen des Lebens werden vorgestellt, ebenso temporäre Lösungen für Studierende, Auszubildende, Lehrende, Forschende und Mitarbeitende der Industrie und Entwicklung. Jeder dieser Orte des Wohnens bietet über Privatheit hinaus auch Räume der Gemeinschaft an. Diese Ideen beziehen sich explizit auf Innen- und Außenräume und stellen Schnittstellen zu weiteren Aktivitäten und Nutzungen des Stadtteils dar.

Co-Learning – Die räumliche Nähe zu Forschung, Entwicklung und Industrie am Entwurfsareal kann fruchtbare und innovative Kooperationen hervorbringen, wenn sie durch Orte des Miteinanders und Zusammenarbeitens ermöglicht werden.

Co-Working – Die städtebauliche Attraktivität des Areals liegt zum großen Teil an der direkten Nachbarschaft zu Forschung, Entwicklung und Produktion. Diese Bandbreite an verschiedenen Akteuren und ineinandergreifenden Arbeitsschritten stellt ein großes Potenzial für Garbsen dar und wurde in „Youngtown" aufgegriffen und um neue Arbeitsformen in unterschiedlichen Maßstäben ergänzt. MakerSpaces und Co-Working-Spaces sind die räumlichen Grundlagen, in denen sich Ideen umsetzen lassen. Dabei können zukunftsfähige Kooperationen oder temporäre Allianzen aus bestehenden und neuen Institutionen, Betrieben und Personen für soziale, ökonomische und technische Innovationen entstehen, insbesondere in Kooperation zwischen dem Campus Garbsen und den Industriebetrieben entlang des Mittellandkanals.

Fokusgebiet „Youngtown" zwischen Campus Garbsen und Wissenschaftspark Marienwerder

YOUNGTOWN – CO-LIVING, CO-LEARNING, CO-WORKING FOR THE GARBSEN CAMPUS The new campus for the Faculty of Mechanical Engineering of Leibniz University Hannover in Garbsen is considered a key element for the future of the university, but it is also highly relevant for the urban development of the town of Garbsen and the city of Hannover, especially for the nearby industrial cluster along the Mittelland Canal and the Marienwerder Science Park. "Youngtown" aims at interpreting the need for student housing facilities triggered by the new campus as a major chance to develop the areas around the new university grounds and to give a new meaning to the space at the Mittelland Canal. "Youngtown" proposes the vision of a young quarter that can set examples and enhance the relevant topics of co-living, co-learning, and co-working – as a space that embodies the cooperation between university and city.

PROF. JÖRG SCHRÖDER, ALISSA DIESCH
Forschung
Institut für Entwerfen und Städtebau, Regionales Bauen und Siedlungsplanung; wir danken der Fakultät Maschinenbau für die freundliche Unterstützung bei diesem Projekt.

KOOPERATIVE ARCHITEKTUR

EINE AUSSTELLUNG ALS KREATIVES UND SOZIALES FORSCHUNGSINSTRUMENT

Als erster Teil einer Forschung zu kooperativen Architekturen und deren kreativer und sozialer Gestaltungsmodi wurde im Dezember 2019 die multimediale Ausstellung „Aspekte kooperativer Architekturen und soziale und räumliche Qualitäten" von Riccarda Cappeller im Foyer der Fakultät Architektur und Landschaft der Leibniz Universität Hannover präsentiert. Sie zeigte die Ergebnisse mehrerer Recherchereisen, gefördert von der Fakultät im Rahmen des Forschungsanreizprogramms AULET. Dabei standen drei internationale Fallstudien als Referenzen für vielschichtige urbane Räume im Fokus, die zur Neuformulierung einer sozialen und kreativen entwerferisch-forschenden Expertise in Architektur und Städtebau beitragen.

Mit der Bezeichnung „kooperative Architektur" sind räumliche und soziale Modelle, in denen Kooperation und Koproduktion eine Rolle spielen, sowie die Diskussion gemeinschaftlicher Gestaltungsprozesse gemeint, die sowohl verschiedene Modi architektonischer, sozialer und räumlicher Dynamiken als auch die Bedeutung performativer Tools thematisieren. Der Begriff bringt drei Gedanken zusammen: 1. Räume oder Modelle, die als *Lived Spaces* definiert werden und komplexe Raum- und Akteurskonstellationen in einem flexiblen und fortlaufenden Aushandlungs- und Realisierungsprozess zeigen; 2. interdisziplinäre Perspektiven auf kooperative Architekturen als komplexe Strukturen, die durch verschiedene Narrative vermittelt werden und zum Verständnis und einer differenzierten Wahrnehmung solcher Strukturen beitragen; 3. aktive Handlungsweisen und urbane Laborsituationen, in denen auf verschiedene Arten – zum Beispiel mit künstlerischen oder ethnografischen Tools – kollaborativ geforscht, gedacht, experimentiert und entworfen wird.

Bezug nehmend auf diese Aspekte zeigt die Ausstellung die drei Fallbeispiele, kleine Stücke von Stadt, anhand verschiedener, den urbanen Raum charakterisierenden Kriterien in einer kreativen Analyse. Mithilfe qualitativer Methoden, semistrukturierten Interviews, der Dokumentation durch Fotografie und Film sowie Literaturrecherche entstand eine Materialsammlung, die für die Ausstellung aufbereitet wurde. Die Fallbeispiele sind *Lived Spaces* – gesellschaftlich geprägte, subjektiv vom Menschen wahrgenommenen und erlebte Räume[1] –, deren Veränderungsprozesse als Bausteine und soziale Strukturen der Gesellschaft gelten. Sie bringen Gelebtes und Gebautes zusammen, lassen uns Stadt als kollektiven Reflexionsmodus verstehen[2] und sind offen für das Unerwartete und Offene, dem ein hoher Grad von Flexibilität zugeschrieben ist.

Die Projekte erfüllen alle bestimmte Kriterien: Sie weisen eine Verbindung zu ihren Umgebungen und Nachbarschaften sowie der Geschichte der Orte auf, verfolgen interessante Eigentums- und politische Modelle, vermitteln einen programmatischen Mix und kulturelle Kapazität über ihre Materialität und die Alltagsnutzung, sie sind in bereits vorhandenen räumlichen Situationen entstanden und wurden über einen längeren Zeitraum hinweg entwickelt. Jedes Projekt steht jeweils für zwei dieser Aspekte:

- ExRotaprint (Berlin) zeigt den fortlaufenden Prozess sozialer und räumlicher Transformation mit einem Fokus auf dem von Beuys aus der Kunst entlehnten Begriff der „Social Sculpture". Die Architektur wird hier zum Medium und ist als Zeitstrahl dargestellt.
- Granby Four Streets (Liverpool) vermittelt über die kulturelle Kapazität der typischen englischen Siedlung und die dokumentierte Alltagsnutzung eine Atmosphäre, die als „kollektive Konversationen", wie sie das involvierte Künstler- und Architektenkollektiv Assemble nennt, räumlich verortet wird.
- Can Battlo (Barcelona) zeigt kooperative Modelle der Verknüpfung, Organisation und Gestaltung, die immer wieder neu ausgehandelt werden. In der Ausstellung steht eine Collage der zueinander in Beziehung gesetzten Räume für die Interpretation als „Freespace"[3].

Die Ausstellung ist als Forschungsinstrument zur Wahrnehmung und Diskussion von Raum und seiner zukünftigen Gestaltung intendiert. Sie dient der Reflektion bisheriger Arbeitsschritte im Forschungskontext, der Analyse und Interpretation der gesammelten Daten sowie der Entwicklung von daraus folgenden Fragen und Vorgehensweisen, die zur inhaltlichen Diskussion der vorgestellten Fallstudien beitragen.

COOPERATIVE ARCHITECTURE – AN EXHIBITION AS CREATIVE AND SOCIAL RESEARCH TOOL Oriented towards future modes for architectural design as social and creative practice in existing urban contexts, the concept of cooperative architecture in this research is defined by looking at future urban spaces lived in, used, and designed in cooperation and ways of working at the intersection with other disciplines. Three reference projects are examined, showing the complexity of their social and spatial relations in an exhibition – a format for discussion. Highlighting the spatial qualities, atmosphere, and cultural capacity of the references understood as lived spaces, qualitative research methods and an inventive exploration helped to bring together the material and try a first categorisation. Curation here is used as a research tool to experiment and reflect the act of researching in a changing and interdisciplinary context.

1 Lefebvre, Henri: *The Production of Space*. Paris 1974
2 Boeri, Stefano: „Multiplicities". In: *Mutations*. Barcelona 2004
3 Farrell, Yvonne/McNamara, Shelley: *Manifesto Freespace*. Venedig 2018

RICCARDA CAPPELLER
Forschung
Institut für Entwerfen und Städtebau, Regionales Bauen und Siedlungsplanung

#FOLLOW ME OPEN DATA CITY Gefördert vom Forschungsanreizprogramm AULET der Fakultät für Architektur und Landschaft thematisierte das Forschungsprojekt „#Follow Me – Open Data City" die Frage der Verantwortlichkeit von PlanerInnen und ArchitektInnen in Bezug auf Open Data. Dabei wurden in einem Seminar spekulative Szenarien mit Studierenden entwickelt, in denen auf der einen Seite öffentlich zugängliche Daten und auf der anderen Seite selbst gesammelte (Geo-)Daten als Grundlage zukünftiger Stadtentwicklung dienten. Die Visualisierung von Mobilitäts- und Aktivitätsprofilen sollte nicht nur helfen, den eigenen digitalen Fußabdruck besser zu verstehen, sondern auch dessen umweltbedingte und verhaltensbezogene Konsequenzen zu begreifen. Davon ausgehend wurde darüber geforscht, welche Möglichkeiten sich für eine „nutzerspezifische" Stadtentwicklung ergeben und wie sich diese Daten für eine nachhaltigere Planungspraxis verwen-

den ließen. Die Kernthese des Projekts hält fest, dass StadtplanerInnen und Stadtverwaltungen langfristig ihre Kernkompetenz an globale Konzerne verlieren, die unser Nutzerverhalten stärker beeinflussen als städtische Infrastrukturen. Deshalb gilt es zu untersuchen, ob es nur durch die Bereitstellung von Open Data und deren kollaborative Analyse und Verwertung mit gemeinwohlorientierten Organen noch möglich ist, Stadt nachhaltig zu entwickeln.

Das Forschungsprojekt wurde von der Vortragsreihe „Urban Issues" begleitet, die die Abteilung Städtebauliches Entwerfen (Prof. Andreas Quednau) organisiert hat. Das Seminar war in das Forschungsprojekt „Fachlicher Nachwuchs entwirft Zukunft – Borderline City" eingebettet und die Ergebnisse wurden in einer Ausstellung an der Leibniz Universität Hannover gezeigt. Das Forschungsprojekt wurde auf dem Symposium „Mapping for Change" in Berlin vom 16. bis 18. Januar 2020 von Benedikt Stoll präsentiert und

wird im November 2020 auf dem Symposium „DARA 10 – Intentionen" in Hannover vorgestellt.

#FOLLOW ME – OPEN DATA CITY Awarded by the AULET research incentive programme of the Faculty of Architecture and Landscape (LUH), the research project "#FOLLOW ME – Open Data City" raised the issue of the responsibility of planers and architects in relation to open data. The visualisation of mobility and activity profiles aimed to understand one's own digital footprint and its environmental and behavioural consequences. The accompanying seminar was a selected project of the "Fachlicher Nachwuchs entwirft Zukunft – Borderline City" research project and was showcased in an exhibition at the Leibniz University Hannover. The research project was presented at the "Mapping for Change" symposium (16.–18.01.2020) in Berlin, and a presentation at the "DARA 10 – Intentions" symposium in Hanover is planned.

Foto: Julian Martitz

PROF. ANDREAS QUEDNAU, BENEDIKT STOLL
Forschung
Institut für Entwerfen und Städtebau,
Städtebauliches Entwerfen

URBANIZATION AND LOCALITY Das Forschungsprojekt „Urbanization and Locality" ist eine Kooperation der Institute für Freiraumentwicklung, für Städtebauliches Entwerfen und für Umweltplanung sowie der Peking Universität, College of Architecture and Landscape Architecture, die vom Chinesisch-Deutschen Zentrum für Wissenschaftsförderung von Januar 2019 bis Dezember 2021 gefördert wird.

Ausgangspunkt des Projekts ist das aktuelle Phänomen rasant wachsender Städte – insbesondere in China – und die damit verbundenen, oft austauschbaren Formen der Urbanisierung, die meist ohne lokalen Bezug sind. Im Rahmen des Forschungsprojekts wird der Frage nachgegangen, wie lokale Eigenarten die Stadtentwicklung stärker prägen und formen können und wie sich neue urbane Landschaften als charakteristische, mit lokalem Kontext verbundene Orte entwickeln lassen. Lokale Eigenarten werden nicht allein in Hinblick auf das kulturelle Erbe, historische Spuren, topografische, landschaftliche und bauliche Gegebenheiten betrachtet. Auch ihre Veränderbarkeit durch unterschiedliche Antriebskräfte wie Klimawandel und wechselnde Akteure spielt eine Rolle. Der Fokus einer vergleichenden Betrachtung dieser Charakteristika liegt dabei auf Urbanisierungsräumen entlang von Flüssen – in China entlang des Gelben Flusses und in Deutschland entlang des Rheins. Im Rahmen des Forschungsprojekts wurde im August 2019 eine Exkursion entlang des Rheins von Basel bis Nijmegen sowie im September 2019 eine Exkursion entlang des Gelben Flusses vom tibetanischen Plateau der Qinghai-Provinz bis zur Mündung bei Dongying organisiert.

Austauschbare Stadtentwicklung in China (Foto: Lennart Beckebanze)

URBANIZATION AND LOCALITY The research project "Urbanization and Locality" is a cooperation of the Institute of Open Space Planning and Design (Prof. Prominski), the Institute of Urban Design (Prof. Quednau), and the Institute of Environmental Planning (Prof. Prasse) and the Peking University, College of Architecture and Landscape Architecture, which is being funded by The Sino-German Center for Research Promotion from 2019 until 2021. The starting point of the project is the contemporary phenomenon of rapidly growing cities – especially in China – and the involved forms of urbanisation that are often exchangeable and without local specificity. The research project questions in how far locality can shape urban development and how new urban landscapes can be developed as characteristic places connected with their local context. Case studies are the Yellow River in China and Rhine River in Germany.

PROF. MARTIN PROMINSKI, PROF. ANDREAS QUEDNAU, PROF. RÜDIGER PRASSE, BENEDIKT STOLL, DAVID KREIS, MICHAEL KRÖNCKE
Forschung
Institut für Freiraumentwicklung, Entwerfen urbaner Landschaften; Institut für Entwerfen und Städtebau, Städtebauliches Entwerfen; Chinesisch-Deutsches Zentrum für Wissenschaftsförderung; Stadtplanungsamt Speyer; Stadtplanungsamt Lahnstein

ENTWURFS-FORSCHUNG FÜR URBANE LANDSCHAFTEN

Entwerfen lässt sich wegen seines kontextuellen und projektiven Charakters schwer mit der vorherrschenden Forschung in Einklang bringen, die allgemein und objektiv sein soll. Daher scheuen sich viele Doktoranden im Bereich Entwerfen, das Entwerfen als Teil der Wissensproduktion zu integrieren. *Design Research for Urban Landscapes – Theories and Methods* entwickelt Argumente gegen diese Zurückhaltung. Die Herausgeber fassen ihre jahrelangen Forschungen in zwei theoretischen Kapiteln zusammen und unterstützen ihre Argumente mit acht Kapiteln zu konkreten Doktorarbeiten aus dem Studio Urbane Landschaften und anderen Institutionen.

Das Buch zeigt im Ausblick, dass Entwurfsforschung selbstbewusst in Promotionsprojekten eingesetzt werden kann – sie ist keine kontroverse wissenschaftliche Kategorie, sondern ein seriöser, kreativer Ansatz bei der Produktion neuen Wissens.

DESIGN RESEARCH FOR URBAN LANDSCAPES

Design research is one of the most controversial categories of research in landscape architecture and architecture. Due to its contextual and projective character and its both rational and intuitive methods, it is difficult to reconcile design with the predominant research that aims to be general and factual. Thus, many PhD candidates in design are shy of integrating designing into their work. This reservation is absurd in two respects: first, designing has unique potentials in the process of knowledge production – so why not use this productive tool? Second, designing is the predominant method in the design disciplines – so why miss out on it in a PhD project?

In the book *Design Research for Urban Landscapes – Theories and Methods*, the editors summarise their many years of research on this topic and develop a theoretical foundation for design research. They support their arguments with eight design research PhDs from Studio Urbane Landschaften and other institutions. These PhDs express the unique potential of designing for the production of knowledge and match all criteria set by research funding institutions, such as originality, advancement of knowledge beyond the specific project or scientific significance.

Both editors give a theoretical introduction to design research. Martin Prominski, in his chapter, develops an understanding of design research as a non-linear interplay of five moments. He starts with discussing Christopher Frayling's seminal article "Research in Art and Design" (1993), in which a trinity of approaches (research about, for and through design) is proposed, and traces the theoretical debate on these three categories during the past decades. Instead of separating these three categories, Martin Prominski discusses their productivity for research and, instead of keeping these three categories separate, he integrates them into a 'non-linear interplay of five moments of design research' – original, reflective, projective, empty, and transfer moments. Of particular importance is embedding the projective qualities of 'research through design' within the other moments of knowledge production. If design research employs all five moments, the common critique of designing as being unscientific owing to its situation-specific and subjective character disappears into thin air. Prominski argues, rather, that this complex set-up of design research can fulfil all criteria of common research. Based on this theoretical foundation, he demonstrates that for challenging contemporary issues such as the Anthropocene or transformative science, the projective quality of research through design offers unique potential for exploring new ideas and solutions. The conclusion ends with the statement that PhD candidates no longer need to shy away from research through design – instead, they should embrace it actively, optimistically and in full awareness of its integration with other research elements.

The book ends with an outlook demonstrating that design research can be used confidently in PhD projects – it is not a controversial scientific category, but a serious, creative approach in the production of new knowledge. The book is orientated to all PhD candidates and supervisors in design disciplines. The perspective is from the design of urban landscapes – understood as the entirety of manifold space –, but the results are relevant for the entire design community.

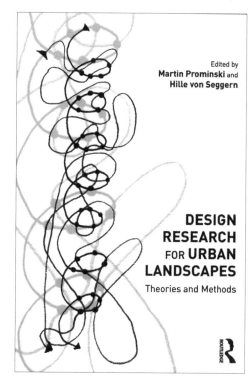

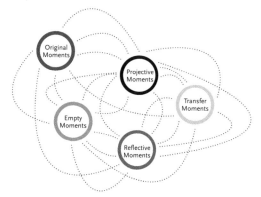

Design research as non-linear interplay of five moments

PROF. DR. MARTIN PROMINSKI
Forschung
Institut für Freiraumentwicklung, Entwerfen urbaner Landschaften; Hille von Seggern, Studio urbane Landschaften

FÜR ‚NATUR/EN' SORGEN?

GESCHLECHTERPERSPEKTIVEN AUF PROZESSSCHUTZ Natur ist ein vieldeutiges Phänomen und mit gesellschaftlichen Vorstellungen über das Schützenswerte verbunden. Dabei verweisen die gesellschaftlichen Vorstellungen (schützenswerter) Natur auf der symbolischen, materiellen und institutionellen Ebene auf Geschlechterverhältnisse. Anknüpfend an Erkenntnisse der natur(schutz)bezogenen Frauen- und Geschlechterforschung[1] untersuchte das Forschungsprojekt „Caring for Natures? Geschlechterperspektiven auf (Vor)Sorge im Umgang mit ‚Natur/en'" Prozessschutz – sowohl konzeptionell als auch anhand ausgewählter Flächen. Dazu wurden die in der Geschlechterforschung aktuell viel beachteten Debatten um Care bzw. Fürsorge, die vornehmlich sozialwissenschaftlich und damit auf Mensch-Mensch-Beziehungen ausgerichtet sind, auf den Gegenstandbereich Natur erweitert und als Mensch-Natur-Beziehungen analysiert. Der Frage, ob und wie die Zugänge zu Care eine Erweiterung auf den Gegenstandbereich Natur ermöglichen, wurde zum einen theoretisch nachgegangen[2], zum anderen wurden zwei Fallstudien durchgeführt. Im Teilprojekt 1 „Alte Wildnis" (Leitung Prof. Dr. Tanja Mölders, Mitarbeiter*in Michaela* Deininger) wurden die Nationalparke Bayerischer Wald und Schwarzwald untersucht. Im Teilprojekt 2 ‚Neue Wildnis", das an der Leuphana Universität Lüneburg angesiedelt war (Leitung Prof. Dr. Sabine Hofmeister, Mitarbeiterin Katharina Kapitza), waren das Schöneberger Südgelände in Berlin sowie die Goitzsche-Wildnis bei Bitterfeld Gegenstand der Analyse.[3] Im Ergebnis zeigt sich, dass die in das Konzept Prozessschutz eingeschriebene Idee „Natur Natur sein lassen" weder in der alten noch in der neuen Wildnis widerspruchslos eingelöst wird.[4] Vielmehr leiten auch hier Vorstellungen über ideale Wildnis menschliches Eingreifen oder Loslassen an. Auch der Prozessschutz lässt sich so als ein Sorgen für ‚Natur/en' begreifen, das sich aus der macht- und herrschaftskritischen Perspektive der Geschlechterforschung dekonstruieren lässt.

Nachdem die Projektergebnisse am 4. und 5. November 2019 auf einem Abschlussworkshop vorgestellt und diskutiert wurden, werden sie nun in einer Publikation dokumentiert. Diese wird Ende des Jahres 2020 in der Buchreihe der Landesarbeitsgemeinschaft der Einrichtungen für Frauen- und Geschlechterforschung in Niedersachsen LAGEN'da unter dem Titel *Für Natur sorgen? Dilemmata feministischer Positionierungen zwischen Sorge- und Herrschaftsverhältnissen* erscheinen. Das Projekt wurde von Februar 2017 bis Januar 2020 im Programm „Geschlecht – Macht – Wissen. Genderforschung in Niedersachsen" gefördert.

CARING FOR 'NATURES'? – GENDER PERSPECTIVES ON PROCESS PROTECTION In the research project, the debates on care, which are currently receiving a great deal of attention in gender studies, were extended to the subject area of nature. The question whether and how care can be extended to the category nature was investigated using the example of process protection. Two empirical case studies in areas of old and new wilderness show that the idea of letting nature be nature, which is inscribed in the concept of process protection, is not fulfilled without contradiction. The project was funded from February 2017 to January 2020 as part of the "Gender – Power – Knowledge. Gender Research in Lower Saxony" programme.

1 Weber, Ivana: *Die Natur des Naturschutzes. Wie Naturkonzepte und Geschlechtskodierungen das Schützenswerte bestimmen.* München 2007
2 Hofmeister, Sabine u.a.: „Für welche ‚Natur/en' sorgen wir? Kritisch feministische Perspektiven auf aktuelle Care-Debatten im sozial-ökologischen Kontext". In: *GENDER – Zeitschrift für Geschlecht, Kultur und Gesellschaft.* 11/2019, S. 125–139
3 Kapitza, Katharina / Hofmeister, Sabine: „‚Wuchernde Stadt' und ‚gezähmte Wildnis'. Sozial-ökologische Perspektiven auf die Inszenierung von ‚Wildnis' im Natur-Park Schöneberger Südgelände". In: *s u b \ u r b a n. Zeitschrift für kritische Stadtforschung.* Band 8, Berlin 2020, S. 9–28
4 Mölders, Tanja / Hofmeister, Sabine: „Landschaft als Prozess – Prozess als Konflikt". In: Duttmann, Rainer u.a. (Hg.): *Landschaft als Prozess.* Wiesbaden (im Erscheinen)

PROF. DR. TANJA MÖLDERS, MICHAELA* DEININGER
Forschung Projektabschluss
Institut für Geschichte und Theorie der Architektur, gender_archland; Leuphana Universität Lüneburg, Fakultät Nachhaltigkeit

NEUES HANDBUCH: LANDSCAPE PLANNING WITH ECOSYSTEM SERVICES Das menschliche Wohlergehen ist in vielerlei Hinsicht davon abhängig, inwiefern es uns gelingen wird, Natur und Landschaft so zu entwickeln, dass die Biodiversität geschützt, die Funktionsfähigkeit des Naturhaushalts gesichert und das Dargebot an Ökosystemleistungen erhalten bleibt. Besonders bedroht sind oft die öffentlichen Güter und Leistungen, deren Werte auf den Märkten nicht gut repräsentiert sind oder deren Rückgang nur zukünftige Generationen betrifft. Da Marktmechanismen allein als Mittel aber nicht ausreichend effektiv sind, um die natürlichen Ressourcen und das Dargebot an Ökosystemleistungen zu sichern, bedarf es ökologisch orientierter räumlicher Planung, um Landnutzungen strategisch zu koordinieren und zukunftsfähige Landschaftsstrukturen zu entwickeln.

Eine engere Verzahnung von Landschaftsplanung und Ökosystemleistungskonzept kann an dieser Stelle dazu beitragen, Wege zu finden, wie sich eine nachhaltigere Entwicklung von Natur und Landschaft gestalten lässt. Dabei ergeben sich vielfältige wertvolle Synergien: So bestehen die Stärken der Landschaftsplanung darin, das Angebot an Ökosystemleistungen sowie mögliche Konflikte zu identifizieren und Planungsvorschläge zu entwickeln. Das Ökosystemleistungskonzept kann indes den Zusammenhang zwischen dem Zustand von Natur und Landschaft sowie menschlichem Wohlbefinden expliziter herausstellen. Zudem bezieht es eine ökonomische Perspektive mit ein, die individuelle Präferenzen und Nutzen in den Vordergrund stellt und die Zustimmung zu Zielen und Maßnahmen für nachhaltige Entwicklungen fördern kann. Die Verbindung von Landschaftsplanung und Ökosystemleistungskonzept ist also insofern erfolgversprechend, als nützliches Wissen zur Unterstützung von öffentlichen und privaten Entscheidungsprozessen bereitgestellt wird.

Das Handbuch *Landscape Planning with Ecosystem Services – Theories and methods for application in Europe* gibt den LeserInnen sowohl theoretisch fundierte Grundlagen als auch Werkzeuge für die Praxis an die Hand, mit denen die landschaftsplanerischen Herausforderungen des 21. Jahrhunderts gemeistert werden können. Es orientiert sich in der Struktur an „Driving Forces, Pressures, State, Impacts and Responses" (DPSIR) und beleuchtet dazu in 31 Kapiteln verschiedene Aspekte der Landschaftsplanung und der Analyse von Ökosystemleistungen. So werden die LeserInnen nicht nur über Theorien, Triebkräfte des Landschaftswandels und Methoden zur Erfassung und Bewertung informiert, sondern auch über die dazugehörigen Ziele und Maßnahmen. Ebenso von Interesse ist die Kommunikation in der Landschaftsplanung. Das Handbuch bietet damit einen facettenreichen Überblick über alle relevanten Theorien, Konzepte und Methoden der Landschaftsplanung – und das im europäischen Kontext. Die von Christina von Haaren, Andrew Lovett und Christian Albert herausgegebene Publikation umfasst ca. 500 Seiten, über 40 Autoren aus Europa, Asien, Nord- und Südamerika haben zu ihr beigetragen.[1]

NEW HANDBOOK: LANDSCAPE PLANNING WITH ECOSYSTEM SERVICES This new book entitled *Landscape Planning with Ecosystem Services – Theories and methods for application in Europe* argues that a solution to contemporary challenges in Europe can be found by merging the landscape planning tradition with ecosystem services concepts. The book is structured around the "Driving Forces, Pressures, State, Impacts and Respones" (DPSIR) framework, providing an introduction to relevant concepts, methodologies, and techniques. It presents a new, ecosystem services-based approach to landscape planning that constitutes both a framework and toolbox for students and practitioners to address the environmental and landscape challenges of 21st century Europe.

1 von Haaren, Christina/Lovett, Andrew/Albert, Christian (Hg.): *Landscape Planning with Ecosystem Services. Theories and Methods for Application in Europe.* Landscape Series 24, 2019. Eine Online-Version ist verfügbar unter www.springer.com/us/book/9789402416794

PROF. DR. CHRISTINA VON HAAREN, PROF. DR. ANDREW LOVETT, PROF. DR. CHRISTIAN ALBERT, INGRID ALBERT
Forschung Projektabschluss
Institut für Umweltplanung, Landschaftsplanung und Naturschutz; Landschaftsplanung und Ökosystemdienstleistungen

TORFMOOS-KULTIVIERUNG ALS CHANCE FÜR DEN ARTENSCHUTZ

Torfmooskultivierung gilt als eine neue, klimaschonende und nachhaltige Nutzungsmöglichkeit von landwirtschaftlich vorgenutzten Hochmoorstandorten oder ehemaligen Torfabbauflächen. Dafür werden Torfmoosfragmente auf den Torfkörper ausgebracht. Aufgrund ihrer hohen Regenerationsfähigkeit treiben die Fragmente neu aus und bilden bei konstanter Wasserversorgung geschlossene, erntefähige Torfmoosrasen.[1] Versuche haben gezeigt, dass die Torfmoos-Biomasse als alternatives Substrat für den Erwerbsgartenbau geeignet ist.[2]

Die Kultivierung von Torfmoosen wurde von 2015 bis 2019 auf zwei Torfabbauflächen in Niedersachsen in Zusammenarbeit mit dem Thünen-Institut für Agrarklimaschutz und dem Substrathersteller Klasmann-Deilmann GmbH praktisch erprobt und wissenschaftlich begleitet. Das Institut für Umweltplanung erfasste das Wachstum der Torfmoose und die Eignung der Kultivierungsflächen als Lebensraum. Finanziert wurde die Studie vom Niedersächsischen Ministerium für Ernährung, Landwirtschaft und Verbraucherschutz sowie der Deutschen Bundesstiftung Umwelt.

Wachstum der Torfmoose

Das Projekt konnte zeigen, dass eine Kultivierung von Torfmoosen auch unter den schwierigen hydrologischen Bedingungen von stark zersetzten Schwarztorfen möglich ist. Als Faktoren für ein positives Wachstum stellten sich besonders eine ausreichende Wasserverfügbarkeit, ein geeignetes Mikroklima und ausreichende Torfmächtigkeit heraus.

Biodiversität

Auf den Kultivierungsflächen konnte sich eine hohe Anzahl von Pflanzenarten etablieren. Die Zahl der hochmoortypischen und gefährdeten Pflanzenarten auf den Kultivierungsflächen ist mit naturnahen Referenzflächen vergleichbar, während die Artenvielfalt der Flora auf herkömmlichen Wiedervernässungsflächen gering bleibt. Auch im Hinblick auf die Renaturierung von Hochmooren erweist sich die Einbringung von Torfmoosfragmenten als eine interessante Option, um die Regeneration von wiedervernässten Torfabbaugebieten zu beschleunigen.

Die Kultivierungsflächen konnten einigen Arten der Fauna einen (Teil-)Lebensraum bieten. Bei den Vögeln scheinen sich die Flächen insbesondere für Bodenbrüter zu eignen. Die Tauglichkeit als Habitat für die Amphibien- und die Libellenfauna hängt vor allem von der Form der Bewässerung ab. Bei den epigäischen, also oberirdisch lebenden Wirbellosen, gehören Spinnen, Wanzen und Käfer zu den dominanten Ordnungen. Die Höhe der Torfmoose und der Gefäßpflanzen auf den Kultivierungsflächen hat dabei einen signifikanten positiven Einfluss auf die Individuenzahl.

Fazit

Torfmooskultivierung schafft Lebensräume für gefährdete Tier- und Pflanzenarten der Hochmoore. Die Artenzusammensetzung einer Kultivierungsfläche hängt jedoch von dem verwendeten Spendermaterial, dem Flächenalter, der Pflege und dem Landschaftskontext ab. Torfmoose sind keine landwirtschaftliche Kulturpflanze, sodass es für ihren Anbau bisher keine Agrarförderung gibt. Deshalb ist die Torfmoos-Biomasse bisher nicht mit dem günstigen Torf konkurrenzfähig.

SPHAGNUM CULTIVATION: OPPORTUNITIES FOR NATURE CONSERVATION A current pilot project has demonstrated that the cultivation of *Sphagnum* mosses is possible even under the difficult hydrological conditions of highly humified black peat. The cultivated peatmoss biomass can be used as a sustainable substitute for peat in horticulture. Compared to conventional agricultural use, *Sphagnum* cultivation creates new habitats for endangered animal and plant species of raised bogs.

Torfmooskultivierungsfläche Drenth
(Foto: Klasmann-Deilmann GmbH)

1 Pouliot, Remy / Hugron, Sandrine / Rochefort, Line: „Sphagnum Farming. A Long-Term Study on Producing Peat Moss Biomass Sustainably". In: *Ecological Engineering*. Heft 74, 2015, S. 135–147
2 Emmel, Michael: „Growing Ornamental Plants in Sphagnum Biomass". In: *Acta Horticulturae*. Heft 779, 2008, S. 173–178

LOTTA ZOCH, AMANDA GROBE, PROF. DR. MICHAEL REICH
Forschung Projektabschluss
Institut für Umweltplanung, Naturschutz und Landschaftsökologie

TEMPALAND TEMPORÄRE AN- UND ABWE-SENHEITEN UND DEREN AUS-WIRKUNGEN AUF LAND UND GESELLSCHAFT Immer mehr Menschen in Deutschland gehen so weit entfernt von ihrem eigentlichen Wohnort einer Arbeit, einem Studium oder einer Ausbildung nach, dass sie zeitweise woanders und somit an mehreren Orten leben. Gründe für multilokale Lebensweisen sind zum Beispiel auch zeitlich begrenzte Arbeitsaufträge, die Nutzung einer Freizeitwohnung oder eines Dauercampingwagens. Die Thematik der Multilokalität gewinnt unter anderem durch die allgemein erhöhten Mobilitätsanforderungen und -möglichkeiten an Bedeutung für die räumliche Entwicklung. Im niedersächsischen Landkreis Diepholz spielt sie aufgrund der dortigen Strukturen und spezifischen Rahmenbedingungen, zum Beispiel wirtschaftsstarken oder touristisch geprägten Räumen, eine bedeutende Rolle: Insbesondere der südliche, überwiegend ländlich geprägte Teil des Landkreises, das Diepholzer Land, ist vom Phänomen der Multilokalität und dementsprechend von temporären An- und Abwesenheiten betroffen. Dies führt zu vielschichtigen Konsequenzen, beispielsweise im Bereich des Wohnens, der Infrastrukturen und der sozialen Strukturen.

Bisher ist wenig bekannt über den Alltag multilokal lebender Menschen in ländlichen Räumen (Abb. 1). Informationen darüber sind für die Kommunen jedoch zunehmend von Bedeutung, um die Auswirkungen auf den Wohnungsmarkt, die Infrastrukturen, das Mobilitätsangebot oder das bürgerschaftliche Engagement im Blick zu behalten – und um die Wünsche von Menschen mit mehreren Unterkünften besser berücksichtigen zu können. Hierzu sind innovative und anwendungsorientierte Ansätze erforderlich, um die Kommunen bei der auf Nachhaltigkeit ausgerichteten Gestaltung der Orts- und Regionalentwicklung zu unterstützen. Zusammen mit dem Landkreis Diepholz und den Kommunen im Diepholzer Land wurden anhand ausgewählter Fallstudien Strategien und Konzepte zum Umgang mit den Auswirkungen multilokaler Lebensweisen erarbeitet und ihre Übertragbarkeit auf andere Kommunen überprüft.[1] Hierbei standen die enge Zusammenarbeit und die stetige Rückkopplung zwischen Praxis (Verwaltung, Wirtschaft, Politik, Zivilgesellschaft) und Wissenschaft im Vordergrund.

Als Ergebnis entstand ein Werkzeugkasten mit Strategien und Konzepten zum Umgang mit Multilokalität. Dieser ermöglicht einen flexiblen und individuellen Zugriff auf einzelne Themen. Um für multilokal lebende BürgerInnen das Sesshaftwerden in der Kommune attraktiver zu gestalten, können zum Beispiel interessante kurzfristige und projektbezogene Freizeitangebote für Multilokale angeboten oder Rückkehrende beworben und beraten werden. Für bereits in der Kommune lebende Multilokale lassen sich die Gegebenheiten vor Ort an deren Bedürfnisse anpassen, indem etwa geeigneter kleinerer und zentral gelegener Wohnraum zur Verfügung gestellt wird, beispielsweise in Form eines Servicewohnhauses mit flexiblen Mietdauern und individuell buchbaren Dienstleistungen wie Wäsche- oder Putzservice (Abb. 2).

TEMPALAND – TEMPORARY ATTENDANCES AND ABSENCES AND THEIR INFLUENCE ON LAND AND SOCIETY An increasing number of people in Germany have a workplace or their place of studies or apprenticeship so far away from their actual place of residence that they temporarily live somewhere else and therefore in several places. The issue of multi-locality is becoming increasingly important for spatial planning, partly because of generally increased mobility requirements and opportunities. Temporary presence and absences lead to complex consequences, for instance in the residential sector, infrastructure, and social structures. In cooperation with the administrative district of Diepholz, strategies and concepts to deal with the effects of multi-local lifestyles have been developed, and their transferability to other municipalities was examined.

Abb. 2: Servicewohnhaus – passender Wohnraum für Multilokale (© Anna Lea Welz)

Abb. 1: Brennglas – Multilokalität in ländlichen Räumen (© Anna Lea Welz)

1 Das dreijährige Forschungsprojekt „TempALand" wurde mit Mitteln des Bundesministeriums für Bildung und Forschung innerhalb der Fördermaßnahme „Kommunen innovativ" von 2016 bis 2019 gefördert (BMBF-Förderkennzeichen: FKZ 033L173). Die Ergebnisse und Publikationen sind unter www.tempaland.de veröffentlicht.

PROF. DR. FRANK OTHENGRAFEN, DR. LINDA LANGE, LENA GREINKE
Forschung Projektabschluss
Institut für Umweltplanung, Raumordnung und Regionalentwicklung; Landkreis Diepholz, Fachdienst Kreisentwicklung; Gertz Gutsche Rümenapp – Stadtentwicklung und Mobilität (GGR); proloco – Stadt und Region, Planung und Entwicklung; Praxispartner Modellregion Diepholzer Land (Samtgemeinde Barnstorf, Samtgemeinde Altes Amt Lemförde, Samtgemeinde Rehden, Gemeinde Wagenfeld, Stadt Diepholz)

HERAUSFORDERUNG KRISENFESTIGKEIT EUROPÄISCHER STÄDTE

HEKRIS – ENTWICKLUNG PLANERISCHER STRATEGIEN UND KREATIVER MASSNAHMEN

Die Entwicklung krisenfester, resilienter Städte ist ein Schlüsselfaktor der nachhaltigen Entwicklung. Städte sollen beim Eintreten von Krisensituationen – etwa bei natürlichen Katastrophen wie Überflutungen, klimabedingten Hitze- und Dürreperioden sowie in gesellschaftlichen Extremsituationen zum Beispiel durch Finanzkrisen oder große Flüchtlingsströme – langfristig in der Lage sein, ihre gesellschaftlichen und ökonomischen Aufgaben zu erfüllen. In vielen Städten stellt sich jedoch, nicht zuletzt angesichts der Finanzknappheit der öffentlichen Haushalte, die Frage, mit welchen Maßnahmen und in welcher Form sich die Krisenfestigkeit erhöhen lässt und erfolgreiche Strategien nachhaltiger Stadtentwicklung initiiert werden können. Hinzu kommt, dass vorsorgende Maßnahmen langfristige Investitionen bedeuten, die mit aktuellen Problemen und begrenzten Mitteln konkurrieren und deshalb häufig nicht umgesetzt werden können.

Durch gemeinsame Lehr- und Forschungsaktivitäten im Rahmen der DAAD-Hochschulpartnerschaft zwischen der Leibniz Universität Hannover (Fakultät für Architektur und Landschaft) und der Nationalen Technischen Universität Athen (Fakultät für Architektur) entstand ein Verständnis für die Herausforderungen einer nachhaltigen und resilienten Stadtent-

Abb. 1: Gespanntes Zuhören bei der City-Tour in Athen 2018 (Foto: Anna-Lena Brede)

wicklung in deutschen und griechischen Städten, die planerischen Steuerungsmöglichkeiten und -instrumente wurden analysiert sowie entsprechende Strategien und Maßnahmen zur Umsetzung entwickelt.[1]

Ziel des Vorhabens war es, griechische und deutsche Studierende sowie junge WissenschaftlerInnen zu befähigen, integrierte Handlungsstrategien für die Gestaltung krisenfester Städte zu erarbeiten sowie neue und widerstandsfähige Formen der Zusammenarbeit zwischen öffentlichen, privaten und zivilgesellschaftlichen Akteuren (Governance-Formen) zu entwickeln. Gemeinsam wurden unterschiedliche, sich gegenseitig ergänzende Maßnahmen und Formate durchgeführt, in die verschiedene Zielgruppen (Bachelor- und Masterstudierende, Promovierende, PostdoktorandInnen sowie ProfessorInnen) einbezogen waren. Dies sollte den Austausch von Wissenschaft und Praxis im Bereich der Strategien nachhaltiger Stadtentwicklung fördern. Alle PartnerInnen konnten voneinander lernen sowie neue Fähigkeiten und Kompetenzen hinsichtlich der Entwicklung nachhaltiger und krisenfester Städte erwerben.

Zu den Formaten zählten jährliche wechselseitige Forschungsaufenthalte und Exkursionen in Griechenland und Deutschland, die Einblicke in die landesspezifischen Planungspraktiken boten (Abb. 1). Das Projekt beinhaltete weiterhin drei einwöchige Summer Schools. Zu wechselnden Themenschwerpunkten wurden Entwürfe resilienter Städte entwickelt (Abb. 2). Dabei entstanden Lösungen für die Verknüpfung von Resilienz und Governance in den Städten Hannover und Athen.

CHALLENGES OF RESILIENCE IN EUROPEAN CITIES – DEVELOPMENT OF PLANNING STRATEGIES AND CREATIVE MEASURES

The development of resilient cities is a key factor in sustainable development. Cities should be able to fulfil their social and economic tasks in case of crisis. In many cities the question arises which measures and which strategies of sustainable urban development can be used to improve crisis resistance.

Through collective teaching and research activities in the context of a DAAD University Partnership

between Leibniz University Hannover (Faculty of Architecture and Landscape) and the National Technical University of Athens (Faculty of Architecture), the following topics have been addressed:

- understanding the challenges for resilient urban development in German and Greek cities;
- analysis of the steering mechanisms and instruments in planning; and
- development of appropriate strategies and measures for implementation.

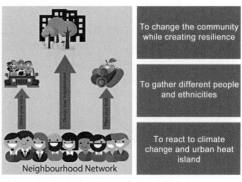

Abb. 2: Studentischer Entwurf „Greender" von Shelagh-Katerina Boucoyannis, Christin Busch, Johanna Johncock und Antonis Koulouthros, 2017

1 Die dreijährige Hochschulpartnerschaft zwischen der Leibniz Universität Hannover – LUH (Fakultät für Architektur und Landschaft) und der Nationalen Technischen Universität Athen – NTUA (Fakultät für Architektur) wurde mit Mitteln des Deutschen Akademischen Austauschdienst e.V. (DAAD) von 2017 bis 2019 gefördert. Die Ergebnisse der DAAD-Hochschulpartnerschaft wurden in drei Open-Access-Publikation im Repositorium der Leibniz Universität Hannover veröffentlicht:
www.repo.uni-hannover.de/handle/123456789/5604

PROF. DR. FRANK OTHENGRAFEN,
PROF. DR. RAINER DANIELZYK,
DR. MEIKE LEVIN-KEITEL, DR. FRANK SCHOLLES,
LENA GREINKE, FILIP ŚNIEG
Forschung Projektabschluss
Institut für Umweltplanung, Raumordnung und Regionalentwicklung; Nationale Technische Universität Athen – NTUA (Fakultät für Architektur)

NEUE MITTE NORDSTEIMKE

ENTWICKLUNG EINES URBANEN QUARTIERES AN EINEM DEZENTRALEN STANDORT

Das Forschungsprojekt ging der Frage nach, wie ein urbanes Quartier an einem peripheren Standort umgesetzt werden kann. Als Fallstudie diente die Entwicklung der Neuen Mitte Nordsteimke der Stadtteilentwicklung Sonnenkamp in Wolfsburg-Nordsteimke.

Rund 5 Kilometer südöstlich des Stadtzentrums gelegen, soll die „Neue Mitte Nordsteimke" zentrale Funktionen für bereits bestehende Ortsteile der Umgebung und die mit der Stadtteilentwicklung Sonnenkamp neu entstehenden Ortsteile aufnehmen. Als Quartier hoher Dichte wird es gemäß der neuen Gebietskategorie der Baunutzungsverordnung „Urbanes Gebiet" als urbanes Quartier konzipiert. In direkter Anbindung an die historische Dorflage Nordsteimke und in einem bisher agrarisch geprägten Umfeld gelegen, ist es mit 400–600 Wohneinheiten einer von fünf Entwicklungsbausteinen mit insgesamt über 3000 Wohneinheiten. Um auf die Anforderungen veränderter gesellschaftlicher und wirtschaftlicher Rahmenbedingungen der Stadtentwicklung angemessen reagieren zu können, wird das Ziel verfolgt, auch in peripheren Lagen mit nicht-urbanem Umfeld urbane Quartiere zu entwickeln.

Im Rahmen dieses Forschungsprojektes lag der Fokus auf der Initiierung und Erprobung immobilienwirtschaftlicher und sozialer Prozesse, die bei der Entwicklung neuer urbaner Quartiere in peripherer Lage besonders relevant sind. Fragen der ökologischen und energetischen Ausrichtung, Ressourceneffizienz, Klimarelevanz, nachhaltigen Mobilität, Raumbildung und -atmosphäre, baulichen Maßstäblichkeit und Attraktivität der öffentlichen Räume sind bereits ausreichend wissenschaftlich reflektiert und galten im Rahmen des Projekts mit den entsprechenden Qualitätsstandards als gesetzt.

Die Herausforderungen der tatsächlichen Umsetzung dieser Themen im Rahmen einer konkreten Projektentwicklung im Spannungsfeld von städtischen Wünschen und einer Projektentwicklung unter den gegebenen ökonomischen und rechtlichen Marktbedingungen war wesentlicher Betrachtungsgegenstand.

Mit Blick auf die Probleme und Herausforderungen zahlreicher anderer Städte mit Wachstumsvorzeichen wurde mit dem Teilbereich der Neuen Mitte Nordsteimke gezielt ein Raumtypus gewählt, der nicht den gängigen Vorstellungen einer urbanen Lage entspricht, wo die wichtigsten Kennzeichen urbaner Qualitäten wie Dichte, Nutzungsmischung, soziale Vielfalt von den Schlüsselakteuren und der ansässigen Bevölkerung sehr kritisch betrachtet werden. Die Herausforderungen der tatsächlichen Umsetzung eines urbanen Quartiers an solch einem peripheren Standort hat deshalb auch stadtentwicklungspolitischen Charakter und besitzt eine hohe Aktualität und strategische Relevanz.

Aufgrund des Flächenmangels und des damit verbundenen hohen Preisniveaus der Grundstücke sind die Innenstädte nicht mehr allein in der Lage, den Anforderungen zukunftsfähiger Wohnraumversorgung nachzukommen. Deshalb ist es gesellschafts- und stadtentwicklungspolitisch von zentraler Bedeutung, auch in Randlagen der Städte urbane Qualitäten zu entwickeln. Sie sollen ein gespreiztes Wohnungsangebot, eine soziale Mischung, diversifizierte Lebensstile, funktionale Mischung mit anderen Nutzungen – vor allem mit dem Arbeiten –, eine gute öffentliche sowie private Versorgung im Alltag, unterschiedliche Mobilitätsmöglichkeiten, Stadträume mit sozialen Qualitäten und vielfältiger Raumatmosphäre, eine hohe Ressourceneffizienz und eine nachhaltige Wirtschaftlichkeit zulassen und sicherstellen.

Die Rolle der Forschenden war im Rahmen des Projekts eine doppelte – einerseits als Impulsgeber im Sinne der Aktionsforschung unmittelbar in den Prozess involviert und Einfluss nehmend, andererseits im Sinne einer Begleitforschung beobachtend und reflektierend. Experten, die den Prozess begleiteten und fachspezifische Inputs gaben, wurden ausgewählt; Exkursionen zu relevanten Vergleichsprojekten in Deutschland und im europäischen Ausland wurden initiiert und durchgeführt; themenspezifische Fachwerkstätten, Verfahren zur Aushandlung von Qualitäten wurden entwickelt und erprobt; bestehende Regularien wurden hinterfragt, mit dem Ziel größerer Wirtschaftlichkeit in der Planung, unter anderem durch die

Senkung von Baukosten, um so die Grundlage für die Umsetzung bezahlbaren Wohnraums und einer damit einhergehenden Diversifizierung zu schaffen.

NEW CENTRE OF NORDSTEIMKE – DEVELOPMENT OF AN URBAN DISTRICT ON A DECENTRAL SITE The leading question of the research project was how to realise an *urban quarter* at a peripheral site. The case study was based on a district development five kilometres east of the city centre of Wolfsburg in its initial planning phase, incorporating issues of property management, social processes, resource efficiency, and sustainable mobility.

The research project questioned existing regulations to achieve a greater efficiency in planning, e.g. through the reduction of building costs, to thus facilitate affordable housing. Findings for the planning of an urban quarter at a peripheral site were gained during research trips to and comparative studies of comparable projects, different workshop formats, and research through design that can also be instructive for other urban developments with similar goals and demands.

PROF. ANDREAS QUEDNAU, AGNES MÜLLER, BENEDIKT STOLL
Forschung Projektabschluss
Institut für Entwerfen und Städtebau, Städtebauliches Entwerfen; Stadt Wolfsburg; Bundesinstitut für Bau-, Stadt- und Raumforschung (BBSR)

AUSWIRKUNGEN VON LANDNUTZUNG UND KLIMAWANDEL AUF TIERARTEN

Landnutzungs- und Klimaveränderungen gelten als wichtige Ursachen für den zu beobachtenden gravierenden Rückgang der Artenvielfalt. In der kumulativen Dissertation wurden Methoden entwickelt und erprobt, um Auswirkungen landnutzungs- und klimawandelbedingter Umweltveränderungen auf Tierarten auf regionaler und lokaler Ebene zu ermitteln und zu bewerten. Darauf aufbauend sollten geeignete naturschutzfachliche Maßnahmen zur Verminderung negativer Auswirkungen abgeleitet werden können.

Zum einen wurde untersucht, wie sich die Artenvielfalt und mögliche Veränderungen durch Landnutzungseinflüsse auf der Ebene landwirtschaftlicher Betriebe mithilfe von einfachen, praxisnahen Modellen und Indikatorensets abbilden lassen. Schwerpunkte der Untersuchungen bildeten dabei die Artenvielfalt von Vögeln in Hecken und von Tagfaltern auf Rainen. Auf der Basis umfangreicher Literaturstudien und deutschlandweiter Felderhebungen wurden mittels statistischer Verfahren diejenigen Einflussvariablen identifiziert, die die Artenvielfalt beider Artengruppen am besten vorhersagen. Bei den Tagfaltern sind dies die Länge, die Breite, das Gräser-Kräuter-Verhältnis und der Mahdzeitpunkt des Rains sowie die Heterogenität der umgebenden Landschaft und die Bewirtschaftungsart angrenzender Felder. Bei den Vögeln sind es die Länge und Breite der Hecke, die Anzahl der Gehölzarten, das Vorkommen von Höhlen und Totholz, das Vorhandensein von Dornsträuchern sowie die Breite des angrenzenden Krautsaums. Aus den Modellergebnissen können Maßnahmen zum Schutz und zur Förderung der Artenvielfalt abgeleitet werden. Diese beziehen sich sowohl auf die Optimierung vorhandener Strukturen als auch auf die Neuanlage von Landschaftselementen.

Zum anderen wurde analysiert, woran sich eine Empfindlichkeit von Tierarten gegenüber Klimaveränderungen festmachen lässt und welche Eigenschaften der Arten eine Anpassung an sich ändernde Umweltbedingungen erschweren. Mithilfe einer kriterienbasierten Empfindlichkeitsanalyse wurde ermittelt, wie viele bereits heute gefährdete Tierarten in den Naturräumen Harz und Lüneburger Heide eine erhöhte Empfindlichkeit gegenüber den bis zum Jahr 2100 zu erwartenden Klimaveränderungen aufweisen. Eine erhöhte Empfindlichkeit ließ sich bei ca. 39 Prozent der untersuchten Arten feststellen. Weiterhin wurde am Beispiel des Naturraums Lüneburger Heide erforscht, wie sich zukünftige klimabedingte Veränderungen in der Zusammensetzung von Vogellebensgemeinschaften auf regionaler Ebene abschätzen lassen. Dazu wurde der Artenpool des Naturraums Lüneburger Heide mit den Artenpools zukünftiger klimaanaloger Räume verglichen. Das sind Gebiete, die gegenwärtig solche klimatischen Verhältnisse aufweisen, wie sie für die Zukunft im Untersuchungsgebiet projiziert werden. Die Ergebnisse zeigen, dass die Mehrzahl der Vogelarten die bis zum Jahr 2100 im Naturraum Lüneburger Heide erwarteten Klimabedingungen vermutlich tolerieren kann, die Artenvielfalt insgesamt aber abnehmen könnte. Viele potenziell aus dem Naturraum abwandernde Arten sind an Feuchtgebiete als Lebensraum gebunden. Dem Schutz bzw. der Renaturierung von Feuchtgebieten kommt daher vor dem Hintergrund des Klimawandels eine besondere Bedeutung zu. Um negative klimawandelbedingte Auswirkungen auf Tierarten zu verringern, können zum einen derzeitige Gefährdungsursachen minimiert werden, um die Resilienz und das Anpassungspotenzial von Arten zu stärken. Zum anderen kann der Biotopverbund gefördert werden, um den Arten eine Anpassung durch die Verschiebung ihrer Verbreitungsareale zu ermöglichen.

Viele derzeitige Gefährdungsursachen klimaempfindlicher Arten sind nutzungsbezogen und können auch Folgen landwirtschaftlicher Nutzung sein. Synergien zwischen Maßnahmen zur Verminderung negativer Auswirkungen von Landnutzungs- und Klimawandeleinflüssen sind daher offenkundig. Im Hinblick auf eine Stärkung des Biotopverbunds in der Agrarlandschaft spielen Raine und Hecken eine wichtige Rolle – auch vor dem Hintergrund des Klimawandels, da viele der Arten, die auf Biotopverbundmaßnahmen zur Anpassung an den Klimawandel angewiesen sind, das Offenland bewohnen. Ein Großteil der Fläche Deutschlands wird landwirtschaftlich genutzt. Daher kommt der Landwirtschaft bei der Bewahrung der Artenvielfalt eine Schlüsselrolle zu. Die vermehrte Integration naturschutzfachlicher Ziele in die Landbewirtschaftung kann wesentlich zum Erhalt und zur Förderung der Artenvielfalt beitragen, nicht nur im Hinblick auf landnutzungsbezogene, sondern auch auf klimawandelbezogene Einflüsse.

IMPACTS OF LAND USE AND CLIMATE CHANGE ON ANIMALS The conservation of biodiversity is a pivotal task for society. Important causes of biodiversity loss include changes in both land use and climate. Both stressors interact in a variety of ways – as do their effects on species and overall biodiversity. Thus, methods to capture and evaluate the effects of land use and climatic changes on species and measures to prevent or mitigate the impacts are greatly needed. The objective of this dissertation was to contribute to the assessment and evaluation of impacts of land use and climate change on animals on a regional and local level and, based on these assessments to derive measures suitable to aid in the mitigation of negative impacts.

Die Artengruppe Vögel in Hecken stellte einen Schwerpunkt der Untersuchungen dar.

DR. JANINE SYBERTZ
Promotion
Institut für Umweltplanung, Naturschutz und Landschaftsökologie

VÖGEL UND TAGFALTER IN BLÜHSTREIFEN

Blühstreifen, die in verschiedensten Formen angelegt werden können, sind eine aktuell häufig umgesetzte Schutzmaßnahme in der Agrarlandschaft.[1] An sie werden hohe Erwartungen gestellt, wie zum Beispiel die Förderung der Biodiversität.[2] Welche konkreten Auswirkungen die Blühstreifen auf die Biodiversität haben können, ist allerdings nur wenig erforscht und stellen daher das übergeordnete Ziel der Dissertation dar.

Der Fokus lag auf Brutvögeln, Wintervögeln, Tagfaltern und floristischen Merkmalen. Mittels Transektkartierungen wurden in Feldstudien über zwei Jahre auf verschiedenen Blühstreifentypen im Landkreis Rotenburg (Wümme) Arten- und Individuenzahlen zur Avifauna und Tagfalterfauna sowie Blütenreichtum und Strukturmerkmale der Vegetation erfasst. Die Blühstreifen unterschieden sich hinsichtlich angrenzender Strukturen, Saatgutmischung, Breite und Alter. Um die ökologische Effizienz von Blühstreifen einordnen zu können, wurden diese im Vergleich zu herkömmlichen Feldsäumen in der Agrarlandschaft analysiert.

Faunistische Erfassungen basieren zumeist auf Methoden, die mit einer kurzen Verweildauer auf den Untersuchungsflächen verbunden sind. Für ganztägige Beobachtungen bieten sich Fotofallen an. Daher wurden am Beispiel der Avifauna die Möglichkeiten und Grenzen von Fotofallen untersucht: Brut- und Wintervögel wurden erstmalig ganztägig mittels Serienbildfunktion von Fotofallen beobachtet und über einen Methodenvergleich (Transektkartierung versus Fotofallen) evaluiert.

Auf Ökosysteme wirken sich eine Vielzahl von Umweltvariablen aus. Am Beispiel der Tagfalterfauna erfolgte eine umfassende Analyse, in die neben den verschiedenen Blühstreifenvarianten noch weitere Umweltvariablen, wie zum Beispiel das Blütenangebot und der Landschaftskontext, einbezogen wurden.

Abschließend wurden artengruppenspezifische und artengruppenübergreifende Empfehlungen zur optimalen Gestaltung von Blühstreifen formuliert und der naturschutzfachliche Wert abgeleitet.

Als Fazit ist festzuhalten:

- Blühstreifen stellen für Vögel und Tagfalter eine naturschutzfachliche Aufwertung der intensiv genutzten Agrarlandschaft dar, wobei die Standzeit von 1,5 Jahren einen höheren Wert gegenüber einer kürzeren Standzeit hat.
- Für Vögel empfiehlt sich die Anlage von großen Blühflächen. Für Tagfalter ist eine Breite von 6 Metern ausreichend und bietet sich zur besseren Vernetzung der Landschaft an.
- Im Vergleich zu weiteren Biotoptypen sind die Blühstreifen für Vögel und Tagfalter zwischen struktur- und artenarmen Feldsäumen nährstoffreicher Böden und struktur- und artenreichen Feldsäumen nährstoffarmer Standorte einzuordnen.
- Ein mehrjährig hohes Blütenangebot der Blühstreifen muss durch Saatgutmischung und gutes Auflaufen der Blühmischung gewährleistet werden.
- Vor allem in einfach strukturierten Landschaften können Blühstreifen die Biodiversität steigern und sollten daher vorrangig hier angelegt werden.
- Vielstündige Beobachtungen durch Fotofallen sind vorteilhaft, besonders in den Feldsäumen.
- Nur durch die Berücksichtigung verschiedener Artengruppen und Blühstreifentypen kann eine fundierte ökologische Effizienzkontrolle von Blühstreifen erfolgen.

FLOWER STRIPS FOR THE PROMOTION OF BIRDS AND BUTTERFLIES Flower strips, which can be created in many variations, are considered an appropriate measure for the promotion of biodiversity in the agricultural landscape. However, there is a considerable lack of knowledge about the effects of the different types of flower strips. The overall aim of the thesis was to investigate these effects on different species groups (birds, butterflies, vegetation) and by different survey methods (line transects, camera traps). Field margins were examined as a reference. The dissertation clearly proved that flower strips make a decisive contribution to the promotion of butterflies and avifauna. In addition, it was clearly shown that flower strips have a higher value for birds and butterflies than poorly structured field margins on nutrient-rich sites.

Tagpfauenauge (*Aglais io*) im Blühstreifen

Mittels Fotofalle erfasster Fasan (*Phasianus colchicus*) im Blühstreifen

1 Haaland, Christine/Naisbit, E. Russell/Bersier, Louis-Félix: „Sown Wildflower Strips for Insect Conservation. A Review". In: *Insect Conservation and Diversity.* Heft 1, 2011, S. 60–80
2 Uyttenbroeck, Roe u.a.: „Creating Perennial Flower Strips. Think Functional!". In: *Conference Agriculture for Life, Life for Agriculture.* Heft 6, 2015, S. 95–101

DR. NANA WIX
Promotion
Institut für Umweltplanung, Naturschutz und Landschaftsökologie

INNOVATIVE HOUSING

SOZIALE PROZESSE ALS KATALYSATOR FÜR INNOVATIVEN WOHNUNGSBAU Menschen in innovativen Wohninitiativen reagieren auf schwierige Wohnungsmärkte und schaffen (neue) Formen des Eigentums und des gemeinsamen Wirtschaftens. Das letzte große Modul der Abteilung PA_soz im Wintersemester 2019/20 über innovative Wohnungsbauprojekte von gemeinschaftlich organisierten Gruppen kombinierte in Zusammenarbeit mit der Initiative ecovillage hannover drei Lehrformate: Forschungsseminar, Entwurfsprojekt und Exkursion. Praxisbezüge, internationale Beispiele, multidisziplinäre Perspektiven und die Kombination aus Forschung und Design dienten der Entwicklung von Fähigkeiten für die neue Arbeitspraxis: Welche Rolle spielen Fachleute aus Architektur, Stadt- und Landschaftsplanung in den neuen Formen der Zusammenarbeit? Was bedeutet es, wenn die zukünftigen Bewohnerinnen und Bewohner den Entwurfsprozess steuern?

Exkursion ressourcenschonender, selbstorganisierter Wohnungsbau: IEWAN in den Niederlanden

INNOVATIVE HOUSING – SOCIAL PROCESSES AS CATALYSER FOR HOUSING INNOVATIONS The collaboration between Lisa Kietzke and Lidewij Tummers started during the summer semester 2019, teaching the last edition of the "Architektursoziologie und Planungstheorie" course. As researchers with different sociology and engineering perspectives, we share an interest in self-organised, pioneering housing construction emerging in Europe. People in these housing initiatives respond to difficult housing markets (both in booming cities and in shrinking regions) and create new types of ownership and sharing economy. They apply high standards of sustainability for climate change mitigation. They develop new living spaces to accommodate different phases of life and new, increasingly varying lifestyles. They plan, work, design, build, and live in new collaborative arrangements. For professionals (architects, planners, engineers), this means working directly with groups of inhabitants as clients. The initiatives influence the quality of neighbourhoods and urban policies, and developers are especially interested in their potential for gentrification. In German universities, there is little professional knowledge about such projects, their potential and needs, or about the role of the planners, even though there is a growing demand. To introduce this new field of work to planners, we set up an interdisciplinary master programme for the winter semester. We developed a module with three different components: a research seminar; a design project; and an excursion. We were fortunate to collaborate with the new ecovillage hannover initiative, which enabled students to explore the planning process in practice and learn about new dwelling concepts directly from (future) inhabitants. The idea to implement the research field with practical relevance, multiple disciplines, and the combination of research and design in one semester was indeed very ambitious and a challenge for all of us. Our didactical point of departure was to equip students with the skills for this new practice, rather than to provide new architectural models for housing. Central questions asked were: What is the role of architects, urban and landscape planners in the new collaborations? What does it mean when residents as a group steer the design process? First, we set up a research seminar (5 ECTS credits). This seminar explored new housing models that are emerging in Europe from different perspectives. It theorised self-organised housing in the context of current housing markets, sustainability standards, demography, and lifestyles. Student teams identified their own research questions, drew up a research plan, including methods such as desktop research, fieldwork, plan analyses, and international comparison. During sessions we discussed their findings and drew conclusions in a research report. In seven bi-weekly sessions, they received input from researchers, ecovillage and other housing activists, practitioners, and films. The second component was a design project (12 ECTS credits) with a concrete planning task involving real clients on a real site: to develop a design proposal for a self-organised housing project with high sustainability standards in the Hannover development area of Kronsberg. The *real-life* housing initiative ecovillage hannover interacted with students to produce their initial briefing (*Nutzungskonzept*) in interviews and during the project presentations. An important element in the process was to keep a (visual) 'design diary' in order to reflect on the design process, especially the role of professionals working directly with residents as clients. All participants of the project were invited to attend the components of the seminar and the presentations. Third, in December 2019, we offered the possibility to go on a field trip together. During a 3-day excursion we visited different generations of innovative housing projects in the Netherlands, talking with residents, planners, architects, and municipal authorities involved. The result of the evaluation shows that most students had little to very little previous knowledge about our topic. It is evident from the clear learning success they mentioned that our joint work has achieved something here. We seem to have established plausible practical references and structured the process well, although the workload was generally seen as heavy. The diverse working methods of the seminar with workshops, group work, and guest lectures, as well as jumping in at the deep end with the stakeholders from ecovillage, were evaluated very positively. The majority of students emphasised the relevance for our profession and would like to see these contents intensified in teaching.

Publication pdf *Innovative housing* downloadable at: https://www.ecovillage-hannover.de/mitmachen/themengruppen/begleitforschung (last accessed: 21.10.2020)

LISA KIETZKE, DR. LIDEWIJ TUMMERS-MUELLER
Lehre
Institut für Geschichte und Theorie der Architektur,
Planungs- und Architektursoziologie;
ecovillage hannover

DEBATTEN UM RABATTEN

EIN PODCAST ZUR FREIRAUMPOLITIK Öffentliche Freiräume sind voller Konflikte. Hier treffen sich Menschen mit unterschiedlichen Geschwindigkeiten und Ansichten. Sie begrüßen oder belästigen sich, bewegen sich oder stehen sich im Weg. Wie wollen wir diese Räume gestalten? Darum geht es im neuen Podcast „Debatten um Rabatten", den das Fachgebiet Freiraumpolitik und Planungskommunikation seit Januar 2020 produziert. Hier wird über aktuelle Fragen der Gestaltung und Nutzung unserer Freiräume gestritten, informiert und debattiert. Es geht zum Beispiel um gestresste Stadtbäume, um Festivalisierung und Eventisierung von Parks und Wiesenflächen, um Sport im Park, um das Wesen des Kleingartens und das Spazierengehen als Freiraumpraxis.

Das Podcast-Format ist dafür besonders geeignet, denn:

- Debattieren ist Kern der Freiraumpolitik.
- Auch das Testen und Finden geeigneter kommunikativer Formate zum Debattieren und Austauschen von Meinungen und Informationen zählt zum Anliegen der Freiraumpolitik.
- Man kann Podcasts vor Ort im Freiraum hören, auf der Parkbank, im Schwimmbad, im Wald – dort, wo die Themen sichtbar und erlebbar werden.

Der Podcast richtet sich vor allem an Studierende der Landschaftsarchitektur und Umweltplanung, aber auch an interessierte Laien. Er dient der Wissensvermittlung – aber nicht nur. Vor allem geht es darum, unterschiedlichste Stimmen zu Wort kommen zu lassen, aktuelle Denkanstöße zu geben und dazu zu inspirieren, nach dem Hören selbst weiter zu recherchieren und zu diskutieren. Das Umstrittene ist das Spannende.

Oft, aber nicht immer sprechen wir mit Expertinnen und Experten aus Forschung und Praxis. Manchmal erscheinen auch essayistische Formate und Features. Jede Folge ist etwa eine halbe Stunde lang.

Das Fachgebiet hat ein kleines Tonstudio eingerichtet, in dem in guter Tonqualität produziert werden kann. Wir üben uns darin, dichte, informative Texte zu verfassen und die Themen der Freiraumpolitik gut verständlich und anschaulich zu verpacken. So, dass das Hören Aufmerksamkeit fordert, gleichzeitig aber auch Spaß macht. Ob uns das gelingt, können Sie selbst prüfen: „Debatten um Rabatten" erscheint in unregelmäßiger Folge, ungefähr einmal im Monat, auf der Website des Instituts für Freiraumentwicklung und auf Spotify. Viel Spaß beim Hören!

DEBATTEN UM RABATTEN – A PODCAST ABOUT OPEN SPACE POLICY Since January 2020, the department of open space policy produces a podcast about current debates and topics in the field of public open spaces. This new format is reflecting on the core of open space policy as it is perfect to argue, raise questions, and discuss different opinions and perspectives. Episodes are released roughly every month. The podcast is available on Spotify and on the institute's webpage.

Das Logo des Podcasts: eine freiraumpolitische Debattenlandschaft mit vielen Facetten und Frequenzen

Das Tonstudio: Produziert wird der Podcast in einem kleinen Tonstudio, das das Fachgebiet eingerichtet hat.

PROF. DR. BETTINA OPPERMANN, MAREIKE THIES
Lehre
Institut für Freiraumentwicklung,
Freiraumpolitik und Planungskommunikation

AUSPROBIERT FACHÜBERGREIFENDE PRAXIS-PROJEKTE IN DEN UNIVERSITÄTSGÄRTEN Im Sommersemester 2019 haben die Fachgebiete Pflanzenverwendung und Technisch-konstruktive Grundlagen der Freiraumplanung zwei Masterprojekte durchgeführt, die sich des Themas der Pflege von Grünanlagen annahmen. Der Fokus lag auf der Erarbeitung konzeptioneller Pflegepläne und auf der praktischen Durchführung von Pflegemaßnahmen in den Anlagen. Auf dem Universitätsgelände Herrenhausen befinden sich mit dem Garten der Villa Maatsch und den auch Mauergärten genannten Gartenhöfen des Instituts für Landschaftsarchitektur gleich zwei Kleinode, an denen exemplarisch das Thema Pflege durchgespielt werden konnte. Die Projekte sollten zum einen das Bewusstsein angehender PlanerInnen für die Bedeutung einer fachgerechten Grünpflege schärfen und zum anderen Hinweise für den Umgang mit den Anlagen liefern.

Neues Leben für die Mauergärten

Die Gartenhöfe des Instituts für Landschaftsarchitektur entstanden in den 1950er Jahren als Demonstrations- und Versuchsgärten und stehen heute unter Denkmalschutz. Acht Studierende näherten sich dem Objekt unter anderem in einem selbst organisierten Arbeitseinsatz. Nach der Bestandsanalyse wurde ein Konzept für eine denkmalkonforme Instandsetzung und für die langfristige Instandhaltung erarbeitet. Ergebnisse sind unter anderem:

- Die sieben Gartenhöfe definieren sich über klare Kanten. Diese müssen wieder sichtbar gemacht werden.
- Der verwilderte Vorbereich der Mauergärten ist gleichsam der achte Gartenhof. Auch hier wäre ein hoher Pflegestandard angemessen.
- Die Nutzung der Gärten durch Studierende als Lehrgarten, grünes Arbeitszimmer oder zur Rekreation sollte gefördert werden.

Der Garten der Villa Maatsch

Das heute als Villa Maatsch bekannte Backsteingebäude stammt aus der Mitte des 19. Jahrhunderts und gehörte zur königlichen Plantage Herrenhausen. Die Bezeichnung leitet sich von Professor Richard Maatsch

Die Mauergärten – ein Kleinod

(1904–1992) ab, der Zierpflanzenbau lehrte und das Haus mit seiner Familie bewohnte. Den Garten um das Gebäude gestaltete er als Farngarten. Seine Farnsammlung ging nach seinem Tod in die Obhut des Berggartens über. Der Garten selbst hat in den folgenden Jahren seinen Charakter bis auf wenige Strukturen verloren. Die Villa Maatsch steht zusammen mit ihrem Garten unter Denkmalschutz. Auf Grundlage der Geschichte und des Bestands haben die Studierenden drei Gestaltungspläne mit Pflegekonzepten für den Garten entwickelt. Erkenntnisse sind unter anderem:

- Die Anlage sollte unter Berücksichtigung alter Grundstrukturen und der aktuellen Pflegemöglichkeiten neu konzipiert werden.
- Der waldartige Saum und die offene Fläche zum Haus sollten als charakteristische Gestaltungselemente beibehalten werden.
- Pflegekapazitäten und -kosten sind bei einer Neuplanung bereits zu beachten, um einen langfristigen Erhalt zu gewährleisten.

Lehr- und Lerngärten

Insbesondere die Praxiseinheiten bereicherten die Projekte und wurden von den Studierenden positiv bewertet. Das Thema Pflege erwies sich jedoch als komplexer als zunächst gedacht. Eine langfristige Erhaltung gestalterisch anspruchsvoller Grünanlagen – wie der beiden beschriebenen Beispiele – erfordert qualifizierte und konstante Pflege. Hier zeigten sich die Grenzen gelegentlichen Engagements. Dennoch

Der ehemalige Farngarten der Villa Maatsch

können Lehrveranstaltungen wie diese dazu beitragen, die Universitätsgärten stärker ins Bewusstsein der Studierenden zu rücken und gleichzeitig die Qualität der Lehre zu steigern. Die Projekte haben auch dazu neue Anregungen gebracht. Das Thema bleibt spannend!

TRIED OUT – INTERDISCIPLINARY PRACTICAL PROJECTS IN THE UNIVERSITY GARDENS During the summer semester 2019, two master projects, performed by the departments of Planting Design and Construction Techniques in Open Space Planning, dealt with the maintenance of green spaces. The projects focused on theoretical and practical aspects of maintenance. The garden of Villa Maatsch and the Wall Gardens of the Institute of Landscape Architecture, both located on the Herrenhausen campus, were suitable study objects for garden maintenance. The projects aimed at teaching future planners the meaning of maintaining green areas professionally and pointing out new aspects of managing the examined gardens.

PHILIPP LUDWIG, DR. SABINE REICHWEIN, PROF. ANKE SEEGERT
Lehre
Institut für Landschaftsarchitektur, Pflanzenverwendung; Technisch-konstruktive Grundlagen der Freiraumplanung

KONSTRUKTIVE WAHRNEHMUNGEN IN MOSKAU

Auf Wunsch der Studierenden organisierte das Institut eine Exkursion nach Moskau, um mehr über russische Architektur, Städtebau, dortige Planungsbüros und die Architekturlehre vor Ort zu erfahren. Besichtigt wurde eine Vielzahl von Gebäuden aller Epochen bis hin zu den neuen Hochhäusern der Moskau City mit dem Schwerpunkt auf moderner und konstruktivistischer Architektur. Die Highlights waren der Baustellenbesuch der in Rekonstruktion befindlichen Narkomfin-Wohnanlage von Moissei Ginsburg und Ignati Milinis, die Russische Akademie der Wissenschaften, das 400 Meter lange Wohnhaus Schiff, eine Führung durch Konstantin Melnikovs Wohnhaus sowie durch Le Corbusiers Gebäude Centrosojus (jetzt Russisches Bundesamt für Statistik), das Hotel Leningradskaya in einer der Sieben Schwestern und die Metro mit ihren Stationen.

Dazu unternahmen die Teilnehmenden zusammen mit der Simultandolmetscherin Margarita Vishnevskaya Besuche mit Führungen, Vorträgen und Diskussionsrunden. Der erste Besuch galt dem Moskauer Architekturbüro Skuratov, das eine Vielzahl von Bauprojekten in Russland und Moskau realisiert hat, regelmäßig an Wettbewerben teilnimmt und sich entwurflich und baulich Zeit für das konstruktive Detail nimmt. Als zweiter Besuch stand das medial sehr gut ausgestattete Moskauer Baudezernat auf dem Programm, das anhand von Beispielen zeigte, wie es virtuelle Planungswerkzeuge in der Stadtplanung verwendet. Das Dezernat betreibt eine eigene Modellbauabteilung, in welcher derzeit ein neues städtebauliches Modell Moskaus im Maßstab 1:100 erstellt wird. Zudem wurde den Teilnehmenden in Vorträgen die Stadtgeschichte Moskaus, deren Metro sowie ein Ausblick auf die Erweiterung der Stadt vorgestellt. Der Besuch endete mit einer Diskussionsrunde mit dem stellvertretenden Leiter Sergej Glubokin über städtebauliche Fragen zur zukünftigen Entwicklung Moskaus. Als drittes besuchten die Teilnehmenden das 1933 gegründete Moskauer Architekturinstitut MArchI, ein Zusammenschluss mehrerer Architekturschulen der konstruktivistischen Strömungen. Die Führung durch die

Akademie der Wissenschaften von Juri Platanow, 1988

Fakultät hatten die dortigen Studierenden organisiert. Es zeigte sich, dass die Schule in den Grundlagen des Architekturstudiums sehr hohen Wert auf die klassischen Darstellungsarten der Kunst und der Skulptur legt. Bereits für die Aufnahme ist zeichnerisches Können Bedingung. Anschließend stellten sich das Institut für Industriebau und das Institut für Baukonstruktion vor. Bei der nachfolgenden Diskussion wurde deutlich, dass das Studium straff organisiert ist, die Institute in ihren einzelnen Fachgebieten eher für sich agieren, interdisziplinäres Arbeiten selten stattfindet und man sich mehr an der klassischen Formfindung im Entwurf orientiert. Fragen der technischen und konstruktiven Weiterentwicklung und der nachhaltigen Ressourcennutzung stehen nicht auf der Agenda.

Die Exkursion war für die Beteiligten eine wertvolle Erfahrung. Dazu gehörte, dass die Architektur westliche Einflüsse mit einer eigenständigen Note aufweist, die man als skulptural mit einem Hang zur Größe bzw. Monumentalität einordnen kann, teils ergänzt durch Ornament, Struktur und/oder eine Allegorie. Auffällig ist der schnelle „Puls" der Stadt, der der Beobachtung nach durch das disziplinierte Verhalten der Bevölkerung ermöglicht wird. Spürbar ist ein Hang zur Agitation vom multimedialen Werbeschild über die Illuminierung von Gebäuden, Passagen und Plätzen bis hin zu staatlicher Propaganda auf dem Roten Platz. Die Stadt wird sichtlich allen Ortes gepflegt und sauber gehalten. In einem waren sich die Teilnehmenden einig:

Die russische Küche ist extrem vielfältig, sehr gut und erstaunlich günstig. Die Menschen, die wir während des Aufenthalts getroffen haben, waren sehr freundlich, zuvorkommend und hilfsbereit.

CONSTRUCTIVE PERCEPTIONS IN MOSCOW

The excursion to Moscow focused on Russian architecture, urban planning, local offices, and architectural studies. Buildings from the tsarist era up to modern architecture were visited. The excursion included several visits from an local architecture office, the Moscow Building Department to the Moscow Institute of Architecture, MArchI, each of them with guided tours and discussion about architectural topic's.

Moskauer Architektur Institut (MArchI), ausgestellte Studienarbeiten der Institute

PROF. MICHAEL SCHUMACHER, PATRIK BECKMANN, CHRISTIAN EIKELBERG, DENIS FINK, VIKTORIA FINK, LUIS ARTURO KRUMME, MAX PAPE, SARAH WEHMEYER
Lehre
Institut für Entwerfen und Konstruieren, Baukonstruktion und Entwerfen

JÖRG FRIEDRICH WOLLTE KEINE VERABSCHIEDUNG ...

... er war einfach eines Tages weg. Das passte zu ihm, er war 100 Prozent da und dabei 150 Prozent präsent oder eben nicht. Dazwischen gab es nichts. Nach fast 20 Jahren Lehre im Entwurf und in der architektonischen Forschung an unserer Fakultät hat er sich von der Universität verabschiedet.

Diesmal war es nicht freiwillig, und seine plötzliche Erkrankung ließ uns, KollegInnen und FreundInnen, mit Sorge an ihn denken. Umso freudiger sind wir, dass er sich davon gut erholen konnte und heute, mit ein paar Kilo weniger ziemlich gutaussehend, wieder dynamisch, auch nachdenklich in der Öffentlichkeit erscheint. An die Universität hat ihn nichts mehr zurückgezogen, seine Pensionierung stand unmittelbar bevor. Seine Professur hat er für 19 Jahre, seit 2000, engagiert realisiert und sich mit großem Engagement für Studierende und seine MitarbeiterInnen eingesetzt. Nun ist dieses Kapitel seines Lebens abgeschlossen, und er wendet sich alten Themen neu zu: seine Architektur weitertreiben, wohl auch das Leben genießen.

Er hat die Fakultät über seine letzten drei Jahre an der Leibniz Universität im Senat, Präsidium und Fakultätsrat sehr gut vertreten: klar und präsent, fordernd und stützend, unerwartet diplomatisch und nahezu staatstragend. Unerwartet deswegen, weil er ziemlich direkt sein konnte. Was Betroffenen als Anmaßung erschien, war häufig berechtigte Kritik. Da hat er nicht nach schönen Worten gesucht, sondern das brachte er unmissverständlich vor. Und wen er nicht leiden konnte, der hat es gemerkt. Andersherum hat es aber auch funktioniert: Dann konnte Jörg Friedrich sich begeistern, einen unterstützen und seiner Anerkennung Ausdruck verleihen.

Die Studierenden und seine MitarbeiterInnen kamen gut mit seiner spontanen klaren Sprache zurecht, denn auch sie forderte er mit seiner Kritik heraus und kitzelte dabei Mut, Gestaltungswille und Ehrgeiz hervor, sodass er sie zu Höchstformen reizte. Für ihn ist das Studium der Architektur nicht ein wohlfeiles Funktionieren und Umsetzen von Programmen, sondern die Suche nach einer Idee, nach einem Statement und nach einer Haltung. Er förderte mehr ein überbordendes Ausprobieren als klein-klein das Machbare zu sichern. Das war nicht nur sein Lehrkonzept, darauf basiert ebenso sein beruflicher Erfolg, vielleicht auch seine Lebenshaltung: Wagen, Ausprobieren und Ausreizen, bitte keine Konventionen. Diese Haltung ist mit einem fundierten Wissen der Baugeschichte und Architekturtheorie gepaart. Hier kommen ihm seine postgraduierten Studien in Venedig sowie an der Bibliotheca Hertziana in Rom zugute. Diese langjährigen Studien haben die intellektuelle und persönliche Basis gelegt, auf deren Grundlage man eben Risiko eingehen darf. Er ließ den Studierenden in jedem Fall genügend Raum, sich zu entfalten. Es durfte zu viel sein, auch übertrieben, nur langweilig durften die Arbeiten nicht sein oder gar uninspiriert.

Eine weitere Fähigkeit von Jörg Friedrich ist das Weben von Kontakten, und das konnte er für die Fakultät einsetzen. Seine Kontakte sind legendär, er ist gut vernetzt in der Architektur- und Kunstszene, nicht nur in Deutschland, sondern insbesondere nach Italien. Viele Studierende profitierten von den Exkursionen, Workshops und Projekten in Rom, Venedig oder sonst wo in Italien.

Seine Persönlichkeit, seine architektonische Haltung und sein Werk als Architekt, firmierend als PFP-Architekten in Hamburg, haben einen erheblichen Beitrag in der deutschen Architektur ab den 1980er Jahren geleistet. Sein energetischer Einsatz war eben auch an der Leibniz Universität ab 2000 spürbar. Denn der Entwurf und die Gebäudelehre an unserer Fakultät traten wieder aus dem Schatten und die Fakultät hat weiterhin eine starke Stellung innerhalb deutscher Architekturfakultäten inne. Dazu haben viele KollegInnen beigetragen, aber auch Jörg Friedrich, der sich und die Fakultät positiv ins Licht rücken konnte.

Als er 2000 an die Universität kam, hat er als erstes in Kooperation mit der Kestnergesellschaft Hannover einen internationalen Workshop veranstaltet, bei dem innerhalb einer Woche die gesamte Ausstellungsfläche der Kestnergesellschaft genutzt wurde, um mit Studierenden und internationalen Gästen das Steintor in Hannover neu zu interpretieren und gestalterische Möglichkeiten auszuprobieren. Die Ergebnisse sind in dem Buch *Radical City Vision. Modelle einer Stadtplanung für Hannover* veröffentlicht. Eine weitere wichtige Recherche hat er 2014 angeschoben: Vor der ersten großen Flüchtlingswelle entwickelte er mit Studierenden und wissenschaftlichen MitarbeiterInnen Handlungsstrategien und konkrete architektonische Konzepte für innovative und prototypische Formen des Wohnens für Geflüchtete. Er nahm sich als Erster dabei des Themas an, was für ein Minimum an Lebensraum notwendig ist, mit dem Anspruch, dass gestalterisch mehr möglich sein muss als ein pragmatisches Minimum. Dabei war seine Betrachtung darauf ausgerichtet, vergessene Flächen in der Stadt zu aktivieren. Diese gestalterische Forschung wurde 2015 in dem Buch *Refugees Welcome. Konzepte für eine menschenwürdige Architektur* veröffentlicht. In dem Zusammenhang war er ein gefragter Gast bei Talkshows, Symposien und Kongressen. Er war mal wieder mit dem richtigen Thema zur richtigen Zeit am richtigen Ort. Mit der Publikation *Zukunft: Wohnen. Migration als Impuls für die kooperative Stadt* entwickelte er die in den Fokus gerückte Wohnraumfrage – nicht nur für unmittelbar Bedürftige – weiter. Wir sind gespannt und neugierig auf seine zukünftigen Beiträge zur Architektur. Und ich hoffe, mit ihm diese Themen – selbstverständlich bei gutem Wein und gutem Essen – wieder aufzunehmen und darüber zu streiten.

JÖRG FRIEDRICH DID NOT WANT ANY ADOPTION... Since 2000, Jörg Friedrich was Professor of Design and Architectural Theory at the Institute of Design and Building Theory. For 19 years he held his professorship, working for students and staff with great dedication.

His personality, his architectural approach and his work as an architect made a significant contribution to bringing architectural design at the faculty out of the shadows. At the end of the winter semester 2019/20, Professor Friedrich retired.

PROF. HILDE LÉON
Lehre
Institut für Entwerfen und Gebäudelehre

FACULTY NEWS

NEUBERUFUNGEN UND VERABSCHIEDUNGEN

VERTRETUNGSPROFESSUR ARMAND GRÜNTUCH
Zum Sommersemester 2019 übernahm Armand Grüntuch für ein Jahr die Vertretung von Prof. Jörg Friedrich. Armand Grüntuch studierte Architektur an der RWTH Aachen, sammelte Erfahrung im Büro Foster + Partners in London und gründete 1991 gemeinsam mit seiner Frau das Architekturbüro Grüntuch Ernst Architekten in Berlin. Die hohe Qualität ihrer Bauten führte zu zahlreichen Veröffentlichungen und Auszeichnungen. Während seiner zwei Semester am IEG betreute Armand Grüntuch erfolgreich Projekt- und Abschlussarbeiten mit innovativen Konzepten. Wir bedanken uns sehr herzlich für die Zusammenarbeit!
[IEG – Entwerfen und Architekturtheorie]   ▽

PROF. DR. FRANK OTHENGRAFEN Sechs Jahre war Dr. Frank Othengrafen am IUP in der Abteilung Raumordnung und Regionalentwicklung Juniorprofessor für Landesplanung und Raumforschung, vor allem Regional Governance. Zum 1. April 2019 hat er die Leitung des Fachgebiets Stadt- und Regionalplanung der Fakultät Raumplanung an der TU Dortmund übernommen und kehrt damit an seine eigene Ausbildungsstätte zurück. Mit Prof. Dr. Frank Othengrafen wechselte Dr. Meike Levin-Keitel nach Dortmund. Das IUP verabschiedete zwei in Forschung und Lehre gleichermaßen höchst engagierte Persönlichkeiten.
[IUP – Raumordnung und Regionalentwicklung]

PROF. DR. CHRISTINA VON HAAREN IM PRÄSIDIUM DER LUH Seit dem 15. Mai 2019 ist Christina von Haaren, Professorin für Landschaftsplanung und Naturschutz am IUP, neue Vizepräsidentin für Internationales der Leibniz Universität Hannover. Die Probleme der Internationalisierung kennt sie aus ihrer universitären Praxis, aus englischsprachigen Lehrveranstaltungen, durch die Betreuung internationaler Promovierender und als Mitglied internationaler Forschungsteams. Auch die Internationalisierung der Verwaltung ist eine Herausforderung, der sie sich widmen muss.
[IUP – Landschaftsplanung und Naturschutz]

PROF. TOBIAS NOLTE Zum Wintersemester 2019/20 hat Tobias Nolte den Ruf für die Professur Mediale Architekturdarstellung am IGD angenommen. Er bringt reiche Erfahrungen an international herausragenden Architekturprojekten wie der Fondation Louis Vuitton mit. Seine eigene Arbeit mit dem Büro Certain Measures ist vielfach ausgezeichnet und unter anderem Teil der permanenten Sammlung des Centre Pompidou. Seine exzellente internationale Vernetzung mit Architekturfakultäten und der Praxis sind ein Gewinn für die Fakultät.
[IGD – Mediale Architekturdarstellung]

PROF. JÖRG FRIEDRICH Seit 2000 war Jörg Friedrich am IEG Professor für Entwerfen und Architekturtheorie. Seine Professur hat er 19 Jahre lang mit großem Engagement realisiert und sich für Studierende und seine MitarbeiterInnen eingesetzt. Seine Persönlichkeit, seine architektonische Haltung und sein Werk als Architekt haben einen erheblichen Beitrag dazu geleistet, dass der Entwurf und die Gebäudelehre an der Fakultät wieder aus dem Schatten traten. Zum Wintersemester 2019/20 verabschiedete sich Prof. Friedrich in den Ruhestand.
[IEG – Entwerfen und Architekturtheorie]

PROF. DR. HANS LANGER Am 16. Oktober 2019 verstarb Prof. Dr. Hans Langer im Alter von 86 Jahren. Er hat Generationen von Studierenden der Landschaftsplanung geprägt. Hans Langer wurde am 8. Februar 1933 in Böhmen geboren und wuchs in Bayern auf.

Nach Studium und Promotion an den Universitäten München und Göttingen kam er 1963 nach Hannover. Hier habilitierte er sich 1966 bei Prof. Dr. Konrad Buchwald. 30 Jahre lang, von 1968 bis 1998, lehrte und forschte Hans Langer als Professor für Landschaftsökologie und Landschaftsplanung an der Universität Hannover. Seine Arbeitsschwerpunkte waren die querschnittsorientierte Landschaftsplanung, integrierter Naturschutz und Ökosystemtheorie.
[IUP – Institut für Umweltplanung]

PROF. DR. CHRISTIAN ALBERT Fünf Jahre hatte Dr. Christian Albert die Juniorprofessur Landschaftsplanung und Ökosystemleistungen am IUP inne. Seit dem 1. Dezember 2019 ist er Professor für Planning Metropolitan Landscapes (PLACES) am Geographischen Institut der Ruhr-Universität Bochum. Die von ihm am IUP aufgebaute Nachwuchsgruppe PlanSmart bleibt noch in Hannover und wird weiterhin von Prof. Dr. Albert geleitet.
[IUP – Landschaftsplanung und Ökosystemleistungen]

BESONDERE AUSZEICHNUNGEN

KULTURPREIS DER DGGL 2019: ANERKENNUNG FÜR HANNOVER VOIDS – VOM UNIVERSITÄREN SEMINAR ZUM EHRENAMTLICHEN ENGAGEMENT Im Wintersemester 2018/19 haben Anett Eberhardt (IES) und Kendra Busche (IF) eine interdisziplinäre Lehrveranstaltung unter dem Titel „Urban Issues – Hannover VOIDS" angeboten. Die Studierenden entwickelten im Rahmen des Seminars die Internetseite hannover-voids.de. Sie zeigt Möglichkeitsräume in Hannover auf und stiftet seit Beendigung des Seminars ehrenamtlich zu kokreativer Stadtentwicklung an. Für ihre Vor-Ort-Aktionen wurde sie von der Deutschen Gesellschaft für Gartenkunst und Landschaftskultur ausgezeichnet. Das Kollektiv Hannover VOIDS erhielt eine Anerkennung des Kulturpreises für Bürgerschaftliches Engagement für Gärten, Parks und Plätze.
[IES – Städtebauliches Entwerfen /
IF – Entwerfen urbaner Landschaften]

ZWEIFACH AUSGEZEICHNET: HO CHI MINH CITY – SUPERBLOCKS Die Masterthesis von Quang-Minh Huynh wurde mit dem von der Lavesstiftung ausgelobten Lavespreis für den beruflichen Nachwuchs der Architektinnen und Architekten in Niedersachsen (3. Preis) und dem BDA-Preis Master (2. Preis) ausgezeichnet. Im Rahmen des Projekts entwickelt Quang-Minh Huynh iterative Modelle zur Nachverdichtung der gewachsenen Gassenviertel von Ho Chi Minh City in Vietnam, um den fortschreitenden Gentrifizierungsprozessen entgegenzuwirken und trotz Verdichtung und notwendiger Aufwertung die Qualitäten der informell gewachsenen Stadtquartiere zu bewahren. Die Arbeit entstand am Institut für Entwerfen und Städtebau bei Prof. Andreas Quednau.
[IES – Städtebauliches Entwerfen] ▽

LAVESPREIS FÜR BACHELORTHESIS VON JES HANSEN Im Rahmen des Lavespreises 2019 wurde die Bachelorthesis „Gedenkort Kräutergarten der Deutschen Versuchsanstalt Dachau" von Jes Hansen mit einem Sonderpreis ausgezeichnet. Die Thesis dokumentiert und untersucht den Ort, an dem die Insassen des KZ Dachau Zwangsarbeit verrichten mussten und dabei vielfach zu Tode kamen. Jes Hansen macht diesen Ort, der direkt neben dem Lager lag und heute von einem Gewerbegebiet überbaut ist, in seiner historischen und räumlichen Dimension wieder begreifbar. Hansen entwickelte zudem ein Konzept zum Umgang mit den baulichen Überresten und Szenarien für eine künftige Nutzung als Gedenkort.
[IGT – Bau- und Stadtbaugeschichte]

BDA-PREIS: GEMEINSCHAFTLICHES WOHNEN IN SHENZEN Shenzen ist eine rasant wachsende Millionenmetropole und gilt als das chinesische Silicon Valley. Die vermehrte Ansiedlung von Tech-Unternehmen und Start-ups zieht viele junge Menschen in die Stadt. Daraus resultiert eine hohe Wohnungsnot. Lu Zhang nahm dies zum Ausgangspunkt für ihre Masterthesis „Gemeinschaftliches Wohnen in Shenzen" und entwickelte ein Angebot neuer Wohnformen als Reaktion auf die sich wandelnden Bedürfnisse und Wünsche an das Zusammenleben. Die Arbeit entstand am Institut für Entwerfen und Städtebau bei Prof. Andreas Quednau und Ina-Marie Kapitola und wurde im Winter 2019/20 mit dem BDA-Preis Master (3. Preis) ausgezeichnet.
[IES – Städtebauliches Entwerfen] ▽

HAWA STUDENT AWARD 2019: MICROLIVING Im Rahmen des HAWA Student Award 2019 mit dem Titel „Microliving" hatten die teilnehmenden Studierenden die Aufgabe, neue und innovative Ideen für Kleinwohnungen und gemeinsam genutzte Räume zu entwickeln. Die Jury, bestehend aus einer sechsköpfigen renommierten Fachpreisrichterschaft, verlieh den Masterstudenten Jonas Trittmann und Christian Bischoff mit ihrem Beitrag „Landmarke im Quartier" den zweiten Preis. Der Entwurf gliedert sich in eine multi-

funktionale Wandelhalle und zwei Wohnscheiben, die individuelle wie gemeinschaftlich nutzbare Räume geschickt miteinander verweben. Die Preisverleihung fand am 5. März 2020 im Kulturhaus Kosmos in Zürich statt.
[IEK – Baukonstruktion und Entwerfen] ▽

TRANSFORMATION 2020: SONDERPREIS FÜR STUDENTINNEN DER UNIVERSITÄT HANNOVER In diesem Jahr widmete sich der vom Kulturkreis der deutschen Wirtschaft im BDI e.V. veranstaltete Architekturwettbewerb „Transformation" in Kooperation mit Artprojekt der Aufgabe, ein grünes Quartier am Hafenplatz Berlin zu schaffen. Es wurden dazu Studierende der UDK Berlin, der Hochschule Bochum, der TU Braunschweig und der Universitäten Stuttgart und Hannover eingeladen.
Der mit 1000 Euro dotierte Sonderpreis ging an die Studentinnen Lenya Schneehage und Rebekka Wandt für das Projekt Farm X Berlin. Aus 14 Entwürfen wählte

die hochkarätige Fachjury die besten Arbeiten für die Gestaltung eines grünen Quartiers in Kombination mit Urban Farming in Berlin-Kreuzberg aus.

[IEG – Entwerfen und Architekturtheorie]   ▽

HOCHSCHULPREIS NIEDERSÄCHSISCHE AKADEMIE LÄNDLICHER RAUM: ZWEI ERSTE PREISE UND DREI ANERKENNUNGEN Die Zukunft auf dem Land gestalten – Jutta Kremer, Staatssekretärin im Niedersächsischen Ministerium für Bundes- und Europaangelegenheiten und Regionale Entwicklung, konnte in diesem Jahr wegen der hohen Qualität der eingereichten Arbeiten zwei erste Preise vergeben, und zwar beide an Absolventinnen der Fachgruppe Landschaft der LUH. Einen erhielt Joyce Gosemann für ihre am IUP erstellte Bachelorarbeit „Small & Urban – Urbanität in Kleinstädten am Beispiel der Stadt Holzminden", betreut von Prof. Dr. Rainer Danielzyk (IUP) und Benny Hung (IGT), der andere ging an Ann Kathrin Schönmann für ihre Masterarbeit „Küsten der Zukunft – Auf dem Weg zu Meer Land", betreut am ILA von Prof. Christian Werthmann und Lisa Seiler.

Zusätzlich zu den Preisen gab es drei Anerkennungen, die ebenfalls alle an Studierende der Fakultät für Architektur und Landschaft gingen: Julian Gick, Maurice Grefe, Charleen Heins, Shari Jäkel, Daniel Schulz, Beatrice Wangler und Mathis Züchner erhielten

eine Anerkennung für ihr Masterprojekt am IUP „Und nach dem Projekt? Erfolgsfaktoren für die Verstetigung projektbezogener Planung", betreut von PD Dr. Sylvia Herrmann und Falco Knaps. Eine weitere Anerkennung ging an Imke Ortgies für ihre Masterarbeit „Umgang mit Konflikten zwischen den Interessen des Naturschutzes und denen anderer Landnutzer", betreut am IUP von PD Dr. Sylvia Herrmann und Michael Reich. Die dritte Anerkennung erzielte Mariena Büscher für ihre Masterarbeit „Unten an der Beeke – Freiraum am Laßbach im Kontext nachhaltiger Entwicklung des Dorfes Kükenbruch", betreut von Prof. Dr. Martin Prominski (IF) und Prof. Dr. Tanja Mölders (gender_archland).

[Fachgruppe Landschaft]   ▽

Mitglieder der ALR und der Jury mit den beiden Preisträgerinnen Joyce Gosemann und Ann Kathrin Schönmann sowie Staatssekretärin Jutta Kremer (2. bis 4. v. l.; Foto: Viola Maiwald)

AUSSTELLUNGEN

DIE LETZTE REISE – HOSPIZ UCKERMARK IN GREIFFENBERG Am 4. Juni 2019 fand im Foyer der Fakultät für Architektur und Landschaft die Eröffnung der Ausstellung „Die letzte Reise – Hospiz Uckermark in Greiffenberg" statt. Gezeigt wurden, nach Präsentationen und Ausstellungen in Greiffenberg und Angermünde, 13 zukunftsweisende Hospiz-Projekte von 19 Studierenden, die im Wintersemester 2018/19 entstanden

sind. Die Ausstellung wurde vom Palliativmediziner und Initiator des Projekts, Dr. Moritz Peill-Meinighaus, dem Bürgermeister von Angermünde, Frederik Bewer, und von Peter Haslinger eröffnet. Begleitend zu der Ausstellung ist die Publikation der Projekte „Die letzte Reise – Ein Hospiz in Greiffenberg" erschienen.

[IEG – Entwerfen und Architekturtheorie]   ▽

MEASURES OF GREEN – FREIRAUMINSTALLATION ZUM SOMMERFEST 2019 DER LUH Zum Sommerfest 2019 wurde eine Freirauminstallation vom Fachgebiet Landschaftsarchitektur und Entwerfen gestaltet: „Measures of Green" macht trockene Statistiken sichtbar und zeigt, wie viel an öffentlich zugänglichen Grünflächen den Menschen in unterschiedlichen Städten der Welt zur Verfügung steht. Eine Konzeption mit abgespannten Fäden und gemähten Kreisen konnte unterschiedlich große Freiflächen begeh- und erfahrbar machen. Die einen bieten Platz für Rückzugsorte und Zusammensitzen (Hannover: 43 Quadratmeter pro Person), andere verdeutlichen eindrücklich, dass vielerorts nicht mehr Platz als für einen Stuhl vorhanden ist (Lima: 2 Quadratmeter pro Person).

[ILA – Landschaftsarchitektur und Entwerfen]   ▽

INSTALLATION IM SPRENGEL MUSEUM Der Demonstrator „Schmetterlingshaus" wurde im August 2019 im Calder-Saal des Sprengel Museums temporär installiert. Er ist eine Version des Schmetterlingshauses, das Nils Opgenorth im Rahmen seiner Bachelorthesis am Lehrstuhl dMA entworfen hat. Der Form liegt ein Konstruktionssystem aus dünnen, biegebelasteten Platten zugrunde. Geometrie, Material, Detail und Fertigung wurden integrativ entwickelt und resultieren in einer Architektur, die ausschließlich aus einer 2 Millimeter starken Haut besteht. Die irisierenden Polycarbonatplatten sind algorithmisch konfektioniert und CNC-geschnitten. Wir danken dem Sprengel Museum, insbesondere Gabriele Sand, herzlichst.
[IGD – Digitale Methoden der Architektur] ▽

CREATIVE FOOD CYCLES @ FUTURE ARCHITECTURE Die Ausstellung des Projekts „Creative Food Cycles", von 2018 bis 2020 im Programm „Creative Europe" der EU gefördert, bildet in sieben Städten einen Kristallisationspunkt für Wissensaustausch zwischen Forschung und Gesellschaft. Die Ausstellung in Ljubljana, Slowenien, im Februar 2020 war Teil von „Creative Exchange 2020", einer Konferenz und Messe für Ideen zur Zukunft der Städte und der Architektur. Sie wird jährlich von Future Architecture veranstaltet, einer von der EU geförderten Plattform, die einen Verbund kultureller Akteure der Architektur schafft und junge Talente fördert. Partner sind profilbildende Institutionen wie Museen, Kunstgalerien, Verlage, Biennalen und Festivals in ganz Europa.
[IES – Regionales Bauen und Siedlungsplanung]

HABILITATIONEN

PROF. DR. TANJA MÖLDERS 25. Juni 2019: Die Antrittsvorlesung von Prof. Dr. Tanja Mölders fand am 25. Juni 2019 an der Leuphana Universität Lüneburg statt. Sie hat sich dort im Fach Nachhaltigkeitswissenschaft/Sustainability Science habilitiert. Die Habilitationsschrift trägt den Titel „Die Natur des Ländlichen – Zur Konzeption gesellschaftlicher Natur- und Geschlechterverhältnisse in ländlichen Räumen".
[IGT – gender_archland]

DISSERTATIONEN

CHEN WEN 29. Juli 2019: How Can We Plan a Landscape to Fulfill the Special Demands of Ageing People Towards Cultural Ecosystem Services? Developing an Adapted Landscape Planning Approach with Focus on Short Trip Recreation
[von Haaren, IUP/Albert, IUP]

ANA PIMENTA RIBEIRO 14. August 2019: Energy & Persistance – The Sustainable Potential of Biomass for Decentralized Energy Production in Germany and Brazil
[Rode, IUP/Herrmann, IUP]

NANA WIX 21. August 2019: Blühstreifen als Naturschutzmaßnahme zur Förderung der Biodiversität in maisdominierten Agrarlandschaften am Beispiel der Vögel und Tagfalter
[Reich, IUP/Reck, Christian-Albrechts-Universität zu Kiel]

LUQI WANG 23. Oktober 2019: Active Transportation Promotion Strategies Based on Local Built Environment
[Othengrafen, IUP/Danielzyk, IUP]

JANINE SYBERTZ 7. Januar 2020: Auswirkungen landnutzungs- und klimawandelbeding-

ter Umweltveränderungen auf Tierarten und naturschutzfachliche Handlungsoptionen
[Reich, IUP/Bonn, Deutsches Zentrum für integrative Biodiversitätsforschung (iDiv) Halle–Jena–Leipzig]

JOHANNA HURST 27. Januar 2020: Erfassung der Fledermausaktivität über dem Wald als Grundlage für methodische Empfehlungen zu Untersuchungen und Maßnahmen an Windkraftstandorten im Wald
[Reich, IUP/Köppel, TU Berlin]

LISTEN PRIMA 23. März 2020: Heritage-Led Sustainable Development of Indonesia's Villages
[Schröder, IES/Ferretti, Università Politecnica delle Marche]

GÄSTE UND VORTRÄGE

URBAN ISSUES – LUNCHTIME LECTURE SERIES Die Vortragsreihe „Urban Issues" hat im Winter 2019 die Frage zukünftiger Nutzungsmöglichkeiten von Open Data für Architektur und Städtebau beleuchtet. Die Beiträge kamen von der Digital-Product-Designerin und Architektin Lucia Tahan zu „Augmented Domesticity – Mixed Reality in the Future of Housing", dem Dozenten für IT und digitale Wirtschaft Timo Daum zu „Smart City – Machtfragen um Datenregime digitaler Städte" und dem Stadtplaner und Juniorprofessor für Digitalisierung, Visualisierung & Monitoring in der Raumplanung Dr. Martin Berchtoldt mit dem Titel „Von Tierchen, Tankern und 50.000ern". Organisiert hat die Reihe Benedikt Stoll, Abteilung Städtebauliches Entwerfen (Prof. Andreas Quednau).
[IES – Städtebauliches Entwerfen]

VORTRÄGE IM RAHMEN DER VORTRAGSREIHE „DIENSTAGS UM 6" IM SOMMERSEMESTER 2019

DR. MATTHIAS ALEXANDER (Feuilleton der FAZ): Verpasste Chancen und vermiedene Katastrophen

PROF. BARBARA ZIBELL Abschiedsvorlesung: Zwischen Vision und Transformation

ARMAND GRÜNTUCH (Grüntuch Ernst Architekten, Berlin): Sinn und Eigensinn

CLAUDIA MEIXNER (Meixner Schlüter Wendt Architekten, Frankfurt/Main): Werkbericht

PROF. TIM RIENIETS Antrittsvorlesung: Die vierte Dimension des städtischen Raumes

NICOLE BERGANSKI (NKBAK Architekten, Frankfurt/Main): Wir treffen uns bei Pink

BERND SCHMUTZ (Bernd Schmutz Architekten, Berlin): Nach der Moderne, vor der Moderne

Antrittsvorlesung Prof. Tim Rieniets
(Foto: Julian Martitz)

VORTRÄGE IM RAHMEN DER VORTRAGSREIHE „DIENSTAGS UM 6" IM WINTERSEMESTER 2019/20

DR. ROSALINA BABOURKOVA/JAN MUSIKOWSKI (Futurium gGmbH, Berlin/Richter Musikowski Architekten, Berlin): Futurium Berlin – ein Haus und viele Zukünfte

CARLOS LEITE (Mackenzie Presbyterian University, São Paulo): Social Urbanism in Latin America

DISKURS Unser Haus – ein Baudenkmal. Moderne reparieren, sanieren, erhalten

CHRISTOPH KÜFFER (HSR Hochschule für Technik, Rapperswil, Schweiz): Biodiversität entwerfen

MAX NALLEWEG (Kim Nalleweg Architekten, Berlin): Erste Realisierungen

MATTHIAS SAUERBRUCH (Sauerbruch Hutton, Berlin): Das städtische Hochhaus

YASMIN KHERAD (Herzog & de Meuron, Basel/Berlin): How Long Is Now?

ROGER BOLTSHAUSER (Boltshauser Architekten, Zürich): Entwerfen mit dem Faktor Klima

JUNG & SCHÖN *Was, wenn nicht Architektur ...? Schwarz oder weiß? Rollkragen oder Sakko?* Auch im vergangenen Jahr haben wir die jungen (oder schönen) VertreterInnen von verschiedenen Büros zur Seite genommen, damit sie sich in Form eines kleinen Interviews selbst vorstellen können. Dieses Mal haben uns elii, CBAG und fala im Sommersemester sowie AgwA, CENTRAL und NP2F im Wintersemester in einem kleinen Vortrag einen teils sehr persönlichen Einblick in ihren Entwurfsprozess ermöglicht. Im Anschluss gab es wieder Zeit für Fragen und Gespräche bei Musik und geöffneter Bar. Die anfangs erwähnten Interviews können (natürlich in Schwarz-weiß) auf unserem archifachschaft Youtube-Kanal nachgeschaut werden.

[Fachschaft Architektur] ▽

Uriel Fogué von elii bei Jung & Schön

INTERNATIONALE KONTAKTE UND GASTAUFENTHALTE

DEUTSCH-FRANZÖSISCHES PLANUNGSSEMINAR 2019 Das Deutsch-Französische Planungsseminar vom 5. bis 13. Oktober 2019 hatte die Herausforderungen der Stadtplanung und der Tourismusplanung im Raum La Rochelle in der Charente-Maritime zum Thema. Es wurde geleitet von Dr. Eric Thomas, Dr. Frank Scholles und Magrit Putschky und unterstützt vom Deutsch-Französischen Jugendwerk. Gemeinsam mit den KollegInnen von der Polytech Tours wurden Hochwasserrisiko-Management und Umgang mit empfindlichen Naturräumen wie dem nationalen Schutzgebiet Möeze-Oléron behandelt. Weitere Themen waren stadtregionale Entwicklungskonzepte in La Rochelle und die bestmögliche Integration von kommunaler Entwicklung und Erhaltung des Ortscharakters besonders schöner Dörfer.

[IUP – Raumordnung und Regionalentwicklung] ▽

Flusswehr in Saint-Savinien-sur-Charente
(Foto: Kathleen Dahmen)

CARLOS LEITE Im Oktober 2019 war Prof. Carlos Leite aus Brasilien für einen Gastaufenthalt an der Leibniz Universität Hannover. Prof. Leite ist Professor an der Fakultät für Architektur und Stadtplanung der Mackenzie Presbyterian University (UPM) São Paulo. Er koordiniert eine Forschungsgruppe zu Instrumenten der Stadtplanung und Urban Governance und hat 2019 das Buch *Social Urbanism in Latin America* veröffentlicht. Die Fakultät für Architektur und Landschaft unterhält mit der UPM eine Kooperation, die bisher Studierendenaustausch und Double-Degree-Promotionen vorsieht. Im Weiteren sollen Perspektiven einer Kooperation auch für Forschungsprojekte und Antragstellungen erarbeitet werden.

[IES – Regionales Bauen und Siedlungsplanung]

EXKURSIONEN

ISRAEL Im Rahmen des Entwurfsprojekts „Deutsche Schule Jerusalem" fand im April 2019 eine Exkursion nach Israel statt. Unter der Leitung von Gastprofessor Armand Grüntuch in Kooperation mit Prof. Almut Grüntuch-Ernst von der TU Braunschweig führte die Exkursion von Tel Aviv über Jerusalem zum Toten Meer und zurück. Neben der Besichtigung des Entwurfsgrundstücks am Ölberg standen unter anderem die historischen und religiösen Stätten am Tempelberg und in der Altstadt Jerusalems, Bauhaus-Architektur in Tel Aviv sowie zeitgenössische Bauten auf dem Programm, ergänzt durch Gastvorträge an der Bezalel Academy of Arts and Design und Vorträge von verschiedenen ArchitektInnen.

[IEG – Entwerfen und Architekturtheorie]   ▽

BERLIN – SCHWERPUNKT KUNST Vom 2. bis 4. April 2019 fand im Rahmen der Bachelorthesis „Wohnen+ Ein Kunsthaus für den DAAD" eine Exkursion nach Berlin statt, bei der ausgewählte Architekturen mit einem Fokus auf Kunst besichtigt wurden. Neben diversen Galerie- und Ausstellungsbesuchen standen Führungen durch die kürzlich fertiggestellten Wohnungsbauprojekte IBeB der Architekten Heide & von Beckerath sowie Frizz 23 von deadline Architekten auf dem Programm. Eine von Gastprofessor Armand Grüntuch geführte Tour über die Baustelle des Tacheles-Areals ermöglichte zudem besondere Einblicke in eine Großbaustelle und in die alten Gemäuer dieser geschichtsträchtigen Kunstinstitution.

[IEG – Entwerfen und Architekturtheorie]   ▽

Baustelle Tacheles, Berlin

LEIPZIG – EXKURSION IN DIE BUCHSTADT Zusammen mit Studierenden des vierten Semesters der Architektur führte im Frühjahr eine Exkursion nach Leipzig, wo der Entwurf einer New-Media-Bibliothek bearbeitet wurde. Besucht wurden unter der Leitung von Tassilo Gerth und Peter Haslinger neben dem

Museum der bildenden Künste, der Probsteikirche St. Trinitatis und der Galerie für Zeitgenössische Kunst auch zahlreiche Bibliotheken, wie die Universitätsbibliothek, die Leipziger Stadtbibliothek, die Deutsche Nationalbibliothek und das Haus des Buches.

Anhand dieser spannenden Beispiele wurde diskutiert, welche Aufgaben und Eigenschaften eine Bibliothek heute in Zeiten von Digitalisierung und zunehmender Verfügbarkeit von Wissen im Internet erfüllen muss und wie diese Ideen in Architektur übersetzt werden.

[IEG – Entwerfen und Architekturtheorie]

BERLIN – EXKURSION GEBÄUDELEHRE II Die Berlin-Exkursion im zweiten Semester Gebäudelehre gehört seit Jahren zu den Höhepunkten im Sommersemester. 27 Studierende unter der Leitung von Peter Haslinger und Valentina Forsch haben sich aufgemacht, Wohnungsbau im Wandel der Zeit zu erkunden. Von der Gründerzeit über die Nachkriegsmoderne in Ost und West bis zur Postmoderne, vom Nachwendeaufbau in kleinen Baulücken über Baugruppenkonzepte bis zu alternativen Strategien wie dem Holzmarkt und den Prinzessinnengärten reichte die Auswahl der Projekte, die wir zu Fuß und mit dem Fahrrad in vier Tagen erkundet haben. Die Exkursion mit Vorträgen, Führungen und Gästen war intensiv, interaktiv, spannend, lustig und lehrreich.

[IEG – Entwerfen und Architekturtheorie]

FLANDERN Im Zusammenhang mit dem Seminar „Urbane Architektur – Flandern" fuhr die Abteilung a_ku vom 16. bis 19. Mai 2019 mit 20 Studierenden nach Brüssel, Antwerpen und Gent – drei Städte, die jeweils mit spezifischem städtischem Charakter zeigen, wie sich nach langer Zeit der kulturellen Stagnation eine eigenständige Szene urbaner Architekturen und Freiräume in Belgien entwickelt hat. Auf der viertägigen Exkursion wurden zeitgenössische Projekte und Konzepte architektonischen und stadträumlichen Experimentierens zwischen mittelalterlichen Stadtstrukturen, suburbanen Landschaften und kosmopolitischen Räumen in Bezug auf ihre Zukunftsfähigkeit untersucht und diskutiert.

[IGT – Architektur und Kunst 20./21. Jahrhundert]

NATURPARK SOLLING-VOGLER Um Solling-Schiefer und Solling-Wiesen ging es bei der Exkursion am 24. Mai 2019 mit Dr. Roswitha Kirsch-Stracke und Florian Gade. In Arholzen traf die Gruppe den Kulturwissenschaftler Dr. Hilko Linnemann, der den Sandstein-Erlebniswanderweg Arholzen geplant und mit Langzeitarbeitslosen realisiert hat. Als Mauerwerk, Dachdeckung, Wandverkleidung und Wegbelag prägt das rote Gestein die Dörfer im Solling und zeigt so die Eigenart der Region. Zweite Station war das Hellental. Hier erläuterte Dr. Ansgar Hoppe, Projektleiter Kooperativer Naturschutz im Naturpark Solling-Vogler, die artenreiche Wiesenvegetation. Die Exkursion endete am Mecklenbruch, dem größten Hochmoor im Solling.
[IUP – Landschaftsplanung und Naturschutz, Vegetationsmanagement] ▽

Sandsteinbruch bei Arholzen

MARSEILLE – PROVENCE – NIZZA Im Rahmen der Entwurfsaufgabe „Stiftung deutscher Exilanten in Sanary-sur-mer" wurde im Mai 2019 unter der Leitung von Prof. Turkali eine Exkursion nach Südfrankreich unternommen. Architektonische Höhepunkte der Fahrt waren die Besichtigungen der Unité d'habitation in Marseille, der Villa E-1027 bei Roquebrune-Cap Martin, der Fondation Vasarely bei Aix-en-Provence, der Villa Noailles in Hyères, der Fondation Maeght in Saint-Paul de Vence und der Abbaye du Thoronet. In Sanary-sur-mer fand eine gemeinsame Begehung des Entwurfsgrundstücks zwischen Pinienwald und Steilküste statt.
[IEG – Baukunst] ▽

WENDLAND – DYNAMIKEN DER PERIPHERIE Das Wendland wird als eine der periphersten Regionen Deutschlands mit hohen Zukunftsrisiken gesehen, gleichzeitig aber auch als Raum von Kreativität und der Erfindung neuer Lebensformen auf dem Land mit enger Verbindung zu Metropolen. Die Exkursion im Mai 2019 zielte darauf ab, die Hintergründe und Chancen dieser Region zu erkunden – als mögliches Modell für eine neue Sicht auf die Chancen von Dynamiken in der Peripherie in Europa. Dabei stehen zwei Aspekte im Vordergrund: eine kreative und zukunftsgerichtete Verwendung von materiellem und immateriellem Kulturerbe für die Vision eines dezentralen Lebensraums sowie die Rolle von Kreativwirtschaft und Kreativkultur für die Zukunft von Orten.
[IES – Regionales Bauen und Siedlungsplanung] ▷

WASSER ODER WATT Vom 11. bis 14. Juni 2019 fuhr eine Gruppe Studierender der Architektur und Landschaftsarchitektur unter der Leitung der künstlerisch-wissenschaftlichen Mitarbeiterin Imke Rathert (kug) nach Spiekeroog. Bei einer Ortsführung lernten wir zunächst die Besonderheiten der Inselarchitektur und der dazugehörigen Verordnungen kennen. Zeichnerisch setzten wir uns mit dem Phänomen der Gezeiten auseinander. Wir zeichneten beim Wandern über die Insel und beim Besuch der Inselmuseen. Zum Abschluss der Exkursion unternahmen wir eine mehrstündige Wattwanderung von dem Ort Schillig zur Vogelinsel Minsener Oog.
[IGD – Kunst und Gestaltung] ▽

PARIS – DIE STADT ALS KUNSTWERK Während mit Labroustes Bibliothèque Sainte-Geneviève, Garniers Opéra oder auch Le Corbusiers Immeuble Molitor herausragende Einzelarchitekturen besichtigt wurden, stand bei der Exkursion vom 11. bis 15. Juni 2019 die übergeordnete Betrachtungsebene des Städtebaus im Fokus. Bei ausgedehnten Erkundungen zu Fuß offenbarte sich den Teilnehmenden das Bild einer an baulichen wie räumlichen Bezügen reichen Stadtbaukultur. In der vergleichenden Betrachtung der Places Royales des Ancien Régime, der Passagen des frühen 19. Jahrhunderts oder auch der Haussmannschen Grands Boulevards wurde die Bedeutung der epochenübergreifenden Referenzierung und Weiterentwicklung bekannter Typologien deutlich.

[IGT – Bau- und Stadtbaugeschichte]   ▽

Teilnehmende vor dem Centre Pompidou, Paris

NIEDERLANDE Vom 10. bis 15. Juni 2019 ging es auf Exkursion in die Niederlande. Das Land weist eine der höchsten Bevölkerungsdichten in Europa auf und ist vielleicht gerade deshalb zum Mekka der europäischen Architektur und Landschaftsarchitektur geworden. Es gilt als Versuchsfeld für alle Kreativen und macht immer wieder Schlagzeilen mit unkonventionellen, innovativen und experimentellen Projekten. Zusätzlich wachsen die Niederlande flächenmäßig immer weiter. Eine ganze Provinz ist im Zuge der Neulandgewinnung entstanden. Gemeinsam mit Studierenden der Landschaftsarchitektur und der Umweltplanung wurden diese Aspekte in Amsterdam, Rotterdam und Utrecht untersucht und kritisch diskutiert.

[ILA – Landschaftsarchitektur und Entwerfen]   ▷

Luchtsingel-Brücke, Rotterdam

DESSAU Das Jahr 2019 wurde als das Bauhaus-Jahr gefeiert. Vor 100 Jahren gründete Walter Gropius die Kunstschule der Avantgarde in Weimar. Ihr radikal moderner Ansatz und die Bandbreite der Forschung ließen diese Institution derweil von einer internationalen Bewegung zu einem Mythos reifen. Am 28. Juli 2019 erkundeten wir gemeinsam das Bauhaus in Dessau und schauten uns auf dem Weg zu den Meisterhäusern Freiräume und Architekturen von der Moderne über die Ostmoderne bis zur Jetztzeit an. Das Jahresfestival begleitete die Exkursion mit Installationen und Ausstellungen im öffentlichen Raum. Nicht zuletzt stellten wir uns die Frage, welche Relevanz das Bauhaus für die Landschaftsarchitektur heute hat.

[ILA – Landschaftsarchitektur und Entwerfen]   ▽

BUNDESGARTENSCHAU 2019 Die Exkursion der Lehrgebiete Pflanzenverwendung und Technisch-konstruktive Grundlagen der Freiraumplanung vom 19. bis 21. August führte zur Bundesgartenschau 2019 in Heilbronn. Außergewöhnlich an dieser Gartenschau war die Verbindung mit einer Stadtausstellung. Führungen durch Mitarbeitende der BUGA-Gesellschaft boten Einblicke hinter die Kulissen. Es wurde über Konzeption, Idee und Vorplanung ebenso berichtet wie über Projektmanagement, Bauphase und Tagesgeschäft von Planerinnen und Planern. Der Integrationsbeauftragte informierte über die Anforderungen an Barrierefreiheit und deren Umsetzung. Abgerundet wurde das Programm durch einen Besuch im Botanischen Obstgarten der Stadt Heilbronn.

[ILA – Technisch-konstruktive Grundlagen der Freiraumplanung]

NATURPARK SAUERLAND ROTHAARGEBIRGE – LANDSCHAFT LESEN LERNEN Zu Fuß und per ÖPNV waren 14 Studierende vom 2. bis 6. September 2019 mit Dr. Roswitha Kirsch-Stracke im Südsauerland unterwegs. Im Naturschutzgebiet Krähenpfuhl lernte die Gruppe notwendige Pflegemaßnahmen subatlantisch geprägter Wacholder-Hochheiden kennen. Das Museum Wendener Hütte öffnete mit der Ausstellung „Eisenzeit – Bergland zwischen Kelten und Römern" die Augen für Spuren frühester Siedlungsgeschichte, so im Umfeld der später besuchten Wallburganlage auf dem Weilenscheid bei Elspe. In einem Arbeitseinsatz rund um die Rucksackherberge stand „selektives Jäten" auf dem Plan, verbunden mit der Herrichtung eines temporären botanischen Gartens als außergewöhnlichen Lernort für alle Interessierten.

[IUP – Landschaftsplanung und Naturschutz]   ▽

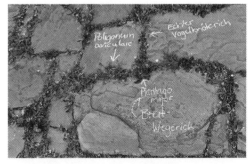

Der Eingangsbereich der Rucksackherberge in Kirchhundem-Heinsberg wird zum botanischen Garten.

NIEDERSÄCHSISCHE HOCHMOORLANDSCHAFTEN
Vom 2. bis 6. September 2019 besuchten 16 Studierende die letzten niedersächsischen Hochmoor-Juwelen sowie bereits stark veränderte Moorflächen. Dabei konnten sie sich mit den Herausforderungen der Renaturierung sowie den Chancen der Paludikultur auseinandersetzen und die stark spezialisierte Flora und Fauna der Hochmoore kennenlernen. Mit Amanda Grobe und Lotta Zoch suchten sie verschiedene Hochmoorstandorte im westlichen Niedersachen und in den Niederlanden auf. Wichtige Stationen waren unter anderem das Moormuseum Geeste, das Naturschutzgebiet Meerkolk in Geeste, Forschungsflächen des Europäischen Fachzentrums Moor und Klima, der Naturpark Bargerveen sowie die Diepholzer Moorniederung.
[IUP – Naturschutz und Landschaftsökologie]

ATHEN UND THESSALONIKI Vom 8. bis 13. September 2019 nahmen 15 Studierende des European Master in Territorial Development sowie der Masterstudiengänge Umweltplanung und Landschaftsarchitektur an einer Exkursion nach Athen und Thessaloniki in Griechenland teil. Die vom DAAD geförderte Exkursion im Rahmen des HeKriS-Projekts stand unter dem Thema „Resiliente europäische Städte". Sie wurde organisiert und betreut von Prof. Dr. Rainer Danielzyk und Filip Śnieg. Neben der Nationalen Technischen Universität und den Planungsbehörden waren wichtige Stationen die Altstadt Athens, die Akropolis und der Stadtberg Lykabettus sowie in Thessaloniki das Archöologische Musem und das lokale Büro der Initiative „100 Resilient Cities".
[IUP – Raumordnung und Regionalentwicklung] ▽

Monastiraki-Platz in Athen (Foto: Filip Śnieg)

ALLGÄU UND OTL AICHER Die Exkursion ins Allgäu im Oktober 2019 bot das Eintauchen in eine attraktive und erfolgreiche Region außerhalb der Metropolen. Die Teilnehmenden erkundeten die Hintergründe, Mechanismen und Herausforderungen einer Entwicklung von Orten sowie einer engagierten Architekturszene, die sich im Architekturforum Allgäu bündelt. Zum anderen wurde durch die Beschäftigung mit Otl Aicher eine kreative Dynamik thematisiert, die inzwischen Teil der internationalen Bekanntheit des Allgäus ist. Sein Verständnis von Gestaltung verbindet in einem umfassenden Sinn Architektur mit kultureller Kreativität, Interdisziplinarität, Informations-, Kommunikations- und Produktionsdesign sowie mit dem Verständnis von Forschung als Entwurf.
[IES – Regionales Bauen und Siedlungsplanung] ▽

Nebelhorn-Bergstation, Architekt: Hermann Kaufmann

HUNGRY CITY BERLIN Unter dem Titel „Hungry City" fand im November 2019 im Rahmen von Bachelorthesis und Projekt „Lang" eine Exkursion nach Berlin statt. Neben der Besichtigung zeitgenössischer Architektur und von Großwohnprojekten der 1970er Jahre in Westberlin, inklusive dem Entwurfsgrundstück samt Terrassenhaus am Hafenplatz in Berlin-Mitte, stand das Thema der nachhaltigen Lebensmittelversorgung der Städte im Vordergrund. Unter der Leitung von Simon Beckmann erlebten die Studierenden einen Mix aus Besichtigungen, Vorträgen und Ausstellungen zur urbanen Ernährung der Zukunft. Urban-Gardening-Projekte, eine Aquaponik-Farm, ein Future-of-Food-Tasting und vieles mehr zeigten die Vielschichtigkeit dieser Zukunftsaufgabe der Menschheit.
[IEG – Entwerfen und Architekturtheorie] ▷

Ausstellung „Garten der irdischen Freuden" im Martin-Gropius-Bau, Berlin

ALICANTE – MURCIA – CARTAGENA Im November 2019 führte eine Exkursion unter der Leitung von Prof. Turkali nach Alicante, in die Region Murcia und nach Cartagena. Neben einer gemeinsamen Besichtigung des Grundstücks für die Entwurfsaufgabe „Tanzkonservatorium in Alicante" wurden zahlreiche bedeutende Beispiele zeitgenössischer iberischer Architektur aufgesucht. Darunter waren herausragende Werke von Alberto Campo Baeza, Rafael Moneo, Juan Navarro Baldweg, Juan Antonio García Solera, Barozzi Veiga, Guillermo Vázquez Consuegra, Enric Miralles und Álvaro Siza.
[IEG – Baukunst]

INGENIEURBIOLOGISCHE BAUWOCHE AUF NORDERNEY Vom 18. bis 22. November 2019 arbeiteten 33 Studierende auf Norderney. Das Lehrgebiet Ingenieurbiologie mit Prof. Dr. Eva Hacker und Svenja Wolf führte seine Bauwoche in Kooperation mit dem

Niedersächsischen Landesbetrieb für Wasserwirtschaft, Küsten- und Naturschutz (NLWKN) durch. Ingenieurbiologisches Bauen und Errichten von Küstenschutzmaßnahmen lernten die Studierenden durch eigenes Tun. So wurden Buschlahnungen im Deichvorland instandgesetzt, Strandhafer als Halmsteckinge eingebracht und renaturierte Salzwiesen begutachtet. MitarbeiterInnen des Nationalparks zeigten auf, wie die unterschiedlichen Konflikte zwischen Naturschutz, Küstenschutz und Tourismus auf Norderney bewältigt werden.

[IUP – Ingenieurbiologie] ▽

Instandsetzung der Buschlahnungen

VOYAGE À BRUXELLES Wie in keiner zweiten Stadt steht die Entwicklung Brüssels in der zweiten Hälfte des 20. Jahrhunderts für den ungehemmten Abriss bestehender Stadtstrukturen und die Nachverdichtung durch Hochhäuser. Wir haben uns zu den Schauplätzen der Metropolfantasien einer europäischen Großstadt begeben, geleitet von den Fragen, welche Lehren 50 Jahre später aus diesem radikalen Stadtumbau gezogen werden können und ob der ursprünglich abwertend gemeinte Begriff „Brüsselisierung" heute positiv umgedeutet und produktiv genutzt werden kann. Neben frappierenden Brüchen zwischen Alt und Neu haben wir Projekte gesehen, die einen Einblick in die lebendige zeitgenössische Architekturszene Belgiens geben.

[IES – Städtebauliches Entwerfen]

PALERMO Die Exkursion nach Palermo im Dezember 2019 war verbunden mit dem Masterprojekt „Open City". Sie bot ein Eintauchen in städtebauliche, architek-

tonische und kulturelle Aspekte dieser Stadt am Mittelmeer. Die Exkursion hatte das Ziel, die urbane Renaissance Palermos, die bereits seit den 1990er Jahren von aktiven Bürgerbewegungen getragen wird, sowie neue und avantgardistische Projekte der Stadtpolitik und Stadtplanung kennenzulernen. Diese sprechen vor allem Fragen der Kultur, Kreativwirtschaft und Migration an. Die Exkursion schloss Fieldwork-Aktivitäten für das Masterprojekt ein, zudem einen Video-Workshop zusammen mit der Universität Palermo zum Thema „Cosmopolitan Habitat".

[IES – Regionales Bauen und Siedlungsplanung]

HECKENFLECHTEN ALS IMMATERIELLES KULTURERBE Flechthecken sind eine kulturhistorisch besondere Form der Feldeinfriedung. Das Flechten von Hecken unter Nutzung von gewachsenen Naturmaterialien war früher in Europa weit verbreitet. 2018 wurde es in das bundesweite Verzeichnis „Immaterielles Kulturerbe" der UNESCO aufgenommen. Im Raum Nieheim in Ostwestfalen hat sich die Technik bis heute erhalten. Wie dieses Kulturerbe gepflegt und weitergeführt wird, lernten Studierende bei der tatkräftigen Unterstützung der lokalen Akteure: Im Februar und März 2020 fuhren sie mehrmals mit Dr. Roswitha Kirsch-Stracke nach Nieheim, um Haselhecken auszulichten und die besondere Technik der Verknotung zu üben, die zum Heckenflechten gehört.

[IUP – Landschaftsplanung und Naturschutz] ▽

Mit Ausdauer und Ehrgeiz wird das Flechten und Knoten geübt.

NEUE FORSCHUNGSPROJEKTE

TACK. COMMUNITIES OF TACIT KNOWLEDGE „Communities of Tacit Knowledge" ist ein innovatives, EU-gefördertes Forschungs- und Ausbildungsnetzwerk, initiiert von zehn führenden akademischen Einrichtungen in Europa in Zusammenarbeit mit drei kulturellen Architekturinstitutionen und neun internationalen Architekturbüros. Es untersucht implizite individuelle und kollektive Wissensformen von ArchitektInnen. In Hannover werden Besonderheiten der Wissensgenerierung durch Reflexivität erforscht. Das Projekt wird von 2019 bis 2023 gefördert durch das Rahmenprogramm „Horizont 2020" der Europäischen Union für Forschung und Innovation unter der Fördervereinbarung Nr. 860413.

[IGT – Architektur und Kunst 20./21. Jahrhundert]

COSMOPOLITAN HABITAT „Cosmopolitan Habitat" wird 2020 als DAAD-Hochschuldialog gefördert. Das internationale Projekt in Kooperation mit der Universität Palermo zielt auf ein neues urbanes Paradigma im Dialog zwischen Deutschland und Südeuropa, das Konzepte, Modelle, Strategien und räumliche Praktiken für offene und inklusive Städte umfasst. Dazu werden Innovationen in urbanen Politiken und Plänen im Zusammenspiel mit dem räumlichem Wandel betrachtet, der von Migration und Klimawandel ausgeht. „Cosmopolitan Habitat" spricht sowohl die globale Vorreiterrolle von Städten und ihre Verantwortung an als auch das Ziel, Städte und ihre territorialen Netzwerke erneut zu Orten geteilter und gemeinschaftlicher Zukunft zu machen.

[IES – Regionales Bauen und Siedlungsplanung]

PROJECT DISCO – CHOREOGRAPHIEREN MODULARER ELEMENTE IN VIRTUAL REALITY Project DisCo ist eine Applikation zum digitalen Entwerfen in Virtual Reality, die im Rahmen des Design-Modelling-Symposiums in Berlin vorgestellt wurde. Sie erlaubt das Modellieren architektonischer Aggregationen aus modularen Bauteilen. Dies findet in Form eines Choreografierens statt, indem der Nutzer im Raum schwebende

Bauteile über Bewegungen des Controllers steuern kann. Dadurch ist es möglich, eine große Menge an Bauteilen zeitgleich zu animieren. Die Software wurde in Workshops an der LUH sowie an der TU Darmstadt (DDU) getestet. Eine Installation zum Thema wurde durch das AULET-Programm der Fakultät gefördert. Project DisCo ist erhältlich unter www.project-disco.com.

[IGD – Digitale Methoden der Architektur]   ▽

Modulare Installation (gefördert durch das Forschungsanreizprogramm AULET)

ZUKUNFTSDISKURS – RAUMBEZOGENE IDENTITÄTEN VERSTEHEN UND NUTZEN. EINE CHANCE FÜR ZUKUNFTSORIENTIERTE REGIONEN

Mit stärkerer Regionalisierung versuchen Regionen, ihren sozialen, ökologischen und ökonomischen Herausforderungen zu begegnen. Dabei kennzeichnen neue Kooperationen und die Betonung von Alleinstellungsmerkmalen deren neues Selbstverständnis. Parallel findet eine gesellschaftliche Debatte über die Identifikation von BürgerInnen mit ihrer Region statt. In einem Zukunftsdiskurs, gefördert vom Niedersächsischen Ministerium für Wissenschaft und Kultur (MWK), sollen die Themen raumbezogene Identitäten, Regionalisierung und Regionalentwicklung zusammengedacht werden, um „Heimatverbundenheit" oder „place attachment" für Veränderungsprozesse in Regionen nutzbar zu machen. Leiterin des einjährigen Projekts ist Dr. Daniela Kempa.

[IUP – Landschaftsplanung und Naturschutz]

INTEGRATING RENEWABLE ENERGY AND ECOSYSTEM SERVICES IN ENVIRONMENTAL AND ENERGY POLICIES (IRENES)

Bisher führen Verallgemeinerungen und Wissenslücken dazu, dass potenzielle Synergien zwischen der Entwicklung erneuerbarer Energien und der Bereitstellung von Ökosystemdienstleistungen im Rahmen von Governance und Politik nicht wahrgenommen werden. Das Projekt IRENES wird einen interregionalen Wissens- und Erfahrungsaustausch einleiten, um diese Lücken zu identifizieren und Hemmnisse innerhalb der derzeitigen energiepolitischen Instrumente und denen des Europäischen Fonds für regionale Entwicklung (EFRE) zu beheben. An dem dreijährigen Interreg-Projekt sind Prof. Dr. Christina von Haaren, PD Dr. Sylvia Herrmann und Dr. Julia Wiehe beteiligt.

[IUP – Landschaftsplanung und Naturschutz]

CONTRACTS2.O

Das vom Leibniz-Zentrum für Agrarlandschaftsforschung (ZALF) e.V. koordinierte Projekt „Contracts2.0 – Co-Design neuer Vertragsmodelle für innovative Agrarumwelt- und Klimaschutzmaßnahmen und zur Inwertsetzung öffentlicher Umweltgüter" läuft im Rahmen des EU-Förderprogramms „Horizon 2020". Gemeinsam mit 27 Partnerorganisationen aus Forschung und Praxis wird über vier Jahre an innovativen Vertragsmodellen, die LandwirtInnen Anreize für die verstärkte Umsetzung von Umweltmaßnahmen bieten sollen, gearbeitet. Praxispartner des IUP ist der Hersteller von Babynahrung HiPP. Die Leitung des vierjährigen Projekts liegt bei Prof. Dr. Christina von Haaren und PD Dr. Sylvia Herrmann, die Bearbeitung bei Birte Bredemeier.

[IUP – Landschaftsplanung und Naturschutz]

PUBLIKATIONEN

IAAC (Institut d'Arquitectura Avancada de Catalunya, Barcelona)/LUH (Chair of Regional Building and Urban Planning, Hannover)/UNIGE (DAD, Department of Architecture and Design, Genova): **FOOD INTERACTIONS CATALOGUE.** Barcelona 2019

Der *Food Interactions Catalogue* ist eine Sammlung guter Beispiele, die im Rahmen des Projekts „Creative Food Cycles" veröffentlicht wurde. Herausgegeben von den Projektpartnern der Leibniz Universität Hannover, dem Institute for Advanced Architecture of Catalonia (IAAC) und der Universität Genua, stellt der Katalog einen Paradigmenwechsel fest, wie Nahrung als urbanes Element verstanden wird. Räumliche Innovationen in Konzepten von Nahrungskultur und -ökonomie, von alltäglichen urbanen Praktiken und von Modellen des Co-Designs beeinflussen unsere Vision urbaner Zukunft. Der *Food Interactions Catalogue* ist offen zugänglich über www.creativefoodcycles.org.

[IES – Regionales Bauen und Siedlungsplanung]   ▽

Schröder, Jörg/Diesch, Alissa (Hg.): **YOUNGTOWN – CO-LIVING, CO-LEARNING, CO-WORKING FÜR DEN CAMPUS GARBSEN.** Hannover 2019

Der Campus Maschinenbau der Leibniz Universität Hannover in Garbsen stellt einen wesentlichen Baustein zur Zukunft der Universität dar. Der Campus hat erhebliche Bedeutung auch für die Stadtentwicklung von Garbsen und Hannover, insbesondere für die Produktionsstandorte am Mittellandkanal und den Wissenschaftspark Marienwerder. Youngtown versteht den Bedarf an studentischen Wohnmöglichkeiten als Chance, sich städtebaulich mit dem Umfeld des Campus am Mittellandkanal auseinanderzusetzen. Es schlägt dafür die Vision eines jungen Quartiers vor, das Impulsgeber für Co-Living, Co-Learning und Co-Working sein kann, als Zukunftsort der Kooperation von Universität und Stadt.

[IES – Regionales Bauen und Siedlungsplanung]   ▷

Schröder, Jörg/Diesch, Alissa (Hg.): **CLIMATE COMMONS.** Hannover 2020
Der Klimawandel stellt bisheriges Denken und Handeln umfassend infrage. Mit *Climate Commons* werden Positionen in Städtebau und Architektur diskutiert und entwickelt, die räumliche Modelle stärker in den Mittelpunkt dieser Diskussion stellen. Im Fokus stehen dabei Räume außerhalb der Kerne von Metropolen. Es sollen neue konzentrierte Siedlungsformen und intelligente Verdichtungen gedacht und entworfen werden, die Impulsgeber für neue Netzwerke und einen grundsätzlichen Umbau von Stadt und Land werden können. Zudem geht der Begriff „Commons" auf neue Wünsche nach Gemeinschaftlichkeit ein, in Raum-, Organisations- und Aktivitätsformen, die auf veränderte Lebensmodelle antworten.
[IES – Regionales Bauen und Siedlungsplanung]   ▽

Schröder, Jörg/Scaffidi, Federica (Hg.): **FRINGES – DESIGN FOR CREATIVE NETWORKS IN WENDLAND.** Hannover 2019
Mit einer lebhaften Kreativszene fern der Metropolkerne etabliert das Wendland – in der Mitte zwischen Berlin, Hamburg und Hannover gelegen – neue Lebens- und Arbeitsformen in der Peripherie. *Fringes* zielt auf eine räumliche Erkundung der Stärke kultureller und gesellschaftlicher Initiativen, des Handwerks und des Manufacturing, des Kulturerbes von 100 Runddörfern und einer Reihe von Landstädten sowie des Hintergrunds einer alternativen Bewegung seit den 1970er Jahren. Ein möglicher Beitrag zu regionalen kreativen Netzwerken geht von einer antithetischen Interpretation solcher Randgebiete aus: als Möglichkeitsräume in der periphersten Region Deutschlands, bedroht vom Verlassen und von Vernachlässigung.
[IES – Regionales Bauen und Siedlungsplanung]   ▽

Institut für Entwerfen und Gebäudelehre, Entwerfen und Architekturtheorie: **DIE LETZTE REISE – EIN HOSPIZ IN GREIFFENBERG.** Hannover 2019
Im Juni 2019 veröffentlichte die Abteilung Entwerfen und Architekturtheorie die Publikation *Die letzte Reise – Ein Hospiz in Greiffenberg.* Neben 13 zukunftsweisenden Hospiz-Projekten von 19 Studierenden, die im Wintersemester 2018/19 entstanden sind, umfasst die Publikation Beiträge von Pfarrer Dr. Justus Werdin, Bürgermeister Frederik Bewer, Palliativmediziner und Initiator Dr. Moritz Peill-Meininghaus und Peter Haslinger. Die Arbeiten beleuchten das Thema Hospiz aus verschiedenen Blickwinkeln und schaffen einen lebens- und sterbenswerten Ort für die Sterbenden, die Beschäftigten und die Angehörigen. Die Publikation zeigt wundervolle Arbeiten von unglaublicher Kreativität, mit unterschiedlichen Schwerpunkten und Lösungen.
[IEG – Entwerfen und Architekturtheorie]

Steinführer, Annett/Laschewski, Lutz/Mölders, Tanja/Siebert, Rosemarie: **DAS DORF – SOZIALE PROZESSE UND RÄUMLICHE ARRANGEMENTS.** Münster 2019
In diesem Sammelband geben die HerausgeberInnen in einer ausführlichen Einleitung einen historischen und thematischen Überblick über die raumsoziologische Dorfforschung. In den Beiträgen ergänzen planungswissenschaftliche, geografische und sozialökologische Zugänge die soziologische Perspektive, um das Dorf als interdisziplinären Forschungsgegenstand neu zu konturieren.
[IGT – gender_archland]   ▽

Jager, Markus/Albrecht, Thorsten/Huntebrinker, Jan Willem (Hg.): **CONRAD WILHELM HASE (1818–1902) – ARCHITEKT, HOCHSCHULLEHRER, KONSISTORIALBAUMEISTER, DENKMALPFLEGER.** Petersberg 2019 C. W. Hase zählte zu den einflussreichsten deutschen Architekten der zweiten Hälfte des 19. Jahrhunderts. Mit dem Museum für Kunst und Wissenschaft (Künstlerhaus) und der Christuskirche errichtete er in Hannover zwei bedeutende Programmbauten des Historismus. Die Christuskirche gilt zudem

als frühes Muster für das von Hase mit formulierte Eisenacher Regulativ für den evangelischen Kirchenbau. Als Konsistorialbaumeister prägte Hase diesen in Niedersachsen entscheidend mit. Die Publikation dokumentiert die Tagungsergebnisse des im Oktober 2018 anlässlich des 200. Geburtstags von Hase im Künstlerhaus Hannover veranstalteten Symposiums.
[IGT – Bau- und Stadtbaugeschichte]

Wang, Fang/Prominski, Martin (Hg.): **WATER RELATED URBANIZATION AND LOCALITY – PROTECTING, PLANNING AND DESIGNING URBAN WATER ENVIRONMENTS IN A SUSTAINABLE WAY.** Singapur 2020 Das Buch fasst Beiträge eines im September 2018 in Peking durchgeführten Symposiums zusammen. Es bietet theoretische und praktische Lösungen für Schutz, Planung und Entwerfen von nachhaltigen urbanen Wasserlandschaften. Die Autoren sind Wissenschaftler aus China und Deutschland und vertreten so verschiedene Disziplinen wie Stadtplanung, Architektur, Landschaftsarchitektur, Ökologie, Geografie und Tourismus. Neben Martin Prominski sind folgende Mitglieder der Fakultät als Autoren vertreten: Kendra Busche, Carl Herwarth von Bittenfeld, Joachim Rosenberger, Christian Albert, Jana Brenner, Johannes Hermes, Dominik Metzger, Julia Thiele, Andreas Quednau und Rüdiger Prasse.
[IF – Entwerfen urbaner Landschaften]

SYMPOSIEN UND WORKSHOPS

DARA 9. REFERENZEN | REFERENCES Das Symposium und PhD-Peer-Review vom 11. bis 13. April 2019 fragte nach Arten und Wirkungen von Bezugssystemen, Vorbildern und Archiven forschenden Entwerfens und entwerfenden Forschens in Architektur, Städtebau und Landschaftsarchitektur: Welche Referenzarten wirken in Entwurf und Forschung? An welcher Stelle spielen sie eine Rolle, und wie tragen sie zu Gestaltung und Erkenntnis bei? Welche Relationen entstehen zwischen Analogie, Variation und Neu-

schöpfung, und wie können diese evaluiert, kommuniziert und transferfähig vermittelt werden? Auf einleitende Vorträge internationaler WissenschaftlerInnen folgten Kurzvorträge zu PhD-Projekten, die von den Peers reflektiert und kommentiert wurden.
[IGT – Architektur und Kunst 20./21. Jahrhundert]

CREATIVE-FOOD-CYCLES-WORKSHOP BARCELONA UND GENUA Im Rahmen des Projekts „Creative Food Cycles", von 2018 bis 2020 im Programm „Creative Europe" der EU gefördert, konnten ausgewählte Studierende der Fakultät an zwei internationalen Forschungsworkshops teilnehmen, die von den weiteren Partnern des Projekts veranstaltet wurden: zum einen an dem Creative-Urban-Farming-Workshop im Mai 2019 in Barcelona, Spanien, organisiert vom Institute of Advanced Architecture of Catalonia (IAAC) und mit einem Schwerpunkt auf digitalem Design und Fabrikation; zum anderen an dem Creative-Recycling-Workshop im Juni 2019 am Department of Architecture and Design der Universität Genua, Italien, mit einem Schwerpunkt auf Co-Creation und Partizipation.
[IES – Regionales Bauen und Siedlungsplanung] ▽

WORKSHOP IN MATERA – EUROPÄISCHE KULTURHAUPTSTADT 2019 Der internationale Workshop „Matera Soundscapes" im August 2019 war Teil der Veranstaltungen von Matera als europäischer Kulturhauptstadt 2019. Unter dem Motto „Open Future" fanden zahlreiche kulturelle Veranstaltungen statt, die die Höhlenstadt in Süditalien neu belebten. In Kooperation mit dem Jazz Club Matera und der Universität Basilicata wurden im Rahmen eines Workshops zum Thema „Sounds of the Remote Future" bereits im November 2018 mit Studierenden Konzepte für Soundinstallationen entwickelt. Diese Installationen wurden jetzt realisiert und im Rahmen der Kulturhauptstadt gezeigt, als Performances mit räumlichen Interventionen, Ton, Bild, Licht und Musikaufführungen.
[IES – Regionales Bauen und Siedlungsplanung] ▽

ABSCHLUSSVERANSTALTUNG ZUR TORFMOOSKULTIVIERUNG – NEUE CHANCEN FÜR DEN KLIMA- UND ARTENSCHUTZ IN NIEDERSÄCHSISCHEN HOCHMOOREN Das IUP hat in den letzten vier Jahren in Kooperation mit dem Substrathersteller Klasmann-Deilmann GmbH und dem Thünen-Institut für Agrarklimaschutz die Torfmooskultivierung als Folgenutzung von Torfabbau auf Versuchsflächen im Emsland untersucht. Die Ergebnisse wurden auf einer Abschlussveranstaltung am 20. August 2019 vorgestellt. Rund 70 Fachleute aus Wissenschaft, Naturschutzorganisationen und Verwaltung diskutierten die Möglichkeiten der nassen Bewirtschaftung auf Hochmoorflächen, der sogenannten Paludikultur. Gefördert wurde das Vorhaben vom Niedersächsischen Ministerium für Ernährung, Landwirtschaft und Verbraucherschutz und der Deutschen Bundesstiftung Umwelt.

[IUP – Naturschutz und Landschaftsökologie]

EMILA-SUMMERSCHOOL 2019 Die EMiLA-Summerschool fand vom 23. bis 30. August 2019 mit 37 Teilnehmenden der Partnerunis ENSP Versailles, University of Edinburgh, Amsterdam Academy of Architecture, UPC Barcelona sowie Gäste aus Ljubljana, Peking und Melbourne statt. Der 8 mal 4 Kilometer große, durch Infrastrukturlinien und (post-)industrielle Areale geprägte Projektperimeter bei Hannover-Misburg diente als Labor für terrestrische Entwurfsstrategien, die Menschen, Tiere und Pflanzen einbeziehen sollten. Der forschende Entwurfsprozess verfolgte die Frage: Wie können wir ein integriertes und ästhetisches Landschaftsgeflecht entwerfen, das für alle Erdlinge nutz- und erlebbar ist?

[IF – Entwerfen urbaner Landschaften] ▽

Teilnehmende im Skulpturengarten

RESPONSIVE CITIES – DISRUPTING THROUGH CIRCULAR DESIGN Das internationale Symposium „Responsive Cities" am 15. und 16. November 2019 in Barcelona stand unter dem Motto „Disrupting Through Circular Design". Als Teil des Projekts „Creative Food Cycles" wurde das Symposium vom Institute for Advanced Architecture of Catalonia (IAAC) zusammen mit den Projektpartnern Leibniz Universität Hannover und Universität Genua veranstaltet und im Programm „Creative Europe" der EU gefördert.

Das Thema wurde aus interdisziplinären Perspektiven beleuchtet, unter anderem hinsichtlich des Entwurfs für systemische Integration, der Performance durch zirkuläre Feedbacksysteme, des Nutzens von auf der Natur basierenden Lösungen sowie neuen Rollen von Ressourcen in Städtebau und Architektur.

[IES – Regionales Bauen und Siedlungsplanung]

WELTKONFERENZ ZUM THEMA ÖKOSYSTEMLEISTUNGEN Fast 800 Gäste aus 66 Ländern leisteten auf der 10. Weltkonferenz der Ecosystem Services Partnership (ESP) Beiträge zu mehr als 50 Sitzungen, darunter Prof. Dr. Klaus Töpfer (ehemals UNEP Exekutiv-Direktor), Prof. Dr. Robert Costanza (Australian State University) und Dr. Hans Bruyninckx (Direktor der Europäischen Umweltagentur). Sie zeigten die Anwendungspotenziale des Ökosystemleistungs-Konzepts für Wissenschaft, Politik und Gesellschaft auf. Ökosystemleistungen beschreiben die Güter und auch den immateriellen Nutzen der Natur für die Menschheit. Die Initiatoren waren Prof. Dr. Benjamin Burkhard (Institut für Physische Geographie und Landschaftsökologie) und Prof. Dr. Christian Albert (IUP).

[IUP – Landschaftsplanung und Ökosystemleistungen]

KOOPERATIONEN

BIM INTERDISZIPLINÄR Das Institut für Baumanagement und digitales Bauen und der Lehrstuhl Digitale Methoden der Architektur bieten zum Sommersemester 2020 die gemeinsame Lehrveranstaltung Digitales Bauen II an. Diese wurde schon im Wintersemester 2018/19 als Pilotveranstaltung durchgeführt. Ziel der Veranstaltung ist es, die Zusammenarbeit der unterschiedlichen Disziplinen im BIM-Prozess möglichst genau abzubilden. Dabei geht es sowohl darum, eine konkrete Planungsaufgabe zu bearbeiten, wie auch die eignen BIM-Prozesse und die Struktur für das eigene Team aufzusetzen. Voraussetzung sind für Studierende beider Fakultäten der erfolgreiche Abschluss eines BIM-Grundlagenseminars.

[IGD – Digitale Methoden der Architektur]

VERSCHIEDENES

#MEINMÜHLENBERG2020 – FOTOWETTBEWERB Unter dem Motto „Zeig uns Dein Mühlenberg!" startete der Fotowettbewerb „#MeinMühlenberg2020" am 14. Februar 2020. Im Rahmen des Seminars „Wie hoch muss die Hecke" entstand die Idee, mittels einer Kampagne die mitunter negative Außenwahrnehmung des Stadtteils den Innenansichten von Bewohnerinnen und Bewohnern gegenüberzustellen. Ziel der Aktion war es, möglichst viele echte Eindrücke aus den Lebenswelten der Mühlenberger zu gewinnen. Die spannendsten und schönsten Bilder werden in einer Ausstellung im Stadtteilzentrum Weiße Rose der Öffentlichkeit präsentiert.

Informationen zum Wettbewerb auf Instagram und unter www.meinmühlenberg.de.

[IES – Stadt- und Raumentwicklung] ▽

Studierende auf Werbetour

IMPRESSUM

HERAUSGEBERIN
Fakultät für Architektur und Landschaft,
Leibniz Universität Hannover
www.archland.uni-hannover.de

REDAKTION
Edin Bajrić
Prof. Dr. Margitta Buchert
Julia Bürkner
Riccarda Cappeller
Jan-Eric Fröhlich
Valerie Hoberg
Alexandra Kim
Dr. Roswitha Kirsch-Stracke
Judith Schurr
Lisa Seiler
Johannes Wolff

REDAKTIONSLEITUNG
Sabine Bartels
Dr. Jens Broszeit
Valentina Forsch

GESTALTUNGSKONZEPT, LAYOUT UND SATZ
Bucharchitektur\Kathrin Schmuck

LEKTORAT DEUTSCH Sandra Leitte
LEKTORAT ENGLISCH Bianca Murphy
LITHOGRAFIE Bild1Druck, Berlin
Gedruckt in der Europäischen Union
SCHRIFT FF Scala Pro und FF Scala Sans Pro
PAPIER Munken Polar Rough, 120 g/qm
EINBAND Invercote, 260 g/qm

**BIBLIOGRAFISCHE INFORMATION DER
DEUTSCHEN NATIONALBIBLIOTHEK**
Die Deutsche Nationalbibliothek verzeichnet diese
Publikation in der Deutschen Nationalbibliografie;
detaillierte bibliografische Daten sind im Internet
über www.dnb.d-nb.de abrufbar.

jovis Verlag GmbH
Lützowstraße 33
10785 Berlin

jovis-Bücher sind weltweit im ausgewählten
Buchhandel erhältlich. Informationen zu unserem
internationalen Vertrieb erhalten Sie von Ihrem
Buchhändler oder unter www.jovis.de.

ISBN 978-3-86859-649-6

Für die finanzielle Unterstützung bedanken wir uns beim Dekanat der Fakultät für Architektur und Landschaft und
beim Spar- und Bauverein Hannover sowie bei den Freunden der Architektur an der Leibniz Universität Hannover e.V.